しくみがわかる
ベイズ統計と
機械学習

An Introduction to Bayesian Statistics
and Machine Learning
Taro Tezuka

手塚 太郎 著

朝倉書店

まえがき

　本書ではベイズ統計とその機械学習への利用について，基本的な事項から説明を行う．簡単な分布やモデルからスタートし，次第に複雑なものへと積み重ねていく．統計学の入門書では確率分布を天下り的に，なぜそのような形をしているのかの説明なしに導入していることも多い．本書では確率分布のそれぞれについて，なぜその形になっているのかを順を追って説明することを試みた．分布を表す関数が恣意的なものではなく，必然性をもって選ばれていることを知ることで本質的な理解に繋がると考えたためである．

　また，ベイズ推定と深層学習（ディープラーニング）を結ぶ話題，たとえば変分オートエンコーダ（VAE）などについても紹介するようにした．深層学習においても理論分析には統計や確率の知識が必須となってきており，本書が理解の一助になればと考えている．

　実際，近年発展が著しい人工知能の研究の背後に統計学があることは周知の通りである．現在のところ深層学習が一世を風靡しているが，それがなぜそれほど強力であるのかはやがては統計学によって説明されるはずである．それは統計学がデータや知識を扱うためのもっとも一般的な枠組みだからである．

　ベイズ統計では期待値計算が重要なため，積分が多く現れるが，変数変換（置換積分）と部分積分が行えれば高校生でも数式展開を追えるようにしたつもりである．それらの使い方についても本文内で述べるようにした．一方，本書で意図的に言及を減らしたのは線形代数である．機械学習のテキストは線形代数の知識を前提として進められることが多い．たとえば C. M. Bishop による『パターン認識と機械学習』はベイズ統計や統計的機械学習を学ぶ上で代表的な名著であるが，最初から多次元データを対象にしているため，線形代数に慣れない読者にとっては読みづらいと考えられる．多次元を扱うと式も煩雑になり，添え字も増え，本質が見えにくくなる可能性もある．また，グラフを使って視覚的に示すのも容易でない．そこで本書ではまず1次元の値を持つデータを使って説明を行い，その後に多次元データに拡張するという流れで進める．

ベイズ統計ならではの概念は線形代数とは独立に存在するものである．両者が組み合わさることで強力になることは事実であるものの，式が煩雑になり，ベイズ統計ならではの考え方がどこにあるのか見えにくくなる．むしろベイズ統計の本質を理解した上で多次元に進む方が見通しが良い．積分を学ぶ際，いきなり多変数の積分を学ぶより，一変数での積分に習熟した上で多変数に進んだ方が容易であるのと同様である．

機械学習において行列が本質的な役割を果たす代表的な状況は多変量正規分布やガウス過程回帰であろう．すなわち共分散行列が現れる局面である．しかし近年の機械学習では計算量の観点から共分散行列を対角行列とする近似が使われることも多い．その場合，各次元が独立に1次元正規分布に従うとするのと変わらないため，あえて共分散行列を導入する必要がない．

行列を使用する手法に関心のある読者は本書と線形代数の入門書を読んだのち，上述の『パターン認識と機械学習』あるいは本書の巻末に挙げられている関連書籍を読むことをお勧めする[*1]．

そもそも数学は一般化の学問であり，具体例を発展させる形で抽象性は生まれてきた．そのため具体的な例における記法がそのまま抽象的な概念にも拡張して使われている．たとえば加算記号（＋）は最初はスカラーに対して定義されたものだが，それがベクトルでも行列でも使用できる．このため1次元のデータについてのベイズ統計の式や機械学習のアルゴリズムは多次元のデータに対しても自然な形で拡張できる．もちろん，ベクトルや行列に対しては定義されない演算，たとえば除算はそのままでは行えないため，逆行列や行列式が式に現れてくる．しかしそれらは線形代数の知識があれば容易に理解できるものである．

本書では線形代数を極力使わずにベイズ統計と機械学習について述べていくものの，数式は多用する．それはその方が説明が簡潔になり，分かりやすいことが多いからである．数学に対して苦手意識を持っている読者も多いかもしれないが，それはこれまで数学に興味を持てなかったことも一因ではないだろうか．数学は言語の一種である．言語にはシンタクスとセマンティクスがある．すな

[*1] 拙著『しくみがわかる深層学習』（朝倉書店，2018年）にも線形代数の基礎となる行列計算についての入門的な説明がある．実際，深層学習は行列計算を学ぶ上での格好の題材である．

わち統語論と意味論である．これは数学においても同様である．統語論とは文法であり，意味論は単語が何を指しているかを決める．数式を見た時にそれが表す数学的な構造，たとえば幾何的対象や関数の集合が明確に思い浮かぶならよいが，そうでない場合は単語の意味を知らないままひたすら文法書を学んでいるようなものである．これでは数学に興味がない人々が増えても仕方ない．

歴史的には数学に意味を与えてきた対象は物理学であった．つまり数式は何らかの自然現象を表していた．しかし残念なことに誰もが自然現象に強い興味を持っている訳ではない．そこで統計学と機械学習の出番である．知的な人で「知」について関心のない人はいないだろう．そして統計学や機械学習こそは知を体系的に論じる学問である．それは「知る」という行為が何であるのかを明らかにし，計算機に行わせようとする試みだからである．本書に現れる数式は情報に関する法則を表しているともいえる．統計学や機械学習という視点を通して見ることで数学に血肉が通い，身近に感じられたとしたら，著者にとって望外の喜びである．

本書を執筆する上では多くの方々にお世話になったが，特に原稿に目を通して有益なコメントをいただいた東京大学の野沢健人，筑波大学の若林啓，柴田尚樹，平松淳，嵐一樹，谷口正樹，滑川静海，本川哲哉，宍倉基文，小林滉河，潘秋実，長谷川夏，大場勇貴，岩田楓雅，橋本拓也，岡威久馬，松戸直樹，染谷公美の各氏に感謝したい．

2019 年 10 月

手塚 太郎

目　次

▶ 1　統計学と機械学習　　　　　　　　　　　　　　　　　　　　1

1.1　統計学の目的　1
 1.1.1　モデルとパラメータ　1
 1.1.2　検定と推定　2
1.2　機械学習の目的　2
 1.2.1　訓練と予測　4
 1.2.2　教師あり学習　4
 1.2.3　教師なし学習　5

▶ 2　ベイズ統計と機械学習のための確率入門　　　　　　　　　7

2.1　確率の基礎　7
 2.1.1　命　題　7
 2.1.2　確率分布　8
2.2　同時確率・周辺確率・条件付き確率　11
 2.2.1　同時確率（結合確率）　11
 2.2.2　周辺化と周辺確率　13
 2.2.3　条件付き確率　15
2.3　確率変数の独立性　18
 2.3.1　独立性と従属性　18
 2.3.2　条件付き独立性　19
2.4　連続変数の分布　20
 2.4.1　離散変数と連続変数　20
 2.4.2　累積確率関数と確率密度関数　21
 2.4.3　指数分布　25

2.4.4　ラプラス分布　27
　2.5　正規分布　28
　　　2.5.1　標準正規分布　29
　　　2.5.2　標準正規分布の平行移動とスケーリング　30
　　　2.5.3　多変量正規分布　34
　2.6　期待値　34
　2.7　規格化　37

▶3　ベイズ推定入門　41

　3.1　観測値と推定量　41
　3.2　最尤推定　42
　　　3.2.1　離散値パラメータに対する最尤推定　44
　　　3.2.2　連続値パラメータに対する最尤推定　46
　　　3.2.3　正規分布における最尤推定　46
　　　3.2.4　正規分布の分散の最尤推定　50
　3.3　ベイズ推定　51
　　　3.3.1　ベイズの定理　52
　　　3.3.2　事前分布と事後分布　53
　　　3.3.3　規格化定数（周辺尤度）　54
　　　3.3.4　ハイパーパラメータ　56
　　　3.3.5　MAP推定　57
　　　3.3.6　正規分布の平均パラメータ μ のMAP推定　58
　　　3.3.7　共役事前分布　61
　　　3.3.8　ベイズ推定量　62
　　　3.3.9　経験ベイズ　65
　　　3.3.10　ベイズ更新　65

▶4　二項分布とその仲間たち　68

　4.1　二項分布　69
　　　4.1.1　ベルヌーイ分布　69
　　　4.1.2　ランダムウォーク　71

         4.1.3　二項展開　73
         4.1.4　階乗で二項係数を求める　74
    4.2　多項分布　78
         4.2.1　ラグランジュの未定乗数法　83
         4.2.2　多項分布の最尤推定　86
         4.2.3　マルチヌーイ分布の期待値　87

▶ 5　　共役事前分布　　　　　　　　　　　　　　　　　　　　　89
    5.1　ディリクレ分布　89
         5.1.1　ガンマ関数　90
         5.1.2　多項ベータ関数とディリクレ分布の規格化定数　91
         5.1.3　多項分布のベイズ推定　94
         5.1.4　ベータ分布　96
    5.2　ガンマ分布　97
    5.3　正規-ガンマ分布　100
         5.3.1　t 分布　105
         5.3.2　コーシー分布　106

▶ 6　　EM アルゴリズム　　　　　　　　　　　　　　　　　　　110
    6.1　混合モデル　110
         6.1.1　潜在変数　112
         6.1.2　混合ガウスモデル　113
         6.1.3　不完全データと完全データ　116
         6.1.4　EM アルゴリズムの直観的な説明　118
         6.1.5　混合ガウスモデルに対する Q 関数　120
    6.2　EM アルゴリズムによる学習　125
         6.2.1　混合ガウスモデルに対する EM アルゴリズム　126
         6.2.2　変分下界　128
         6.2.3　KL ダイバージェンス（KL 情報量）　131
         6.2.4　Jensen の不等式　132
         6.2.5　EM アルゴリズムによる変分下界の増加　134

6.2.6　大域最適解と局所最適解　135
　6.3　グラフィカルモデル　137
　　　6.3.1　多次元の観測値　140

▶7　変分ベイズ　142
　7.1　変分法と変分ベイズ　142
　7.2　変分ベイズにおける変分下界　143
　　　7.2.1　分布の分解　144
　　　7.2.2　KL情報量の最小化による変分下界の最大化　147
　　　7.2.3　平均場近似　149
　7.3　変分ベイズによる推定　150
　　　7.3.1　変分下界の変分を用いた最大化　150
　　　7.3.2　混合ガウスモデルに対する変分ベイズ　152

▶8　マルコフ連鎖モンテカルロ法　164
　8.1　サンプリング　164
　　　8.1.1　モンテカルロ法による期待値の近似　165
　　　8.1.2　サンプリングが容易な分布　166
　　　8.1.3　棄却サンプリング　167
　8.2　マルコフ性とマルコフ連鎖　168
　　　8.2.1　定常分布　169
　　　8.2.2　詳細釣合いの条件　170
　　　8.2.3　MCMCによるサンプリング　172
　8.3　メトロポリス・ヘイスティングス法　172
　　　8.3.1　MH法が詳細釣合いの条件を満たすことの証明　174
　8.4　ギブスサンプリング　175

▶9　変分オートエンコーダ　180
　9.1　生成モデルと認識モデル　180
　　　9.1.1　オートエンコーダ　181
　　　9.1.2　VAEにおける変分下界　183

9.2　VAE の学習　186
　　9.2.1　勾配降下法　186
　　9.2.2　KL 情報量の勾配　187
　　9.2.3　生成モデルについての損失　188
　　9.2.4　サンプリングによる勾配の近似　189
　　9.2.5　リパラメトライゼーション・トリック　190
　9.3　条件付き変分オートエンコーダ　191

おわりに　194

章末問題解答　195
文献案内　203
索引　207

1 統計学と機械学習

1.1 統計学の目的

　生活の隅々まで張り巡らされたセンサーとネットワークによって，我々の行動に関する膨大なデータが日々蓄積されるようになってきている．科学研究においても多くの計測機器から得られた大量のデータを解析することで新たな知見を得るアプローチ，すなわちデータ駆動型科学が注目を集めている．データから価値ある情報を得る数学的な枠組みが統計学であり，その重要性は今後ますます高まっていくといえよう．

　統計学は現象の背後に潜むメカニズムを不完全な知識から推論する学問であり，知識の不足，すなわち不確実性を扱うための数学である確率論によって基礎付けられる．本書では統計学と機械学習を確率という土台に基づいて説明することをひとつの目標とする．

1.1.1 モデルとパラメータ

　データは多数の例の集まりである．データを構成する個々の例を**標本** (sample) あるいはサンプルと呼ぶ．たとえば天気予報であれば，ひとつの日付についての記録が標本となる．標本が持つ値を**観測値** (observation) と呼ぶ．天気予報の場合，観測値は気温や湿度のような実数と，「晴れ」「曇り」「雨」のようなカテゴリから構成される．

　統計学の目的のひとつはランダム性を持つ現象のメカニズムを明らかにする

ことである．現象の背後に潜む仕組みを数式で表し，すでに観測された値について的確な説明を行うこと，また未知の値や未来の出来事について予測を行うことが統計学の役割である．観測値がどのような値になるかの傾向を決めている数値をパラメータ (parameter) と呼ぶ．天気予報の場合，直接観測できない上層大気の状態はパラメータになる．パラメータは一般に数値の集まりである．一方，データに依存せずに決める部分はモデル (model) と呼ばれる．たとえば上層大気がどのような状態であれば次の日にどれだけ雨が降りやすいかといった計算式がモデルに相当する．モデルは現実の仕組みを単純化した模型である．現実の入出力関係が未知の場合，モデルで近似的に表現して予測を行う．良いモデルを選ぶことは統計学における最初の重要なステップである．

1.1.2 検定と推定

統計学における二つの重要なタスクが検定 (test) と推定 (estimation) である．検定はデータについての仮説が正しいかどうかを明らかにすることを目的とする．たとえば新しく開発された医薬品に効果があることを示すため，それを投与されたグループと投与されないグループの間で回復に差が出るのかどうかを調べる．回復の度合いには個人差によるばらつきがあるため，統計的なモデルを使い，差が偶然の産物ではないことを示す必要がある．そのために使われるのが検定の理論である．薬が効くか効かないかの判定のように，検定ではイエスかノーかの判定を行うことが目標である．

これに対し推定で目的とされるのはパラメータの値の推定値である．これはランダム性を持つシステムの内部の状態を推し量ることに相当する．また，推定されたパラメータの値に基づき，まだ観測されていない値の予測 (prediction) が行える．たとえば現在までの気温や湿度から上層大気の状態を予想することが推定であり，それを使って明日の天気を予報することが予測である．統計学のうち，現時点で機械学習と関連が深いのは推定であるため，本書では主に推定を扱う．

1.2 機械学習の目的

近年，人工知能 (artificial intelligence, AI) が大変なブームとなっているが，

それを牽引している技術が**機械学習** (machine learning) である．機械学習は人工知能を実現するために考えられてきた様々な手法のうち，大量のデータに基づいて計算機に知的な能力を獲得させようというアプローチである．そのため機械「学習」という名が付けられている．機械学習では大規模なデータを用意し，そこから比較的簡単なプログラムによって知識やルールの獲得が行われる．たとえば画像とそれに何が映っているかを表すラベルのペアを大量に用意し，プログラムに読み込ませる．するとプログラムは画像の何に着目して判別を行うべきかを自動で学習する．学習後のプログラムは新しい画像を見た時，それに何が映っているかを判断できるようになる．自動運転における画像認識やスマートスピーカーにおける音声認識などでは機械学習が欠かせない技術となっている．

機械学習と同様に統計学でも大量のデータに基づく予測が行われてきた．たとえば天気予報や金融商品の価格の予測は統計をもとに行われる．統計学の成果を積極的に利用した機械学習の手法は**統計的機械学習** (statistical machine learning) と呼ばれている．統計学と比較した場合，計算機を使って推定や予測を行うことは機械学習のひとつの特徴である．そのため観測値の統計的な性質の分析だけでなく，計算に使用するアルゴリズムの考案も重視される．計算機によって大量の計算を高速に行えるため，対象とされるデータのサイズも従来の統計学で扱われていたよりも大規模になる傾向がある．また，大量のデータを使うと多くのパラメータを持つ複雑な統計モデルを学習できるようになるため，複雑なモデルが使われる傾向がある．近年の機械学習の急速な発展の背景にはインターネットの普及によってデータの獲得や共有が容易になり，またカメラやセンサーなどの記録装置が安くなったことで画像や音声が大量に蓄積されるようになったことが挙げられる．

統計的機械学習は統計学に基づいて構築されているため，理論的分析も行いやすく，論理的に工夫が行えるメリットがある．近年，機械学習の研究を席巻している深層学習（ディープラーニング）も当初はヒューリスティクス（経験的方法）の側面があったが，徐々に統計的機械学習による裏付けが進みつつある．実際，9 章で述べる変分オートエンコーダは深層学習と統計的機械学習の接点にある手法といえる．

1.2.1 訓練と予測

人間の脳を含め，知的なシステムは入力を出力に変換するものと定式化できる．変換はルールに従って行われる．たとえば画像認識では入力が画像，それに何が映っているかを表すラベルが出力であり，知的なシステムは一定のルールに従って入力から出力への変換を行っている．機械学習に基づかない人工知能の手法ではこれらのルールが研究者の手でひとつひとつ作成されるのに対し，機械学習では大量のデータをプログラムが読み込むことでルールが自動で獲得される．

機械学習のプログラムにルールを獲得させる段階が**学習** (learning) である．これは**訓練** (training) とも呼ばれ，統計学におけるパラメータ推定に対応する．なぜなら統計学においてパラメータの値は大量のデータに基づいて決められ，それを使って新たな入力から出力への変換，すなわち予測が行われるためである．獲得されたルールに基づき，新たな入力に対して出力を行わせる段階を機械学習でも統計学と同様，予測と呼ぶ．なお，日常言語では予測という言葉は未来の出来事に対してのみ使われるが，統計学や機械学習では予測は必ずしも未来の出来事についてとは限らない．たとえば画像に何が映っているかを判定することも予測と呼ばれる．

1.2.2 教師あり学習

機械学習には様々な応用があり，それぞれに異なる目標がある．これらの目標は**タスク** (task) とも呼ばれる．類似するタスクの間では同様の手法が使用できるので，タスクのグループ分けが行われている．代表的なグループとして**教師あり学習** (supervised learning) と**教師なし学習** (unsupervised learning) がある．

機械学習で使用されるモデルは**識別モデル** (discriminative model) と**生成モデル** (generative model) に大きく分けられる．機械学習の研究では当初，入力データの分類や回帰，すなわち入力に対応する数値を予測させるタスクが目標とされていた．この場合，出力は入力データが属すカテゴリやそれに対応する数などの単純な値である．これらは識別モデルの学習と呼ばれる．たとえば画像認識は画像をカテゴリに分類すること，音声認識は音声に文字を対応させることが目的であるので，いずれも識別モデル学習である．これらのタスクの目

的は正しい識別を行うことであり，その観測値がいかなるメカニズムで生成されたかを明らかにすることには関心がない．

識別モデルを学習させるには入力に対してどのような出力が望ましいかの情報が必要であり，これを**教師信号** (teacher signal) と呼ぶ．教師信号を使って行われる学習を教師あり学習と呼ぶ．教師あり学習では「この入力に対してはこのような出力が望ましい」という正解例（教師信号）が多数与えられ，それに基づいて入力から望ましい出力を得るルールが学習される．教師あり学習における代表的なタスクは**分類** (classification) と**回帰** (regression) である．

分類における出力はカテゴリであるが，機械学習の用語では**クラス** (class) と呼ばれることも多い．分類タスクでは入力をあらかじめ決められた有限個のカテゴリに分類することを目的とする．分類タスクの代表的な例としては画像認識が挙げられる．入力は画像であり，出力は「自動車」「電車」「飛行機」「犬」「猫」といった「画像に何が映っているか」を表すカテゴリである．ラベルと言い換えてもよい．訓練では多数の画像とそれに対するラベルのペアが利用される．その結果，プログラムは画像が入力された時，それに何が映っているかを出力できるようになる．音声認識も音波を文字という有限個のカテゴリに分類するという意味で，分類タスクである．

一方，回帰における出力は実数などの数値であることが一般的である．回帰の例としては翌日の気温や金融商品の価格変動を予測するといったタスクが挙げられる．たとえば気温の場合，過去の気温変化のデータに基づいて学習が行われる．

1.2.3 教師なし学習

識別モデルと対照的なのが生成モデルの学習である．識別モデルはあくまで実用的に，「このようなルールで分類や回帰を行おう」というタスク達成のための装置を表現するのに対し，生成モデルは「観測されたデータはこのように生成されているはずである」というメカニズムを表現する．学習された生成モデルを使えば観測されたのとは異なる新たなデータの生成も行える．これはいわば人工知能が一種の想像力を獲得したことに相当する．それぞれ強みがあるため，識別モデルと生成モデルは共に活発に研究されている．

生成モデルの学習では正解出力が必ずしも必要ではない．このため教師なし

学習と呼ばれる手法は生成モデル学習との関連が深い．本書で主に扱うのは教師なし学習である．教師なし学習では多数の入力の具体例だけが与えられ，それぞれに対してどのような出力が望ましいのかの情報は与えられない．すなわち入力に対応する正解出力が存在しない．それでは何が学習されるのかといえば，入力に関する統計的な性質である．たとえば**クラスタリング** (clustering) では入力がいくつかのグループに分かれているという仮定をもとに，もっとも自然なグループ分けが行われる．**次元削減** (dimensionality reduction) では入力をよりシンプルな表現に変換するプログラムが学習される．これはデータに冗長性がある時，それを圧縮してデータサイズを減らす方法を自動で見つけることを意味する．

本書では生成モデル学習を中心にして述べるため，タスクも教師なし学習を主に扱う．しかし本書で述べる枠組みは識別モデル学習や教師あり学習の基礎にもなっており，生成モデル学習を踏まえた上で予測の考え方を導入し，識別モデル学習や教師あり学習に進んでいくのが統計的機械学習を学ぶ上での近道である．本書では統計学でも使われてきたシンプルなモデルの説明から始める．多数のシンプルな確率分布を組み合わせて作られる複雑なモデルを使うことは機械学習のひとつの特徴であるが，それについては本書の後半で述べていく．

2 ベイズ統計と機械学習のための確率入門

サイコロを何度も転がすと，1の目が出る割合は次第に1/6に近づいていく．考えてみるとこれは不思議なことではないだろうか．サイコロを投げる行為は互いに独立しているように見えて，その全体の傾向が何かにコントロールされているかのようである．実際，現代の物理学では宇宙は確率の法則に支配されていると考えられている．

一方，確率は自然法則である以前に，我々の知識のあり方に関する法則という見方もできる．物理的な観測に限らず，任意の知識について確率論が使えるという考え方である．統計学は不確実な知識を扱うための枠組みであり，機械学習は計算機に知識を獲得させる手法であるため，確率の考え方が重要な役割を果たす．ここでは本書において必要となる確率の基礎について述べる．

2.1 確率の基礎

2.1.1 命題

正しいか正しくないか（真であるか偽であるか）のいずれかになりうる文を命題 (proposition) と呼ぶ．たとえば「明日，雨が降る」「明後日は晴れる」「猫は動物である」「猫は人間である」などは命題の例である．これに対し，真偽のいずれにもならない文は命題ではない．たとえば「こんにちは」「あとで教えて」「猫」などは命題ではない．「明日，雨が降るかどうかはまだ決まっていないので，真とも偽ともいえないのではないか」というのはもっともな指摘である．しかし真か偽かのいずれかの値をとるので,「明日，雨が降る」は命題で

ある．ある文が命題であるためには，誰かがそれの真偽を知っている必要はないし，現時点で決まっている必要もない．

2.1.2 確率分布

確率分布について説明するためにはギャンブルを例にするのが分かりやすい．実際，確率論は賭け事に勝つために生まれてきたという歴史がある．そこで本書では我が国でもっとも代表的なギャンブルのひとつであるパチンコを使って説明する．

図 2.1 国民的遊戯として親しまれているパチンコ（写真：shutterstock）

広く知られているように，パチンコ店には設定の甘い台と辛い台が共に置かれている．昔のパチンコ台では釘の打ち方を調整して大当たりの出やすさを決めていたが，現代の台ではルーレットなどの当たりやすさを電子的に設定することで大当たりの出やすさを調整している．設定の甘い台では大当たりが出やすく，辛い台では出にくい．早朝のパチンコ店に行列ができるのは設定の甘い台を求めてパチプロたちが集まってくるためである．

長い試練の末にパチプロが甘い台を手にし，出玉に埋もれている姿は殺虫灯のように一般客を引き寄せる．自分の台でも出るのではないかと錯覚してしまうのである．しかし一般客にはどの台が甘く，どの台が辛いかは区別できない．パチンコ情報誌を読んで，各機種ごとに甘い台の割合を知れるだけである．そこで確率の言葉を使って，以下のような表現が行える．

「この台の設定が甘い確率は 20% である」

この文は式を使って表すこともできる．

$$p(設定が甘い) = 0.2 \tag{2.1}$$

この式は「設定が甘い」という命題が真である確率が 0.2（すなわち 20%）であることを表している．p は probability（確率）の頭文字である．p のように命題に対してそれが生じる確率を与える対応関係を**確率分布** (probability distribution) と呼ぶ．すなわち確率分布に命題を入力（すなわち引数）として与えると，確率が出力される．確率分布の入力となる命題は**事象** (event) とも呼ばれる．この例の場合，「この台の設定が甘い」が事象である．もう少し記号を使うようにすると，命題の中で「=」を使い，以下のようにも書ける．

$$p(設定 = 甘い) = 0.2 \tag{2.2}$$

同様に設定が辛い可能性については以下のように書ける．

$$p(設定 = 辛い) = 0.8 \tag{2.3}$$

「設定」は確率的に値が決まる変数であるため，**確率変数** (stochastic variable) と呼ばれる．確率変数は大文字を使って表されることが多い．たとえば X を使うと以下のように表せる．

$$p(X = 甘い) = 0.2 \quad p(X = 辛い) = 0.8 \tag{2.4}$$

上記の書き方では「$X =$」が繰り返し現れており，冗長である．より短く書くことはできないだろうか．そこで確率分布 p の引数を命題（すなわち事象）ではなく台の設定になるように書き換える．p をそのように再定義すると，以下のように表せる．

$$p(甘い) = 0.2 \quad p(辛い) = 0.8 \tag{2.5}$$

式 (2.4) と (2.5) では p の意味が異なっていることには注意する必要がある．式 (2.4) では命題が引数であるが，式 (2.5) では甘いか辛いかが引数となっている．

ここでさらに変数を導入する．甘い，辛いといった具体的な値ではなく，そ

れらのいずれかを表す x を使うと,式 (2.5) の二つの式の左辺は一般的に $p(x)$ と書ける.このように書くことはひとつの抽象化である.台の設定ごとに式を書くのではなく,それらをまとめて $p(x)$ と書くことで確率分布全体を表現する.このように変数を使って多くの可能性をひとつにまとめて表すことは数学の定石である.

確率変数 X と確率分布の引数 x は区別できるが,後者を確率変数と呼ぶことも多く,本書でもその慣例に従う.

$p(x)$ の値,すなわち確率は x が何であるかによって変わる.つまり p は x の値ごとに異なる確率値を出力する.x の値が定まった時,$p(x)$ という値が定まる(出力される).今回のパチンコ台の例の場合,p に設定 x を入力として与えると,出力としてそれが生じる確率が得られる.p は予測装置と捉えることもできるし,不確実なこの世界に対する我々の知識を表していると見ることもできる.

なぜ p を確率の**分布** (distribution) と呼ぶかというと,確率はすべての可能性について足した時には 1 になるが,確率分布はその 1 をそれぞれの可能性(今回の例では甘いか辛いか)に分配しているからである.

$$p(甘い) + p(辛い) = 1 \qquad (2.6)$$

ここまで確率分布について定義することなしに議論してきたが,そもそも確率分布は何を表しているのだろうか.繰り返し観測を行った時,それぞれの値がどのような割合で現れるかを表すのが確率分布であるとする考え方を**頻度主義** (frequentist view) と呼ぶ.パチンコ台の場合,$p(甘い) = 0.2$ が表しているのは「同じような台が無数にあった時,甘い台の割合が全体の 1/5 である」という事実と捉えるのが頻度主義である.これに対し,**ベイズ主義** (Bayesian view) では $p(甘い) = 0.2$ というのは「あるひとつの台があった時,それが甘い台であると信じられる度合いが 1/5 である」ということを表しているとみなす.ベイズ主義については次章で詳しく述べる.頻度主義からベイズ主義への発想の転換は機械学習の進歩にとって重要な要因であった.

$f(x)$ と書いて関数 f を表すことがあるように,$p(x)$ と書いて確率分布 p を表すことがよく行われる.また,多数の確率分布について論じる場合,$p(x)$ に加えて $q(x)$ や $r(x)$ で別の確率分布を表すことや,$p_1(x), p_2(x), ...$ のように添

え字を使って区別することも行う．しかし変数が $x_1, x_2, x_3, ...$ のように多数あり，それぞれが従う確率分布が異なる時，$p(x_1), p(x_2), p(x_3), ...$ のように同じ p を使って異なる確率分布を表すことがよく行われる．これは通常の関数とは書き方が違っているので注意が必要である．同じ p を使っていても，$p(x_1)$, $p(x_2), p(x_3), ...$ はそれぞれ異なる確率分布を表している．

2.2 同時確率・周辺確率・条件付き確率

2.2.1 同時確率（結合確率）

以下では「大当たりが出る」とは最初の 30 分間で大当たりが一回以上出ることを表すとする．まず，「この台の設定は甘く，かつ大当たりが出る確率は 5% である」という命題について考えてみる．これは二つの出来事が共に生じる確率に関して述べている．言い換えると，事象「この台の設定は甘く，かつ大当たりが出る」は二つの事象「この台の設定は甘い」と「この台で大当たりが出る」に分けることができる．別の例として，「この台の設定は甘く，かつ大当たりが出ない確率は 5% である」という命題も考えられる．実際，パチンコでは設定が甘いからといって必ず大当たりが出るわけではなく，逆に設定が辛いからといって大当たりが一度も出ないとは限らない．これは台の設定を利用客から予想しにくくさせるためである．結果として 4 通りの可能性がある．

このような複数の出来事についての確率を表すのに使えるのが**同時確率** (simultaneous probability)（あるいは**結合確率** (joint probability)）である．同時確率では複数の命題をコンマで区切って並べてそれぞれを引数とし，そのすべてが真となる確率が値となる．たとえば以下のように書ける．

$$\begin{aligned}
p(\text{設定} = \text{甘い}, \text{大当たり} = \text{出る}) &= 0.15 \\
p(\text{設定} = \text{甘い}, \text{大当たり} = \text{出ない}) &= 0.05 \\
p(\text{設定} = \text{辛い}, \text{大当たり} = \text{出る}) &= 0.1 \\
p(\text{設定} = \text{辛い}, \text{大当たり} = \text{出ない}) &= 0.7
\end{aligned} \tag{2.7}$$

「設定」と「大当たり」という単語が繰り返される煩雑さを避けるため，引数を命題ではなく設定や大当たりの有無の値に変えると，以下のように書ける．

$$p(甘い, 出る) = 0.15 \qquad p(甘い, 出ない) = 0.05$$
$$p(辛い, 出る) = 0.1 \qquad p(辛い, 出ない) = 0.7 \qquad (2.8)$$

抽象化のため，変数 x と y を導入し，設定を x，大当たりの有無を y で表すと，同時確率の分布を $p(x, y)$ で表せる．設定 x と大当たりの有無 y が共に指定された時，ひとつの値が確率として与えられる．もちろん，変数をさらに増やし，$p(x, y, z)$ のような同時分布を考えることも可能である．$p(x, y)$ は多変数関数のように見えるが，注意すべきこととして，$p(x, y)$ と $p(y, x)$ は同じ確率分布を表している．すなわち $p(x, y) = p(y, x)$ である．

今回の例でいえば，$p(x, y)$ と $p(y, x)$ のいずれの書き方であっても x は設定，y は大当たりの有無を表している．これは確率分布では変数の記号によってその役割が決まるからである．一方，多変数関数の場合は括弧内のどの位置に変数を置くかで引数としての役割が決まるので，$f(x, y) = f(y, x)$ が一般に成り立つとはいえない．たとえば $f(x, y) = x^2 + y$ とした時，$f(y, x) = y^2 + x$ となり，$f(x, y) \neq f(y, x)$ である．

同時確率は「同じ時刻に生じる」という印象を与えてしまうため，あまり良い名称ではないかもしれない．たとえば「設定」と「大当たりの有無」は同時に生じるものではないが，両者の同時確率を考えることは可能である．

問 2-1 コインを 2 回投げるとする．1 回目の結果を x，2 回目の結果を y で表す．表を a，裏を b で表すことにする．この時，「1 回目が表，かつ 2 回目が裏である確率は 0.25」という文を式を使って表せ．

[解答] $p(x = a, y = b) = 0.25$.

変数がとりうる値が有限である時，同時確率は表で表せる．たとえば設定と大当たりの有無についての同時分布は図 2.2 のように表せる．

たとえば設定が甘くて大当たりが出る確率は 0.15，設定が辛くて大当たりが出ない確率は 0.7 といったことがこの表から分かる．表に現れるすべての数字を足し合わせると 1 になる．同時確率は変数の値のそれぞれの組合せが生じる可能性の確率を表していることから，すべての可能性について足し合わせると

	設定x	
	甘い	辛い
大当たりy 出る	0.15	0.1
大当たりy 出ない	0.05	0.7

図 2.2 同時確率の例．設定 x，大当たりの有無 y の 4 種類の組合せのそれぞれが生じる確率を示している．すべての可能性について足し合わせると 1 になる．

1 になるのである．

2.2.2 周辺化と周辺確率

同時確率の分布が与えられると，関連する様々な確率の分布を求められる．

問 2-2 同時確率が図 2.2 で与えられている時，「大当たりが出る確率」を求めよ．

[解答] $0.15 + 0.1 = 0.25$

上記の問題を解く際，どの数値とどの数値を使っただろうか．設定と大当たりの有無のみが問題となっている時，「大当たりが出る」という命題（事象）は二つの可能性に分けられる．「設定が甘くて大当たりが出る」と「設定が辛くて大当たりが出る」である．この二つについての確率を足し合わせることで「大当たりが出る」の確率が求められる．式で書くと以下がいえる．

$$p(設定が甘くて大当たりが出る) + p(設定が辛くて大当たりが出る)$$
$$= p(大当たりが出る) \tag{2.9}$$

設定を x，大当たりの有無を y で表すと以下のように書ける．

$$p(x = 甘い, y = 出る) + p(x = 辛い, y = 出る) = p(y = 出る) \tag{2.10}$$

同様に「大当たりが出ない」という確率は以下によって求められる．

$$p(x = 甘い, y = 出ない) + p(x = 辛い, y = 出ない) = p(y = 出ない) \quad (2.11)$$

式 (2.10) と (2.11) は y の値だけが異なっている．両者をまとめる，つまり一般化すると，以下の式が得られる．

$$p(x = 甘い, y) + p(x = 辛い, y) = p(y) \quad (2.12)$$

x がとりうるすべての値（可能性）について足し合わせることを総和記号 $\sum_x$ を使って表すと，以下のように簡潔な式が得られる．

$$\sum_x p(x, y) = p(y) \quad (2.13)$$

この計算を周辺化 (marginalization) と呼ぶ．これはひとつの変数（式 (2.13) の場合は x）について，その値がとりうるすべての可能性について確率値を足し合わせ，それによってその変数を消去する操作である．実際，周辺化の結果である右辺では x が現れていない．$\sum$ を使って足し合わせる操作は積分の一種であるので，周辺化は**積分消去** (integrate out) とも呼ばれる．これは積分記号を使い，以下のように書くこともできる．なお，本書では積分の範囲を明示しない場合，それは不定積分という意味ではなく，積分変数がとりうるすべての値を範囲として積分することを意味する．

$$\int p(x, y) dx = p(y) \quad (2.14)$$

そもそも総和記号 $\sum$ は総和 sum の頭文字である s に対応するギリシャ文字から来ており，積分記号 $\int$ は s を縦に引き延ばした形から来ている．いずれも総和を表す記号であるが，総和記号では有限個の和 $\sum_{i=1}^{n}$ と順序付けされた無限個の和（すなわち無限級数）$\sum_{i=1}^{\infty}$ までしか表せない．連続変数についての和を表すには積分記号が必要である．

x がとりうる値が有限種類の時，式 (2.14) は式 (2.13) という意味になる．このように積分記号を使って総和を表す記法を本書では頻繁に使用する．これによって x のとりうる値が有限種類の場合と無限種類の場合の両方についてまとめてひとつの式で表せるためである．積分は部分に分けて総和を求める操作であるため，総和 $\sum$ は積分の一種とみなせるのである．

なぜ周辺化と呼ばれるかは図 2.3 を見れば分かる．周辺化によって得られる

2.2 同時確率・周辺確率・条件付き確率

		設定x 甘い	設定x 辛い	p(y)
大当たり y	出る	0.15	0.1	**0.25**
大当たり y	出ない	0.05	0.7	**0.75**
p(x)		**0.2**	**0.8**	

図 2.3 周辺化の例．たとえば「大当たりが出る確率」を求めるには「設定が甘くて大当たりが出る」確率と「設定が辛くて大当たりが出る」確率を足せばよい．すなわち $0.15 + 0.1 = 0.25$ で求められる．

確率分布 $p(x)$ と $p(y)$ は表の右端と最下段，つまり「周辺 (margin)」に位置している．周辺の値を求める操作なので，周辺化である．周辺化の結果として得られた確率分布を**周辺確率** (marginal probability) と呼ぶ．同時確率 $p(x,y)$ に対しては $p(x)$ と $p(y)$ が周辺確率である．

注意すべきことは，同時確率と周辺確率という名称は相対的に与えられることである．たとえば $p(x,y)$ は x と y の同時確率であるが，$p(x,y,z)$ に対しては周辺確率になる．これは $p(x,y,z)$ に対して z を周辺化することで $p(x,y)$ が得られるためである．

2.2.3 条件付き確率

図 2.3 で示されている周辺確率「大当たりが出る確率は 25%」というのは設定が甘いと辛いのいずれである場合も考慮して得られた値である．設定が甘いということが分かっている場合，大当たりが出る確率は変わってくることだろう．言い換えれば「設定が甘いと知っている場合に大当たりが出る確率」は（設定が分かっていない状況での）「大当たりが出る確率」とは異なる．

そこで「設定が甘い」という条件のもとでの「大当たりの有無」の確率分布を表現したい．これには変数と条件部分を縦棒で区切り，共に p の引数に入れることで表現する．これを**条件付き確率** (conditional probability) と呼ぶ．たとえば「設定が甘い」の時の「大当たりが出る」の確率分布は以下のように表せる．

$$p(大当たりが出る \mid 設定が甘い) \tag{2.15}$$

真ん中の縦棒は英語の関係代名詞 "when" に相当していると考えるとよい．the probability that you'll win when you have a good pachinko machine と考えると，条件付き確率の書き方と語順が一致する．今回の例において条件付き確率のすべての組合せをリストすると以下になる．

$$\begin{aligned} &p(大当たりが出る \mid 設定が甘い) \\ &p(大当たりが出る \mid 設定が辛い) \\ &p(大当たりが出ない \mid 設定が甘い) \\ &p(大当たりが出ない \mid 設定が辛い) \end{aligned} \tag{2.16}$$

「大当たりの有無」を y，「設定」を x で表すと，これらはすべて $p(y|x)$ という形にまとめられる．

条件付き確率は変数の値（たとえば「設定」を表す x）に応じて確率分布（たとえば「大当たりの有無」y の確率分布）を決める仕組みであるといえる．「設定が甘い」という条件のもとでの「大当たりが出る」の確率を求めるには，「設定が甘い」の確率に対する「設定が甘くて大当たりが出る」の確率の比率（割合）を求めればよい．実際，確率とは割合であるため，「設定が甘い」のすべての可能性のうち，「設定が甘くて大当たりが出る」の可能性が占める割合を求めれば，それが「設定が甘い時に大当たりが出る」の確率になる．

$$p(大当たりが出る \mid 設定が甘い) = \frac{p(設定が甘い, 大当たりが出る)}{p(設定が甘い)} \tag{2.17}$$

この仕組みを図 2.4 に示した．

これが任意の x と y の組合せについてもいえるので，条件付き確率は同時確率 $p(x,y)$ と周辺確率 $p(x)$ を使って以下の簡単な式で求められる．

条件付き確率

$$p(y|x) = \frac{p(x,y)}{p(x)} \tag{2.18}$$

もちろん，2.2.1 項で述べたように $p(x,y) = p(y,x)$ であるので，分子は

2.2 同時確率・周辺確率・条件付き確率

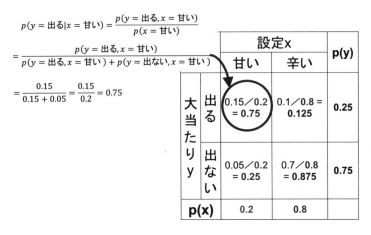

図 2.4 条件付き確率の例. 設定 x が「甘い」の時, 大当たり y が「出る」になる確率を求めている.

$p(y, x)$ と書いてもよい. このルールを用いて実際に条件付き確率を計算してみよう.

問 2-3 同時分布が図 2.2 で与えられている時,「設定が辛い時, 大当たりが出ない確率」を求めよ.

[解答] 図 2.2 において, 同時確率 p(設定が辛くて大当たりが出ない) を周辺確率 p(設定が辛い) で割った値が該当する. すなわち $0.7/(0.1+0.7) = 0.7/0.8 = 0.875$

条件付き確率 $p(y|x)$ は x から y への入出力関係を表現しているともみなせる. これは x を決めた時にどのような y が出力されやすいかを表しているためである. このため人間が行う複雑な判断や確率的なシステムは条件付き確率で表現でき, 機械学習において多用される.

x と y とは異なる第三の確率変数 z が存在する場合, 以下もいえる.

$$p(y|x, z) = \frac{p(x, y|z)}{p(x|z)} \tag{2.19}$$

これは z の値ごとに条件付き確率が定義されているとみなせるためである.

2.3 確率変数の独立性

2.3.1 独立性と従属性

統計や確率では多数の確率的な変数が現れるため，これらの間の関係性を議論することが多い．確率的な変数の間の基本的な関係のひとつが独立性と従属性である．二つの変数が依存関係を持たない時，独立 (independent) であると表現する．

独立性は同時確率が周辺確率の積として表せるという性質によって定義される．たとえば x と y が独立であるとは，その同時分布 $p(x,y)$ と周辺分布 $p(x)$, $p(y)$ が以下を満たすことを意味する．

$$p(x,y) = p(x)p(y) \tag{2.20}$$

たとえばサイコロを 2 回振って，2 回とも 1 の目が出る確率はどのように求められるだろうか．サイコロで 1 の目が出る確率は 1/6 であるため，1/6 と 1/6 を掛けて 1/36 を得る．これは 1 回目で 1 の目が出る確率と，2 回目で 1 の目が出る確率は独立であるため，その積で同時確率 $p(1回目で 1 の目が出る, 2回目で 1 の目が出る)$ を求められるためである．図 2.5 は血液型と性格について，独立性を確認する例を示している．

独立の対義語は従属 (dependent) である．すなわち独立でなければ従属であり，従属でなければ独立である．

		血液型x				p(y)
		A	B	O	AB	
性格 y	几帳面	0.12	0.06	0.09	0.03	0.3
	だらしない	0.08	0.04	0.06	0.02	0.2
	普通	0.2	0.1	0.15	0.05	0.5
	p(x)	0.4	0.2	0.3	0.1	

図 2.5 独立性の例．たとえば「血液型が A であり，かつ几帳面である確率」0.12 は「血液型が A である確率」0.4 と「几帳面である確率」0.3 を掛けることで求められる．同じことが同時確率におけるすべての可能性についていえるので，血液型と性格は独立である．

問 2-4 図 2.3 に示された設定 x と大当たりの有無 y は独立か従属か．その根拠は何か．

[解答]　$p(x)p(y) = p(x,y)$ が成り立たない組合せがあるため（むしろ x と y の値が何であっても成り立たないため），従属である．

2.3.2　条件付き独立性

　独立ではないが，ある条件が定まった後は独立，という出来事（事象）の組合せが存在する．このような状況を表すのに使うのが**条件付き独立性** (conditional independence) である．たとえば「明日，花火大会が開催される」という事象と「明日，屋外ライブが開催される」という事象は独立ではない．それは両者が明日の天気によって決まるからである．しかしいったん天気が晴れであると決まると，二つの事象は独立である．花火大会が開催されるかどうかは屋外ライブが開催されるかどうかには影響を与えないし，逆もまた然りである．同様に天気が雨であると決まった場合も，二つの事象は独立である．この状況を表すのが以下の式である．ただし x は「明日，花火大会が開催されるか否か」を表す変数であり，その値は「開催される」か「開催されない」である．また，y は「明日，屋外ライブが開催されるか否か」を表す変数であり，その値は「開催される」か「開催されない」である．さらに，z は「明日の天気」を表す変数である．

$$p(x,y|z) = p(x|z)p(y|z) \tag{2.21}$$

　独立性を表す式 (2.20) と比較した場合，z の値ごとに独立性の式が作られていると考えてよい．条件付き独立性が成り立っているかを確かめるには z がとりうるすべての値について x と y の独立性が成り立っていることを確認する必要がある．すなわち z が「明日の天気」である場合，それが晴れの場合と雨の場合のそれぞれについて図 2.5 のような表を描くことができ，花火大会の開催 x と屋外ライブの開催 y が独立であることを示せれば，x と y は z のもとで条件付き独立であることがいえる．

　変数が多数存在する時，添え字を付けて区別することが行われる．上添え字を付ける場合，たとえば $x^{(1)}, x^{(2)}, ..., x^{(n)}$ のように書く．それらをすべ

てまとめたものをひとつの文字で表せると便利である．これには太字を使い，$\boldsymbol{x} = (x^{(1)}, x^{(2)}, ..., x^{(n)})$ のように表す．$\boldsymbol{x}$ のように数字や変数を並べたものはベクトル (vector) と呼ばれる．ベクトルは一般に太字で表される．$\boldsymbol{x}$ を構成する個々の要素 $x^{(i)}$ は $\boldsymbol{x}$ の成分 (component) と表現される．また，成分の数は次元 (dimension) と呼ばれる．

$\boldsymbol{x}$ の各成分 $x^{(i)}$ が z のもとで条件付き独立であることは以下のように表せる．$\prod_{i=1}^{n}$ は総乗記号であり，$i=1$ から $i=n$ までの積を求めることを意味する．

$$p(\boldsymbol{x}|z) = p(x^{(1)}|z)p(x^{(2)}|z)\cdots p(x^{(n)}|z) = \prod_{i=1}^{n} p(x^{(i)}|z) \tag{2.22}$$

2.4 連続変数の分布

2.4.1 離散変数と連続変数

変数がどのような値をとりうるかの範囲を定義域 (domain) と呼ぶ．これまでは定義域が有限である変数だけを考えていた．しかしそれでは位置や速度など，連続値を持つ変数を表せない．そこで値が実数である変数についても確率分布を考えたい．そのような変数を連続変数 (continuous variable) と呼ぶ．これに対し，値が有限種類であるか，1, 2, 3, ... のように飛び飛びの値をとる変数を離散変数 (discrete variable) と呼ぶ．

定義域が無限である変数の場合，無限種類の値それぞれに起きやすさが定まっている必要があるため，表で表すことができない．たとえば自動車の速度の確率分布を考える場合，速度が時速 1 km である確率，時速 0.1 km である確率，時速 0.001 km である確率……，というように無限の可能性があるため，それらをすべて載せた表が作れない．

ではどうしたらいいだろうか．それには式を使って定義すればよい．すなわち x という値の起きやすさが $f(x)$ によって決まるような関数 f を考えるのである．たとえば $f(x) = \exp(-x)$ と定義すると，$x=10$ の起きやすさの度合いは $\exp(-10)$ という意味になる．$\exp$ は指数関数であり，$\exp(a)$ は e^a を意味する．e はネイピア数（または自然対数の底）であり，その値は $2.71828\cdots$ である．e^a の代わりに $\exp(a)$ と書かれるのは a の部分に長い式を書くことが多いためである．

変数が連続値の場合，x が正確に a という値をとる確率（すなわち $x=a$ となる確率）は 0 になるという問題もある．これは変数がとりうる値が無限種類あるため，無限の可能性のそれぞれに 0 より大きい確率を割り当てていてはそれらの総和が 1 どころか無限になってしまうためである．つまり $f(x)=\exp(-x)$ と定義した場合，$f(x)$ で確率そのものを表すことはできない．たとえば x のとりうる範囲が 0 から 100 までだとしても，その間には無限個の数がある．それぞれについて $f(x)=\exp(-x)\geq\exp(-100)$ であるので，それらをすべて足し合わせたものは $\exp(-100)$ の無限個の和より大きいため，無限になってしまう．ゆえに「すべての可能性について足し合わせた時に 1」という確率の条件を満たさない．そこで連続変数の場合，それが正確にある値をとる確率ではなく，ある範囲内に入る確率が定義される．すなわち点ではなく領域や区間に対して確率が導入される．言い換えれば「$x=a$ となる確率」ではなく「x が区間 $[a,b]$ に入る確率」が定義される．このため次項で述べる**累積確率関数** (cumulative distribution function) や**確率密度関数** (probability density function) を使って確率分布を定義することになる．

2.4.2　累積確率関数と確率密度関数

累積確率関数 $F(x)$ は「確率変数の値が x 以下である確率」を表している．たとえば確率変数を X で表すと，$F(3)=0.8$ は $p(X\leq 3)=0.8$ を表し，「X の値が 3 以下である確率が 0.8」という意味になる．つまり「変数 X の値が x 以下」という命題が真である確率を値とする関数が $F(x)$ である．x の値が増えるほど，「X の値が x 以下であること」は生じやすくなるか，あるいは変化しないため，$F(x)$ は増えていくか変化しない．このため $F(x)$ は単調非減少関数になる．また，$x\to -\infty$ で $F(x)\to 0$ であり，$x\to\infty$ で $F(x)\to 1$ となる．

本来の意味での確率変数は X であるが，累積確率関数の引数である x を確率変数と呼ぶことも多いため，本書でもその慣例に従う．

確率密度関数は累積確率関数の微分として定義される．言い換えれば確率密度関数を積分すると累積確率関数になる．確率密度関数は離散変数についての確率と同様，p で表されることが多い．たとえば確率変数の定義域が $(-\infty,\infty)$ とすると，確率密度関数と累積確率関数の関係は以下になる．

$$\frac{dF(x)}{dx} = p(x) \qquad \int_{-\infty}^{x} p(x')dx' = F(x) \qquad (2.23)$$

図 2.6 に示したように確率密度関数を区間 $[0,5]$ で積分した場合，曲線の下にある部分の面積が求まるが，それが変数 x が区間 $[0,5]$ の間の値をとる確率の大きさを表している．

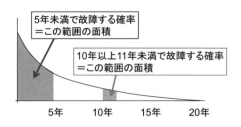

図 2.6 部品の故障のタイミングを表す確率密度関数の例．ある範囲について積分した結果が確率の大きさになる．それがその範囲内の時刻に故障が起きる確率を表す．

確率密度関数は名前の通り，確率の密度を表している．物理では密度を積分すると質量になるが，確率論では確率密度関数を積分すると確率になるのである．

確率はすべての可能性について足し合わせると 1 にならなくてはならない．このため確率密度関数の全体での積分は 1 である．すなわち $\int_{-\infty}^{\infty} p(x)dx = 1$ となる．一方，確率密度関数の大きさ $p(x)$ は x の起きやすさそのものではなくその密度なので，1 より大きくなってもよい．密度を定義域全体で積分した時に 1 になればよいので，狭い範囲について密度が 1 を超えることは問題ないのである．これはある村の人口が一人だとして，人口密度を「$1\,\mathrm{km}^2$ あたりの人数」で表した時，村の面積が $1\,\mathrm{km}^2$ 以下の場合は人口密度が 1 を超えるのと同様である．

確率密度関数と離散変数の場合の確率分布は共に $p(x)$ と表されることが多いが，前者の大きさは確率密度，後者の大きさは確率を表していることには注意する．確率密度関数は確率分布そのものではないが，確率密度関数は確率分布を決めるため，本書では簡潔さのため「確率分布の確率密度関数 $p(x)$」を単に「確率分布 $p(x)$」と呼ぶこともある [*1]．

[*1] 確率密度関数で表現できない確率分布も存在する．たとえば累積確率関数 F が以下のように定義されるステップ関数（ヘヴィサイドの階段関数）の場合，$x=0$ で不連続のため，その微分は

なお，本書で使用されるのは主に多項式，関数の和と積，指数関数，対数関数の微分と積分である．具体的には以下の公式を使用する．ただし α と β は x の関数である．また，本書では対数関数 log は底が明示されていない限り自然対数すなわち $\log_e$ とする．$d\alpha/dx$ を $(d/dx)\alpha$ と書くことも行う．これは「微分を行うという操作」を d/dx で表し，それを α に対して作用させているという見方である．

微分の公式

$$\frac{dx^m}{dx} = mx^{m-1} \qquad \frac{d\exp(x)}{dx} = \exp(x)$$

$$\frac{d(\alpha+\beta)}{dx} = \frac{d\alpha}{dx} + \frac{d\beta}{dx} \qquad \frac{d\log(x)}{dx} = \frac{1}{x}$$

$$\frac{d(\alpha\beta)}{dx} = \frac{d\alpha}{dx}\beta + \alpha\frac{d\beta}{dx} \qquad \frac{df(g(x))}{dx} = \frac{df(g)}{dg}\frac{dg(x)}{dx}$$

積分は無限個の要素について総和を求める操作であるため，確率変数がとりうる値が無限種類である時，それを周辺化するために積分が必要となる．積分は微分の逆演算である．関数 $F(x)$ の微分が $f(x)$ の時，$f(x)$ の x_0 から x_1 の範囲での積分（定積分）$\int_{x_0}^{x_1} f(x)dx$ は以下のように求められる．

定積分

$$\int_{x_0}^{x_1} f(x)dx = [F(x)]_{x_0}^{x_1} = F(x_1) - F(x_0) \qquad (2.25)$$

存在せず，確率密度関数は定義できない．

$$F(x) = \begin{cases} 0 & (x < 0) \\ 1 & (x \geq 0) \end{cases} \qquad (2.24)$$

この累積確率関数に対応する確率分布を表現するのに使えるのがディラックのデルタ関数であるが，これは関数ではなく，分布 (distribution) と呼ばれるものである．

具体的に積分を計算する際，以下で述べる**変数変換** (change of variables)（すなわち**置換積分** (integration by substitution)）と**部分積分** (integration by parts) が頻繁に使用される．

▶**変数変換（置換積分）** 　関数 $f(x)$ を $g(t(x))$ とも表せる時，すなわち $f(x) = g(t(x))$ の時，f の x による積分を以下のように g の t による積分に変えられる．これは微分を分数のように扱うと，$(dx/dt)dt = dx$ となるためと考えるとよい．

変数変換（置換積分）
$$\int_{x_0}^{x_1} f(x)dx = \int_{x_0}^{x_1} g(t(x))dx = \int_{t(x_0)}^{t(x_1)} g(t)\left(\frac{dx}{dt}\right)dt \qquad (2.26)$$

▶**部分積分** 　上記の微分の公式のうち，$\frac{d(\alpha\beta)}{dx} = \frac{d\alpha}{dx}\beta + \alpha\frac{d\beta}{dx}$ の α に $f(x)$，β に $g(x)$ を代入すると以下になる．
$$\frac{d(f(x)g(x))}{dx} = \left(\frac{df(x)}{dx}\right)g(x) + f(x)\left(\frac{dg(x)}{dx}\right) \qquad (2.27)$$
この両辺を x_0 から x_1 まで積分すると以下が得られる．
$$[f(x)g(x)]_{x_0}^{x_1} = \int_{x_0}^{x_1}\left(\frac{df(x)}{dx}\right)g(x)dx + \int_{x_0}^{x_1} f(x)\left(\frac{dg(x)}{dx}\right)dx \qquad (2.28)$$
移項によって以下を得る．

部分積分
$$\int_{x_0}^{x_1}\left(\frac{df(x)}{dx}\right)g(x)dx = [f(x)g(x)]_{x_0}^{x_1} - \int_{x_0}^{x_1} f(x)\left(\frac{dg(x)}{dx}\right)dx \qquad (2.29)$$

もし積分したい関数が何らかの関数 $f(x)$ の微分と何らかの関数 $g(x)$ の積 $\left(\frac{df(x)}{dx}\right)g(x)$ の形をしている時（すなわち式 (2.29) の左辺の被積分関数の形 $(df(x)/dx)g(x)$ をしている時），この変形によって積分すべき関数を $f(x)(dg(x)/dx)$ に変えられる．そちらの方が積分が容易な関数になる時，この

変形が使われる．この操作は部分積分と呼ばれている．

> **問 2-5** 部分積分を使い，積分 $\int_0^\infty x\exp(-x)dx$ を求めよ．
>
> [解答] $f(x) = -\exp(-x)$, $g(x) = x$ とおくと，$x\exp(-x) = (df(x)/dx)g(x)$ となるため，以下のように求められる．
> $$\int_0^\infty x\exp(-x)dx = [-x\exp(-x)]_0^\infty - \int_0^\infty (-\exp(-x))dx$$
> $$= [-\exp(-x)]_0^\infty = 1 \qquad (2.30)$$

2.4.3 指数分布

連続変数の確率分布のうち，もっともシンプルな形をしているもののひとつが**指数分布** (exponential distribution) である．指数分布に従う確率変数は非負の値（すなわち 0 以上の値）をとる．0 に近い値ほど起きやすく，大きくなるほど生じにくい．その確率密度関数は以下のように定義される．

指数分布
$$p(x|\lambda) = \lambda\exp(-\lambda x) \qquad (\lambda > 0) \qquad (2.31)$$

λ はパラメータであり，これが大きいほど x の増加に伴う確率密度の減衰が

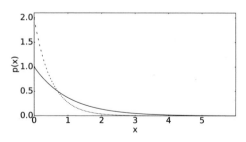

図 2.7 指数分布の確率密度関数．$\lambda = 1$ の場合（実線）と $\lambda = 2$ の場合（点線）を示している．

速い．λ によって x の確率分布の形が決まることを条件付き確率を使って表している．

図 2.6 に示したように，部品がどのタイミングで故障するか，あるいは機械がどれくらい経ってから壊れるかといった時間の長さの分布は指数分布に従うことがある．

問 2-6 指数分布の確率密度関数を表す式 (2.31) を 0 から ∞ の範囲で積分した時に 1 になることを示せ．

[解答]
$$\int_0^\infty p(x|\lambda)dx = \int_0^\infty \lambda \exp(-\lambda x)dx = [-\exp(-\lambda x)]_0^\infty = 0-(-1) = 1 \tag{2.32}$$

自然界で指数分布に従う現象で有名なものは放射性物質であろう．半減期という言葉は時折ニュースでも話題になるが，放射性物質の量が半分になるのに掛かる時間である．放射性物質を構成する原子は確率的に崩壊していき，次第にその量は減っていく．セシウム 137 の場合，半減期はおよそ 30 年であるため，30 年経つとその量は半分になり，60 年経つと 1/4，90 年経つと 1/8 になる．すなわち $30y$ 年後に残っている割合は 2^{-y} であり，言い換えれば全体の $1-2^{-y}$ が $30y$ 年以内に崩壊する．$x = 30y$ と定義すると，x は年数を表すため，全体の $1-2^{-x/30}$ が x 年以内に崩壊する．放射性物質の中のひとつの原子に着目すると，それが x 年以内に崩壊する確率は $1-2^{-x/30}$ である．

問 2-7 セシウム 137 のひとつの原子が崩壊するタイミングを表す確率密度関数を求めよ．

[解答]　累積確率関数 $F(x)$ は「確率変数の値が x 以下である確率」を表す．この問題の場合，原子の崩壊時刻を確率変数とすると，それが x 年より前（すなわち x 以下）である確率が $1-2^{-x/30}$ であるので，$F(x) = 1 - 2^{-x/30} = 1-\exp(-(\log 2)x/30)$ と表せる．累積確率関数を微分したものが確率密度関数

であり，それを $p(x)$ で表すと以下になる．

$$p(x) = \frac{dF(x)}{dx} = \frac{d(1 - \exp(-(\log 2)x/30))}{dx} = \frac{\log 2}{30} \exp\left(-\frac{\log 2}{30}x\right) \tag{2.33}$$

すなわちセシウム 137 が崩壊するタイミングを年を単位にして表すと，$\lambda = (\log 2)/30$ の指数分布に従う．

2.4.4 ラプラス分布

指数分布に従う確率変数の値が負になる確率は 0 である．指数分布をもとにして，負の値もとりうる確率変数の分布を作れないだろうか．もし指数分布の形を保ったまま定義域を負の範囲にも拡大した場合，x が $-\infty$ に向かって減少するにつれて $\exp(-\lambda x)$ が増加し，全体での積分が無限に大きくなってしまう．すなわち積分が発散するため，確率分布にはならない．そこで考えられるのが x の絶対値を使うことである．それによって指数分布のような形で定義されるのがラプラス分布 (Laplace distribution) である．

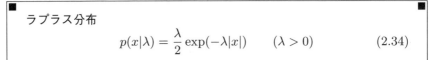

ラプラス分布

$$p(x|\lambda) = \frac{\lambda}{2} \exp(-\lambda|x|) \qquad (\lambda > 0) \tag{2.34}$$

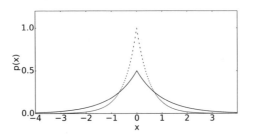

図 2.8　ラプラス分布の確率密度関数．$\lambda = 1$ の場合（実線）と $\lambda = 2$ の場合（点線）を示している．

問 2-8 ラプラス分布の確率密度関数を表す式 (2.34) を $(-\infty, \infty)$ の範囲で積分した時に 1 になることを示せ．

[解答]

$$\int_{-\infty}^{\infty} \frac{\lambda}{2} \exp(-\lambda|x|) dx = \int_{-\infty}^{0} \frac{\lambda}{2} \exp(-\lambda|x|) dx + \int_{0}^{\infty} \frac{\lambda}{2} \exp(-\lambda|x|) dx$$

$$= \int_{-\infty}^{0} \frac{\lambda}{2} \exp(\lambda x) dx + \int_{0}^{\infty} \frac{\lambda}{2} \exp(-\lambda x) dx$$

$$= \left[\frac{1}{2} \exp(\lambda x)\right]_{-\infty}^{0} + \left[-\frac{1}{2} \exp(-\lambda x)\right]_{0}^{\infty}$$

$$= \left(\frac{1}{2} - 0\right) + \left(0 - \left(-\frac{1}{2}\right)\right) = 1 \tag{2.35}$$

指数分布をもとにして負の値も生じる確率分布を作るもうひとつの方法は絶対値を使う代わりに x を二乗することである．この場合，x が $-\infty$ に近づくにつれて $\exp(-x^2)$ は 0 に近づき，発散を防げそうである．そのようにして作られる分布が次節で述べる正規分布である．

2.5 正 規 分 布

連続変数の確率分布のうち，**正規分布** (normal distribution) はもっとも広く使われているもののひとつである．19 世紀の数学者であるカール・フリードリヒ・ガウス (1777–1855) によって考案されたため，**ガウス分布** (Gaussian distribution) とも呼ばれる．

正規分布が広く使われるのは，誤差がそれに従って分布することが多いためである．実際，正規分布はガウスが天文学のための数学を研究する中で，人間の観測者が記録した星の位置が実際の位置に対してどのようにばらつくかを調べたことで生まれてきた．これは図 2.9 に示したように観測値には誤差が含まれるためであるが，なぜ誤差が正規分布に従うことが多いかは 4 章でランダムウォークや二項分布について述べる時に説明する．

2.5 正規分布

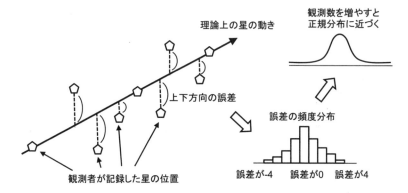

図 2.9 理論から予想される星の真の位置と人間の観測者によって記録された位置，その間の誤差．上にずれたら誤差が正，下にずれたら誤差が負とする．それぞれの値がどれだけ起きたかをヒストグラムで表し，頻度分布をヒストグラムで表すと，観測数が増えるにつれて正規分布に近づいていく．

2.5.1 標準正規分布

もっとも基本的な正規分布である**標準正規分布** (standard normal distribution) の確率密度関数は以下のように定義される．

標準正規分布の確率密度関数
$$p(x) = \frac{1}{\sqrt{2\pi}} \exp\left(-\frac{x^2}{2}\right) \tag{2.36}$$

式 (2.34) のラプラス分布と比較すると，指数部分が $-\lambda|x|$ でなく $-x^2/2$ になっているところが特徴である．なぜ 2 で割るのかは 2.6 節で正規分布の分散を求める際に説明する．

式 (2.36) において係数 $1/\sqrt{2\pi}$ が掛けられているのは，x について $-\infty$ から ∞ までの範囲で積分した時に 1 になるようにである．すなわち $\int_{-\infty}^{\infty} \exp\left(-x^2/2\right) dx = \sqrt{2\pi}$ となるため，相殺によって積分の値が1になる [*2]．

[*2] $\int_{-\infty}^{\infty} \exp\left(-x^2/2\right) dx = \sqrt{2\pi}$ となることは以下のように示せる．まず，左辺を I で表す．すなわち $I = \int_{-\infty}^{\infty} \exp\left(-x^2/2\right) dx$ と定義する．変数名を x から y に変えても積分の結果は変わらないので，$I = \int_{-\infty}^{\infty} \exp\left(-y^2/2\right) dy$ もいえる．二つの形で表された I を掛け合わせると，$I^2 =$

これは確率がすべての可能性について足し合わせた時に1になるという条件を満たすために必要である．この操作は**規格化** (normalization) と呼ばれ，のちほど詳しく説明する．

式 (2.36) の分布を $\mathcal{N}(x)$ で表す．図 2.10 に標準正規分布の確率密度関数を示した．x 軸の値が 0 のまわりで高くなっているのは，そのような値がもっとも起きやすいことを表している．

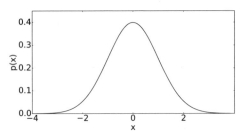

図 2.10　標準正規分布 $\mathcal{N}(x)$ の確率密度関数

正規分布は釣り鐘のような形をしている．現実の釣り鐘との違いは裾が無限の彼方まで広がっていることである．すなわちどれだけ大きな値や小さな値についてもその値が生成される確率は完全に 0 にはならない．これは指数関数 exp がどのような値に対しても 0 にはならないことから来ている．しかし x について $\exp(-x^2) = 1/\exp(x^2)$ という形をしており，指数関数 $\exp(x^2)$ の増加が急速であるため，x が 0 から離れるにつれて標準正規分布の値は急速に減少する．つまり 0 から大きく離れた値は極めて生じにくいという確率モデルになる．

2.5.2　標準正規分布の平行移動とスケーリング

標準正規分布は 0 を中心として分布しているが，形は同じで中心が 0 以外であるような分布を考えられないだろうか．

たとえば x が 3 を中心に分布するようにしたい場合，標準正規分布に従う確率変数 z を考え，$x = z + 3$ と定義すればよい．これは逆にいえば $z = x - 3$

$\int_{-\infty}^{\infty} \exp\left(-x^2/2\right) dx \int_{-\infty}^{\infty} \exp\left(-y^2/2\right) dy = \int_{-\infty}^{\infty} \int_{-\infty}^{\infty} \exp\left(-(x^2+y^2)/2\right) dxdy$ がいえる．(x, y) という直交座標系から極座標 (r, θ) への座標変換，すなわち変数変換を行うと，ヤコビ行列の行列式（ヤコビアン）が r であることより，$I^2 = \int_0^\infty \int_0^{2\pi} \exp\left(-r^2/2\right) rdrd\theta = 2\pi$. 両辺の平方根によって求める結果が得られる．

と定義される z が標準正規分布 $(1/\sqrt{2\pi})\exp(-z^2/2)$ に従うということである．たとえば $x = 8$ という事象の起きやすさは $z = 5$ という事象の起きやすさと同一であり，$(1/\sqrt{2\pi})\exp(-5^2/2)$ になる．これが任意の $z = x - 3$ についていえるので，標準正規分布 $(1/\sqrt{2\pi})\exp(-z^2/2)$ の z に $x-3$ を代入した $(1/\sqrt{2\pi})\exp(-(x-3)^2/2)$ が x についての確率分布になり，それは 3 を中心として分布する．

同じ議論が 3 以外の任意の数についていえるので，μ を中心とした正規分布は以下のように定義できる．

$$p(x|\mu) = \frac{1}{\sqrt{2\pi}} \exp\left(-\frac{(x-\mu)^2}{2}\right) \tag{2.37}$$

これは正規分布の形を保ったまま位置だけ動かすため，平行移動と呼ばれる（図 2.11）．

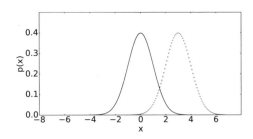

図 2.11 標準正規分布 $\mathcal{N}(x)$ の平行移動．中心を移動させ，$\mu = 3$ となるようにした．標準正規分布を実線，平行移動された正規分布を点線で表している．

続いて分布の幅，すなわち広がり方の変更を行う．標準正規分布を表す式 (2.36) を x で 2 回微分して 0 とおくと，その変曲点が求まる．

問 2-9 標準正規分布を表す式 (2.36) を x で 2 回微分し，0 とおくことで変曲点を求めよ．

[解答]
$$\frac{d^2\mathcal{N}(x)}{dx^2} = \frac{d^2}{dx^2}\left(\frac{1}{\sqrt{2\pi}}\exp\left(-\frac{x^2}{2}\right)\right) = \frac{d}{dx}\left(-\frac{x}{\sqrt{2\pi}}\exp\left(-\frac{x^2}{2}\right)\right)$$

$$= -\frac{1}{\sqrt{2\pi}} \exp\left(-\frac{x^2}{2}\right) + \frac{x^2}{\sqrt{2\pi}} \exp\left(-\frac{x^2}{2}\right) = -\frac{1-x^2}{\sqrt{2\pi}} \exp\left(-\frac{x^2}{2}\right) \tag{2.38}$$

最右辺が 0 となるのは $x = \pm 1$ の時である.

変曲点がたとえば σ に来るような分布を作るにはどうしたらよいかというと,式 (2.36) の x を x/σ で置き換えれば,その変曲点は $x = \pm\sigma$ になる.しかしそのままでは「すべての可能性について足し合わせた時に 1 になる」という確率分布の性質を満たさなくなる.実際,変曲点の位置が σ に来た分,全体で積分した時の値は σ 倍になっている.そこで全体を σ で割ることで,確率密度曲線の下にある面積(積分)が 1 になるようにする.

まとめると,幅を σ 倍にした正規分布は以下のように定義される.この操作は分布のスケールを変えるため,スケーリングと呼ばれる(図 2.12).

$$p(x|0, \sigma^2) = \frac{1}{\sigma}\frac{1}{\sqrt{2\pi}} \exp\left(-\frac{1}{2}\left(\frac{x}{\sigma}\right)^2\right) = \frac{1}{\sqrt{2\pi\sigma^2}} \exp\left(-\frac{x^2}{2\sigma^2}\right) \tag{2.39}$$

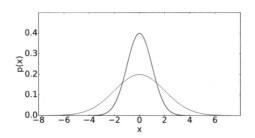

図 2.12 標準正規分布 $\mathcal{N}(x)$ の $\sigma = 2$ によるスケーリング.幅が σ 倍になり,高さが $1/\sigma$ になる.全体で積分した時の値は 1 のまま変わらない.標準正規分布を実線,スケーリングされた正規分布を点線で表している.

問 2-10 標準正規分布を σ でスケーリングした正規分布を表す式 (2.39) を x で 2 回微分し,0 とおくことで変曲点を求めよ.

[解答]
$$\frac{d^2 p(x|0, \sigma^2)}{dx^2} = \frac{d^2}{dx^2}\left(\frac{1}{\sqrt{2\pi\sigma^2}} \exp\left(-\frac{x^2}{2\sigma^2}\right)\right)$$

2.5 正規分布

$$
\begin{aligned}
&= \frac{d}{dx}\left(-\frac{x}{\sigma^2\sqrt{2\pi\sigma^2}}\exp\left(-\frac{x^2}{2\sigma^2}\right)\right) \\
&= -\frac{1}{\sigma^2\sqrt{2\pi\sigma^2}}\exp\left(-\frac{x^2}{2\sigma^2}\right) + \frac{x^2}{(\sigma^2)^2\sqrt{2\pi\sigma^2}}\exp\left(-\frac{x^2}{2\sigma^2}\right) \\
&= -\frac{\sigma^2 - x^2}{(\sigma^2)^2\sqrt{2\pi\sigma^2}}\exp\left(-\frac{x^2}{2\sigma^2}\right) \quad\quad (2.40)
\end{aligned}
$$

最右辺が 0 となるのは $x = \pm\sigma$ の時である.

標準正規分布の変換に使った μ は平均パラメータ, σ は標準偏差パラメータと呼ばれる. 標準偏差パラメータの二乗である σ^2 は分散パラメータと呼ばれる.

平行移動とスケーリングをまとめて, 一般の正規分布 $\mathcal{N}(x|\mu,\sigma^2)$ の確率密度関数は以下のように定義される. この式の左辺に現れているように, 本書では正規分布のパラメータとして標準偏差 σ ではなく分散 σ^2 を指定する方式を採用する.

正規分布
$$\mathcal{N}(x|\mu,\sigma^2) = \frac{1}{\sqrt{2\pi\sigma^2}}\exp\left(-\frac{(x-\mu)^2}{2\sigma^2}\right) \quad\quad (2.41)$$

図 2.13 では $\mu = 3$ で $\sigma^2 = 4$ となる正規分布, すなわち $\mathcal{N}(x|3,4)$ を標準正規分布と比較している.

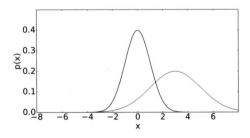

図 **2.13** 標準正規分布 $\mathcal{N}(x|0,1)$ の確率密度関数 (実線) と $\mu = 3$, $\sigma^2 = 4$ である正規分布 $\mathcal{N}(x|3,4)$ の確率密度関数 (点線)

2.5.3 多変量正規分布

多数の確率変数がそれぞれ正規分布に従う場合，それらの同時分布として**球形正規分布** (spherical normal distribution) または**等方的正規分布** (isotropic normal distribution) と呼ばれる分布がよく使われる．これは標準偏差を共有する正規分布の積で表される．以下の式は k 種類の確率変数がある状況を表しており，それぞれ異なる平均 μ_j を持っているが，標準偏差は共通である．

球形正規分布

$$p(\boldsymbol{x}|\boldsymbol{\mu}, \sigma^2) = \prod_{j=1}^{k} \mathcal{N}(x_j|\mu_j, \sigma^2) \tag{2.42}$$

球形正規分布は**多変量正規分布** (multivariate normal distribution) の一種である．多変量正規分布は確率変数のベクトル $\boldsymbol{x}$ についての分布，すなわち x_1, x_2, ..., x_m についての同時分布であり，次元 j によって標準偏差が異なる場合や式 (2.42) のように積の形に分解できない状況も含んでいる．多変量正規分布では分散だけでなく**共分散** (covariance) が新たなパラメータとして加わる．共分散は σ_{jh} のように二つの添え字を持ち，x_j と x_h の間の相関の強さを反映した値になる．また，分散と共分散の間には $\sigma_j^2 = \sigma_{jj}$ という関係がある．

2.6 期 待 値

確率変数 x が分布 $p(x)$ に従うとする．また，x によって値が決まる関数 $f(x)$ を考える．たとえば x がパチンコの設定が甘いか辛いかを表し，$p(x)$ がその確率分布とする．例として $p(x = 甘い) = 0.2$ であり $p(x = 辛い) = 0.8$ という確率分布が考えられる．一方，$f(x)$ は設定が x であった時の稼ぎを表すとする．設定が甘ければ 5 万円勝てる場合，$f(x = 甘い) = 5$ になる．一方，設定が辛ければ 2 万円負ける場合，$f(x = 辛い) = -2$ と表せる．

繰り返しパチンコに行った時，どのような利益が期待できるだろうか．これを求めるのに使われるのが**期待値** (expectation) である．確率分布 $p(x)$ に基づく

2.6 期　待　値

$f(x)$ の期待値は $\mathbb{E}_{p(x)}[f(x)]$ と表される．$p(x)$ が明らかな場合は単に $\mathbb{E}[f(x)]$ とも表される．

期待値は x の各値について，$f(x)$ と $p(x)$ を掛け，足し合わせたものとして定義される．すなわち起きやすい x ほど $p(x)$ が大きいため，その x に対応する $f(x)$ ほど多く考慮されることになる．

x が離散変数の場合，x のすべての値について足し合わせることを $\sum_x$ で表すと，以下になる．

確率分布 $p(x)$ に基づく $f(x)$ の期待値（x が離散変数の場合）
$$\mathbb{E}_{p(x)}[f(x)] = \sum_x p(x)f(x) \tag{2.43}$$

たとえば上記のパチンコの場合，稼ぎの期待値は以下のように求められる．

$$\begin{aligned}
\mathbb{E}_{p(x)}[f(x)] &= \sum_x p(x)f(x) \\
&= p(x=甘い)f(x=甘い) + p(x=辛い)f(x=辛い) \\
&= (0.2)(5) + (0.8)(-2) = -0.6
\end{aligned} \tag{2.44}$$

期待値は -0.6 万円となり，稼ぐことはできなそうである．

連続変数の場合は積分を使って以下のように期待値を求められる．これは総和を連続変数に一般化すると積分になるためである．

確率分布 $p(x)$ に基づく $f(x)$ の期待値（x が連続変数の場合）
$$\mathbb{E}_{p(x)}[f(x)] = \int p(x)f(x)dx \tag{2.45}$$

本書では x のとりうる値が有限種類の場合にも，期待値計算を積分記号で表現する．これは x がどのような変数の場合にも使える一般的な記法を使いたいためである．たとえば x のとりうる値が a_1 から a_k までの有限種類の時，期待

値計算は以下のようにいったん積分で表現された後，総和に置き換えられる．

$$\mathbb{E}_{p(x)}[f(x)] = \int p(x)f(x)dx = \sum_{j=1}^{k} p(a_j)f(a_j) \tag{2.46}$$

積分は定義域すなわち x がとりうる値の範囲を無限個に分割し，それぞれでの $f(x)dx$ の値を足し合わせる操作であるが，定義域が有限種類の場合には有限個までの分割で十分であり，総和と一致する．

問 2-11 正規分布 $\mathcal{N}(x|\mu, \sigma^2)$ に従う確率変数 x の期待値を求めよ．

[解答] $z = x - \mu$ と定義し，変数変換によって求められる．最後の行では正規分布 $\mathcal{N}(z|0, \sigma^2) = (1/\sqrt{2\pi\sigma^2}) \exp(-z^2/2\sigma^2)$ を $(-\infty, \infty)$ で積分すると 1 になることを使った．

$$\begin{aligned}
\mathbb{E}_{\mathcal{N}(x|\mu,\sigma^2)}[x] &= \int_{-\infty}^{\infty} x\mathcal{N}(x|\mu,\sigma^2)dx = \int_{-\infty}^{\infty} x\frac{1}{\sqrt{2\pi\sigma^2}}\exp\left(-\frac{(x-\mu)^2}{2\sigma^2}\right)dx \\
&\stackrel{変数変換}{=} \int_{-\infty}^{\infty} (z+\mu)\frac{1}{\sqrt{2\pi\sigma^2}}\exp\left(-\frac{z^2}{2\sigma^2}\right)dz \\
&= \int_{-\infty}^{\infty} z\frac{1}{\sqrt{2\pi\sigma^2}}\exp\left(-\frac{z^2}{2\sigma^2}\right)dz + \int_{-\infty}^{\infty} \mu\frac{1}{\sqrt{2\pi\sigma^2}}\exp\left(-\frac{z^2}{2\sigma^2}\right)dz \\
&= \left[-\frac{\sigma^2}{\sqrt{2\pi\sigma^2}}\exp\left(-\frac{z^2}{2\sigma^2}\right)\right]_{-\infty}^{\infty} + \mu\int_{-\infty}^{\infty}\frac{1}{\sqrt{2\pi\sigma^2}}\exp\left(-\frac{z^2}{2\sigma^2}\right)dz \\
&= 0 + \mu = \mu
\end{aligned} \tag{2.47}$$

確率変数の期待値は平均とも呼ばれる．正規分布 $\mathcal{N}(x|\mu, \sigma^2)$ に従う確率変数 x の平均は μ になる．これが μ が平均パラメータと呼ばれる理由である．

問 2-12 正規分布 $\mathcal{N}(x|0, \sigma^2)$ に従う確率変数 x の二乗 x^2 の期待値を求めよ．指数関数 $\exp(-x^2/2\sigma^2)$ の 0 への収束は x の増加や減少より著しく速いため，両者の積 $x\exp(-x^2/2\sigma^2)$ は $x \to \infty$ と $x \to -\infty$ において 0 になることを使うとよい．

[解答] 部分積分によって求められる．3 行目の第一項について，指数関数

$\exp(-x^2/2\sigma^2)$ と x の積が $x \to \infty$ と $x \to -\infty$ において 0 になることを使っている．

$$\mathbb{E}_{\mathcal{N}(x|0,\sigma^2)}[x^2] = \int_{-\infty}^{\infty} x^2 \mathcal{N}(x|0,\sigma^2) dx$$
$$= \int_{-\infty}^{\infty} x \cdot x \left(\frac{1}{\sqrt{2\pi\sigma^2}} \exp\left(-\frac{x^2}{2\sigma^2}\right) \right) dx = \int_{-\infty}^{\infty} x \left(\frac{x}{\sqrt{2\pi\sigma^2}} \exp\left(-\frac{x^2}{2\sigma^2}\right) \right) dx$$
$$\stackrel{\text{部分積分}}{=} \left[x \left(-\frac{\sigma^2}{\sqrt{2\pi\sigma^2}} \exp\left(-\frac{x^2}{2\sigma^2}\right) \right) \right]_{-\infty}^{\infty} - \int_{-\infty}^{\infty} \left(-\frac{\sigma^2}{\sqrt{2\pi\sigma^2}} \exp\left(-\frac{x^2}{2\sigma^2}\right) \right) dx$$
$$= \sigma^2 \int_{-\infty}^{\infty} \left(\frac{1}{\sqrt{2\pi\sigma^2}} \exp\left(-\frac{x^2}{2\sigma^2}\right) \right) dx = \sigma^2 \quad (2.48)$$

確率変数から平均を引いた値の二乗の期待値，すなわち $\mathbb{E}_{p(x)}[(x - \mathbb{E}_{p(x)}[x])^2]$ は分散と呼ばれるため，正規分布 $\mathcal{N}(x|0,\sigma^2)$ の分散は σ^2 ということになる．これが σ^2 に分散パラメータという名前が付けられている理由である．また，標準偏差は分散の平方根として定義されるため，σ は正規分布の標準偏差パラメータということになる．

標準正規分布では $\sigma = 1$ である．また，前問の結果により，その平均は 0 である．これが「標準」正規分布と呼ばれる理由である．そもそも式 (2.36) で定義した標準正規分布の指数部分において $-x^2/2$ のように 2 で割るのは「標準」の名に相応しいよう，その分散や標準偏差が 1 になってほしいからである．

2.7 規　格　化

単に分布といった場合，すべての可能性についての値を足しても 1 にならないものも含む．すなわち確率分布とは限らない．ここではそのような分布を $g(x)$ で表す [*3]．

分布 $g(x)$ はいわば x の各値についてスコアを与えている．これらのスコアをすべての x について足し合わせた時，その総和が 1 になるとは限らない．しかし総和が有限の場合，各 x について $g(x)$ を総和で割って新しい分布を定義

[*3] 分布は数学的には関数を一般化したものであり，厳密には任意の分布を関数として表せるとは限らないが，本節ではそこまで広く考えず，関数として表せる分布を使って議論する．

すれば，その総和は 1 になるため，それは確率分布になる．すなわち分布 $g(x)$ から以下のように確率分布 $p(x)$ を作れる．

$$p(x) = \frac{g(x)}{\sum_{x'} g(x')} \tag{2.49}$$

実際，$\sum_x p(x) = \frac{\sum_x g(x)}{\sum_{x'} g(x')} = 1$ になるため，$p(x)$ は確率分布である．

分布から確率分布を作る操作を**規格化** (normalization) または**正規化**と呼ぶ．x が連続変数の場合は積分で割ることで確率分布が得られる．

規格化

分布 $g(x)$ から確率分布 $p(x)$ を作る

$$p(x) = \frac{g(x)}{\int g(x')dx'} \tag{2.50}$$

これも同様に $\int p(x)dx = \int \frac{g(x)}{\int g(x')dx'}dx = \frac{\int g(x)dx}{\int g(x')dx'} = 1$ になる．なお，簡潔性のため，確率分布であっても単に分布と呼ぶことも多い．分布が確率分布とは限らないということを強調する場合は「規格化されていない分布」という表現も使われる．

規格化の際に掛けられる定数を**規格化定数** (normalization constant) または**正規化定数**と呼ぶ．式 (2.49) では $1/\sum_{x'} g(x')$ が規格化定数であり，式 (2.50) では $1/\int g(x')dx'$ が規格化定数である．式 (2.41) で定義した正規分布の場合，$1/\sqrt{2\pi\sigma^2}$ の部分が規格化定数である．これは $\int \exp(-x^2/2\sigma^2)dx = \sqrt{2\pi\sigma^2}$ となるためである．

問 2-13 $g(x=0) = 2/7$, $g(x=1) = 3/7$ で定義される分布を規格化せよ．

[解答] $\sum_{x=0}^{1} g(x) = 5/7$ より，規格化で得られる分布は $p(x=0) = 2/5$, $p(x=1) = 3/5$．

式 (2.49) や (2.50) の分母の $\sum_{x'} g(x')$ や $\int g(x')dx'$ は x' がとりうるすべて

の値について足し合わせているため，x については定数である．つまり規格化は分布を定数倍する操作である．

二つの（確率分布でない）分布が互いに定数倍の関係にあるのなら，規格化によって同じ確率分布になる．たとえば $f(x=0) = 2/11$, $f(x=1) = 3/11$ という分布と $g(x=0) = 2/7$, $g(x=1) = 3/7$ という分布は異なるが，$f(x) = (7/11)g(x)$ という関係にあるため，規格化によって得られる確率分布は同一である．実際，f と g のいずれを規格化しても $p(x=0) = 2/5$, $p(x=1) = 3/5$ という確率分布になる．

> **問 2-14** 二つの分布 f と g があった時，ある c が存在してすべての x について $f(x) = cg(x)$ が成り立つ時，すなわち一方がもう一方の定数倍である時，f と g を規格化して得られる確率分布 $\tilde{f}$ と $\tilde{g}$ は同一であることを示せ．
>
> [解答]
> $$\tilde{f}(x) = \frac{f(x)}{\int f(x')dx'} = \frac{cg(x)}{\int cg(x')dx'} = \frac{cg(x)}{c\int g(x')dx'} = \frac{g(x)}{\int g(x')dx'} = \tilde{g}(x) \tag{2.51}$$

このため確率変数 x がどのような確率分布に従うかが分からない時，その各値が生じる頻度が従う（確率分布とは限らない）分布 $g(x)$ を求め，それを既知の確率分布と比較し，定数倍を除き一致すれば，x はその確率分布に従うとみなせる．たとえばある確率変数 x の各値の起きやすさが $\exp(-x^2/2)$ の定数倍になることが分かった時，これは標準正規分布（式 (2.36)）の定数 $1/\sqrt{2\pi}$ 以外の部分と一致するため，x の従う確率分布は標準正規分布と判断できる，といった具合である．

章末問題

2-1 確率変数 x と y の同時分布が $p(x,y) = (1/2\pi)\exp(-(x^2+y^2)/2)$ で表される時，$p(x)$ を求めよ．

2-2 指数分布 $p(x) = \lambda \exp(-\lambda x)$ に従う確率変数 x の平均，すなわち期待値 $\mathbb{E}_{p(x)}[x]$ を求めよ．

2-3 ラプラス分布 $p(x) = (\lambda/2)\exp(-\lambda|x|)$ に従う確率変数 x の分散，すなわち期待値 $\mathbb{E}_{p(x)}\left[(x - \mathbb{E}_{p(x)}[x])^2\right]$ を求めよ．

2-4 多変量ラプラス分布 $p(\boldsymbol{x}|\lambda) = \prod_{j=1}^{k}(\lambda/2)\exp(-\lambda|x_j|)$ は多変量正規分布と比べて**疎性**（あるいは**スパース性** (sparsity)）という性質を持つといわれる．これはベクトルの成分が 0 になりやすいという傾向である．観測値ベクトル $\boldsymbol{x}$ が 2 次元として，その値が $(x_1, x_2) = (1, 0)$ と $(x_1, x_2) = (1/2, 1/2)$ となる確率の比 $p((1,0))/p((1/2,1/2))$ を多変量ラプラス分布 $p(\boldsymbol{x}|1) = \prod_{j=1}^{k}(1/2)\exp(-|x_j|)$ と多変量正規分布 $p(\boldsymbol{x}|0, 1) = \prod_{j=1}^{k}\mathcal{N}(x_j|0, 1)$ のそれぞれについて求めよ．

3 ベイズ推定入門

あなたが新たに居酒屋を開店したとしよう．酒の品揃えには自信がある．立地もまずまずだ．しかし世の中は甘くない．同業者が妬み，有名な居酒屋レビューサイト「飲みイク」であなたの店について陰湿なコメントを書き，評価値の最低点である 1 点をつけた．あいにく他にまだ誰もレビューを投稿していないため，これがあなたの居酒屋に対する唯一の評価値である．このままお店は誰にも見向きされなくなってしまうのだろうか．

いや，同業者の嫌がらせに気づいたあなたは複数のアカウントを作り，自分の店に対して最高点である 5 点をつけまくった．これであなたのお店は飲みイク全国ランキングのトップに登場するに違いない．

実際，飲みイクの世界では日々このような戦いが行われているのではないかと思われる．飲みイクの運営側としてはこのような不毛な争いをどのように防いだらよいだろうか．本章で述べるベイズ推定 (Bayes estimation) はそのような対策を可能にする枠組みである．

3.1 観測値と推定量

飲みイクのような居酒屋レビューサイトの目的は利用者が投稿した評価値をもとに，居酒屋の真の実力を明らかにすることである．このタスクを 1.1.1 項で述べた統計学の用語を使って表現すると以下のようになる．レビューサイトに投稿された評価値は観測値に相当する．観測値を決める要因となっている未知の値がパラメータであるが，この場合は居酒屋の真の実力がパラメータにな

る．パラメータの真の値は一般の客の及び知らないところである．しかしまっとうな客の評価値はパラメータから影響を受けると考えられる．真の実力が高ければ個々の客の評価値も上がり，真の実力が低ければ逆に下がるだろう．たとえば真の実力が 4.5 の場合，評価値は 4.5 を中心としてばらついた値をとるであろう．レビューサイトに投稿される評価値，すなわち観測値は 1 から 5 までの整数とすると，4 や 5 が多く，1 や 2 が投稿されることは少ないだろう．しかし居酒屋の真の実力はどれかひとつの評価値を見て分かるものではなく，多数の評価値から推定する必要がある．実際，飲みイクが居酒屋をランキングする際に行っているのはそのような推定である．多数の客が投稿した評価値をもとに居酒屋の真の実力を推定するのである．個々の客の投稿は統計学の用語では標本と呼ばれる．多数の標本における観測値をもとに，パラメータの推定が行われる．推定されたパラメータの値は推定量 (estimator) と呼ばれる．

3.2 最尤推定

最尤推定 (maximum likelihood estimation) は 20 世紀初頭に統計学者ロナルド・フィッシャー (1890–1962) によって提案された統計的推定手法である．「最尤」という名称は「最も尤もらしい」（もっとももっともらしい）パラメータを求めることから来ている．x を観測値ベクトル，θ をパラメータベクトルとすると，条件付き確率 $p(x|\theta)$ は「パラメータベクトルが θ である時の観測値ベクトル x の確率分布」を表すが，観測が行われた後には x の値がひとつに固定される．逆に θ の値が分からないとすると，θ の値はひとつに固定されていないため，$p(x|\theta)$ は θ の関数になる．このように解釈した時の $p(x|\theta)$ を尤度 (likelihood) あるいは尤度関数 (likelihood function) と呼ぶ．つまり確率分布という視点からは θ は定数であり x が変数であるが，尤度関数という視点からは x が定数であり θ が変数である．

前章で述べたパチンコの設定を使って説明すると，観測値は大当たりが出るか出ないか，パラメータは設定が甘いか辛いかに相当する．いずれもベクトルではなくひとつの数値，すなわちスカラーであるのでそれぞれ x と θ を使って表す．あるパチンコ台で打ってみて，大当たりが出たとする．この場合，x の値は「出る」に固定される．図 2.4 に基づいて尤度の値を計算してみると，

$p(x=出る|\theta=甘い)=0.75$ ならびに $p(x=出る|\theta=辛い)=0.125$ であり，前者の方が大きい．つまり最尤推定に基づいた場合，この台の設定は甘いと判断される．

飲みイクの場合，投稿された評価値を並べたものが x であり，それに対して居酒屋の真の実力が θ である．真の実力をひとつの数字で表す場合，θ は1次元ベクトルになる．たとえば5名のレビュアーによって投稿された評価値が 3, 4, 4, 2, 3 であったとする．この場合，観測値ベクトルは $x=(3,4,4,2,3)$ という数値の並びになる．すでに x の値が決まっているので，あとは θ の値が決まれば尤度 $p(x|\theta)$ はひとつの数値になり，x という数の並びの起きやすさを表す数値になる．x が n 個の標本の並びであるとすると，尤度関数は以下のように総乗記号を使って表せる．

尤度（尤度関数）
観測値 x に基づく θ の各値のもっともらしさを表す関数．
$$p(x|\theta) = \prod_{i=1}^{n} p(x^{(i)}|\theta) \tag{3.1}$$

このように最尤推定では尤度関数 $p(x|\theta)$ を最大にする θ を求めるが，そのような θ は「最も尤もらしい θ の値」とみなされる．最尤推定に基づいて得られる推定量を**最尤推定量** (maximum likelihood estimator) と呼ぶ．なお，何らかの関数 $f(\theta)$ について，f の値を最大にする θ の値を見つけることを**最大化** (maximization) と呼ぶ．最大化と最小化を合わせて**最適化** (optimization) と呼ぶ．最尤推定は尤度関数を最大化する最適化問題である．

推定量はパラメータを表す変数の上に「^」（ハット）を付けて表されることが多い．たとえば θ の推定量は $\hat{\theta}$ と書かれる．推定量は他にも存在するため，最尤推定量であることを示すためには $\hat{\theta}_{ML}$ などと書かれることがある．

> **最尤推定**
> 尤度関数 $p(\boldsymbol{x}|\boldsymbol{\theta})$ を最大にする最尤推定量 $\boldsymbol{\theta}$ を求めること．

最適化において最大化あるいは最小化の対象となる関数を **目的関数** (objective function) と呼ぶ．目的関数を $f(x)$ で表した場合，$f(x)$ を最大にする x を見つけることが最大化問題の目標である．尤度関数は最尤推定における目的関数である．

3.2.1 離散値パラメータに対する最尤推定

ディーラーが持っているトランプの内訳を当てるという統計的推論の問題を考えてみる．

> **離散値パラメータの推定問題**
> ディーラーの手元にトランプが4枚ある．それらはすべて（複数のデッキから集められた）スペード（♠）のエースとハート（♡）のエースであるが，何枚が♠で何枚が♡であるかはプレーヤーには分からない．ディーラーがその4枚の中からランダムに1枚引き，プレーヤーに見せる．それを戻し，トランプをよく切る．そしてまた1枚引き，プレーヤーに見せる．そして戻す．さらに1枚引き，プレーヤーに見せる．その結果，プレーヤーに見せられたカードは♠, ♡, ♠であったとする．ディーラーが持っているトランプのカードの中に♠は何枚と考えるのがよいか．（カードがすべてエースであるとするのはマークだけでなく数字も見ることが推定の助けになってしまう可能性があるためである．）

直観的に考えてみて，♠ と ♡ の枚数がいずれも2枚であるか，あるいは♠が3枚，♡が1枚のどちらかと思われるが，これを当てることに大金が賭かっている場合，どちらと予想するのがよいだろうか．

ディーラーの手元にある ♠ の枚数はプレーヤーにとっては未知であるため，

パラメータとみなせる．これを θ で表す．ディーラーの手元のトランプは 4 枚であるため，θ すなわち ♠ の枚数がとりうる値は 0 から 4 までの整数である．

一方，ディーラーが見せたマークの列が観測値である．マークの種類は ♠ と ♡ のみであり，これらは確率変数 x がとりうる値である．これは有限種類の値をとるため，**離散値** (discrete value) と呼ばれる．3 回の観測が行われているので，標本数は 3 であり，$x^{(1)}, x^{(2)}, x^{(3)}$ で表せる．これらをまとめてベクトル $\boldsymbol{x}$ で表す．

♠, ♡, ♠ がそれぞれパラメータ θ のもとで条件付き独立で生じたとみなすと，確率分布を分解できる．

$$p(\boldsymbol{x}|\theta) = p(x^{(1)}|\theta)p(x^{(2)}|\theta)p(x^{(3)}|\theta) = \prod_{i=1}^{3} p(x^{(i)}|\theta) \quad (3.2)$$

$p(\boldsymbol{x}|\theta)$ において $\boldsymbol{x}$ の値はすでに観測されており，固定されている．動かせるのは θ の値である．すなわち $p(\boldsymbol{x}|\theta)$ は尤度関数である．

たとえば $\theta = 1$ の時，ディーラーの手元には ♠ が 1 枚，♡ が 3 枚のため，1 回目に引いたカードについて $p(x^{(1)} = ♠|\theta = 1) = 1/4$ である．また，2 回目に引いたカードについては $p(x^{(2)} = ♡|\theta = 1) = 3/4$ である．このようにして $p(x^{(1)} = ♠|\theta = 1)$ から $p(x^{(3)} = ♠|\theta = 1)$ までを求めて掛け合わせると，$p(\boldsymbol{x} = (♠, ♡, ♠)|\theta = 1) = (1/4) \cdot (3/4) \cdot (1/4) = 3/64$ と求まる．

θ の値が 0 から 4 までの範囲について $p(\boldsymbol{x}|\theta)$ を求めてみると，図 3.1 のようになる．最尤推定では $p(\boldsymbol{x}|\theta)$ を最大化する θ が最も尤もらしいと判断する．僅差ではあるが，$\theta = 3$ の時の $p(\boldsymbol{x}|\theta)$ が最大のため，θ の最尤推定量は 3 である．

θ (♠の枚数)	0	1	2	3	4
$P(x = (♠, ♡, ♠)|\theta)$	0	3/64	8/64	(9/64)	0

図 3.1　パラメータ θ の異なる値のもとでの尤度 $p(\boldsymbol{x}|\theta)$ の表

問 3-1　ディーラーの手元に 5 枚のカードがあり，いずれも ♠ か ♡ である．引いては戻すことを繰り返し，得られた系列が ♡, ♠, ♠ だったとする．この時，最尤推定に基づくとディーラーの手元にあるカードのうち何枚が ♠ であると考えられるか．

[解答] ♠ の枚数を θ で表す時,尤度 $p(\boldsymbol{x}|\theta)$ は $\theta = 0, 1, 2, ..., 5$ に対して $0, (4\cdot 1^2)/5^3, (3\cdot 2^2)/5^3, (2\cdot 3^2)/5^3, (1\cdot 4^2)/5^3, 0$ となる.最大となるのは $(2\cdot 3^2)/5^3$ の時なので,最尤推定量は $\hat{\theta}_{ML} = 3$ である.

3.2.2 連続値パラメータに対する最尤推定

前項で述べたように,パラメータがとりうる値が有限種類の場合,それぞれの値について尤度関数を計算して大小を比較すれば,最尤推定が行える.しかしパラメータが連続値をとる場合,それのとりうる値の数は無限にあり,網羅的に調べて比較することはできない.

たとえば飲みイクの例の場合,居酒屋の真の実力 θ は実数であり,その値には 3, 3.1, 3.01, 3.001 等々,無限種類の可能性がある.これらすべてについて前節のように $p(\boldsymbol{x}|\theta)$ を求め,表にまとめて比較することは不可能である.

しかし尤度関数 $p(\boldsymbol{x}|\theta)$ が θ の関数であることに着目すると,θ で微分することで極値を求めるというアプローチが使える.逆にいえばパラメータがとりうるすべての値について尤度関数の大きさを網羅的に調べなくて済むため,離散値の場合よりも効率的に最尤推定が行えることも多い.以下では確率モデルが正規分布の場合,すなわち尤度関数として正規分布の確率密度関数が使える場合を考える.

3.2.3 正規分布における最尤推定

最尤推定では尤度関数 $p(\boldsymbol{x}|\boldsymbol{\theta})$ を最大化することが目的になるが,それの対数 $\log p(\boldsymbol{x}|\boldsymbol{\theta})$ を対数尤度関数 (log-likelihood function) あるいは単に対数尤度と呼び,そちらの最大化を行うことも多い.図 3.2 に示したように,対数関数 $\log$ は単調増加関数である.すなわち y の値が大きい場合,$\log y$ の値も大きくなる.たとえば $y_1 > y_2$ であれば $\log y_1 > \log y_2$ であり,逆に $\log y_1 > \log y_2$ であれば $y_1 > y_2$ である.同様に $\log p(\boldsymbol{x}|\boldsymbol{\theta}_1) > \log p(\boldsymbol{x}|\boldsymbol{\theta}_2)$ であれば $p(\boldsymbol{x}|\boldsymbol{\theta}_1) > p(\boldsymbol{x}|\boldsymbol{\theta}_2)$ である.そのため対数尤度を最大にする $\boldsymbol{\theta}$ は尤度関数も最大にする.このため尤度関数の最大化は対数尤度の最大化によっても実現できる.なぜあえて対数関数に入れるかといえば,統計学や機械学習では(正規分布のように)指数分布の形をした確率分布を使うことが多い.その場

3.2 最尤推定　　　47

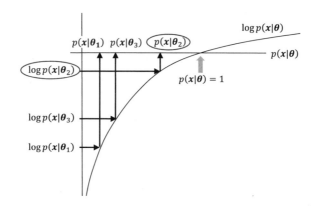

図 3.2 対数関数は単調増加関数のため，たとえば $p(\boldsymbol{x}|\boldsymbol{\theta}_2) > p(\boldsymbol{x}|\boldsymbol{\theta}_3) > p(\boldsymbol{x}|\boldsymbol{\theta}_1)$ の時，$\log p(\boldsymbol{x}|\boldsymbol{\theta}_2) > \log p(\boldsymbol{x}|\boldsymbol{\theta}_3) > \log p(\boldsymbol{x}|\boldsymbol{\theta}_1)$ となる．そのため尤度関数 $p(\boldsymbol{x}|\boldsymbol{\theta})$ を最大にする $\boldsymbol{\theta}$ は対数尤度 $\log p(\boldsymbol{x}|\boldsymbol{\theta})$ も最大にする．逆に $\log p(\boldsymbol{x}|\boldsymbol{\theta})$ を最大にする $\boldsymbol{\theta}$ は $p(\boldsymbol{x}|\boldsymbol{\theta})$ も最大にする．

合，対数に入れることで指数部分だけが取り出され，式の形が簡単になる．これによって計算が楽になる．本節で述べる正規分布もその一例である．

図 3.3 は観測値 x が従う確率分布が正規分布 $\mathcal{N}(x|\mu, 1)$ であるとして，$x = 2$ が観測された場合の μ についての尤度関数 $\mathcal{N}(2|\mu, 1)$ と対数尤度関数 $\log \mathcal{N}(2|\mu, 1)$ を示している．横軸はいずれも μ の値である．矢印は $\mu = 0$ と $\mu = 1$ の場合を示している．左図で $\mathcal{N}(2|0, 1) < \mathcal{N}(2|1, 1)$ であることは右図で $\log \mathcal{N}(2|0, 1) < \log \mathcal{N}(2|1, 1)$ であることに対応している．また，尤度関数と対数尤度関数はいずれも $\mu = 2$ で最大となる．これは $\mu = 2$ が最尤推定量である

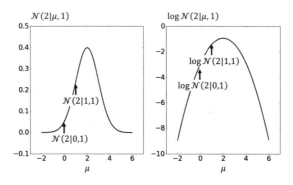

図 3.3 観測値 x の従う確率分布が正規分布 $\mathcal{N}(x|\mu, 1)$ であるとして，観測値が $x = 2$ であった場合の尤度関数 $\mathcal{N}(2|\mu, 1)$ と対数尤度関数 $\log \mathcal{N}(2|\mu, 1)$

ことに対応している.

対数尤度を使うと，各標本についての積ではなく和の形になることもメリットである．機械学習では各標本についての観測値 $x^{(i)}$ が $\boldsymbol{\theta}$ のもとで条件付き独立であるという仮定が置かれることが一般的である．これはひとつの観測が別の観測に影響を与えないという意味である．独立でなく条件付き独立になるのは各観測がパラメータから影響を受けているため，パラメータの値を通して関係するためである．すると式 (2.22) で示したように，同時確率は $p(\boldsymbol{x}|\boldsymbol{\theta}) = \prod_{i=1}^{n} p(x^{(i)}|\boldsymbol{\theta})$ のように各標本についての確率の積の形で表せる．その対数 $\log p(\boldsymbol{x}|\boldsymbol{\theta})$ は対数法則 $\log(ab) = \log(a) + \log(b)$ を繰り返し使うことにより，以下のように和の形に変形できる．

$$\log p(\boldsymbol{x}|\boldsymbol{\theta}) = \log \prod_{i=1}^{n} p(x^{(i)}|\boldsymbol{\theta}) = \sum_{i=1}^{n} \log p(x^{(i)}|\boldsymbol{\theta}) \tag{3.3}$$

本節では個々の標本の観測値 $x^{(i)}$ が正規分布に従って生成されているというモデルを考える．なお，本章の冒頭で述べた飲みイクの場合は観測値が 1 から 5 までの整数としていたので，$-\infty$ から ∞ の範囲の連続値を生成する正規分布を使うことには無理がある．しかし大雑把な近似として捉えることは可能である．

正規分布が持つパラメータは μ と σ であるため，これらが $\boldsymbol{\theta}$ に相当する．図 2.13 に示したように，平均パラメータは正規分布において確率密度がもっとも高くなる点である．また，式 (2.47) で示したように，正規分布に従う確率変数の期待値でもある．そこで μ がどのような値であるかを観測値に基づいて推定したい．

最尤推定量は対数尤度 $\log p(\boldsymbol{x}|\boldsymbol{\theta})$ を最大にするパラメータの値である．以下では $\log p(\boldsymbol{x}|\mu, \sigma)$ を最大にする μ を求めていく．式 (2.41) に示したように，正規分布は $p(x|\mu, \sigma) = (1/\sqrt{2\pi\sigma^2}) \exp(-(x-\mu)^2/2\sigma^2)$ と表せる．これを対数関数に入れると以下が得られる．

$$\log p(x|\mu, \sigma) = -\frac{(x-\mu)^2}{2\sigma^2} - \frac{1}{2}\log(2\pi\sigma^2) \tag{3.4}$$

このように対数尤度からは観測値 x についての指数関数が消えるため，尤度関数よりもシンプルな形になる．正規分布のように指数関数の形をしている分布は**指数分布族** (exponential family) と呼ばれるグループを構成している．指

数分布族の分布をモデルとして使う場合，対数尤度を使うことが多い．

式 (3.4) はひとつの標本についての式であるが，式 (3.3) に従って n 個の標本からなる確率変数ベクトル $\boldsymbol{x}$ についての式を求める．

$$\log p(\boldsymbol{x}|\mu,\sigma) = \log \prod_{i=1}^{n} p(x^{(i)}|\mu,\sigma) = \sum_{i=1}^{n} \log p(x^{(i)}|\mu,\sigma)$$
$$= -\frac{\sum_{i=1}^{n}(x^{(i)}-\mu)^2}{2\sigma^2} - \frac{n}{2}\log\sigma^2 - \frac{n}{2}\log 2\pi \quad (3.5)$$

この右辺が最大となる μ を求めたい．これには微分が使える．すなわち上式を μ で微分すると以下が得られる．

$$\frac{d\log p(\boldsymbol{x}|\mu,\sigma)}{d\mu} = \frac{\sum_{i=1}^{n}(x^{(i)}-\mu)}{\sigma^2} \quad (3.6)$$

これが 0 になる時，μ は以下になる．

$$\mu = \frac{1}{n}\sum_{i=1}^{n} x^{(i)} \quad (3.7)$$

式 (3.6) をもう一度 μ で微分すると負になるため，極値は最大値であることが分かる．

$$\frac{d^2\log p(\boldsymbol{x}|\mu,\sigma)}{d\mu^2} = -\frac{n}{\sigma^2} < 0 \quad (3.8)$$

式 (3.7) は全標本における観測値 $x^{(i)}$ の平均となっており，**標本平均** (sample mean) と呼ばれる値である．すなわち観測値の平均は正規分布のパラメータ μ の最尤推定量になっていることがいえた．これは何を意味するのだろうか．

そもそも我々は日常的に平均という考え方を使っている．しかしなぜすべての標本の観測値を足し合わせ，標本数で割った数が全体の代表とみなせるのだろうか．

n 個の標本の値を掛け合わせ，それの n 乗根を求めること，すなわち $(\prod_{i=1}^{n} x^{(i)})^{1/n}$ は幾何平均と呼ばれる．それに対し，総和を標本数で割る方は算術平均である．なぜ算術平均の方が幾何平均よりも広く使われているのだろうか．本節での議論はそれに対するひとつの答えになっている．観測値が正規分布に従って生成されると仮定した場合，算術平均には平均パラメータ μ, すなわち分布の中央の位置という意味があるのである．

3.2.4 正規分布の分散の最尤推定

正規分布のもうひとつのパラメータである分散 σ^2 についても最尤推定を行ってみる．式 (3.5) を σ^2 で微分すると以下が得られる [*1]．

$$\frac{d\log p(\boldsymbol{x}|\mu,\sigma)}{d\sigma^2} = \frac{\sum_{i=1}^{n}(x^{(i)}-\mu)^2}{2(\sigma^2)^2} - \frac{n}{2\sigma^2} \tag{3.9}$$

これが 0 になるのは σ^2 が以下の時である．

$$\sigma^2 = \frac{1}{n}\sum_{i=1}^{n}(x^{(i)}-\mu)^2 \tag{3.10}$$

μ の値は未知であるが，これに式 (3.7) で表される標本平均を代入して得られるのが**標本分散** (sample variance) と呼ばれる値である．パラメータの推定量には「^」(ハット) を付けることが多いが，パラメータ推定の方法はひとつではないため，最尤推定 (maximum likelihood estimation) によって得られたことを明示する場合，$\hat{\mu}_{ML}$ と $\hat{\sigma}^2_{ML}$ のように書かれる．

具体例として，$\boldsymbol{x} = (6,5,1,2,4,3,2,3,4,4,2,5,4,3)$ という観測値 (データ) を考えてみる．このデータに対して標本平均と標本分散を求めると，$\hat{\mu}_{ML} \approx 3.429$ ならびに $\hat{\sigma}^2_{ML} \approx 1.816$ になる．それによって定義される正規分布の確率密度関数をヒストグラムに重ねて描いたのが図 3.4 である．ただし確率密度関数の高さはヒストグラムとおよそ同じになるように調整している．結果としてヒストグラムとそれなりに重なっていることが分かる．なお，実際に観測されたデー

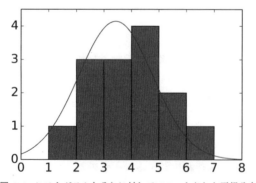

図 3.4 ヒストグラムとそれに対してフィットされた正規分布

[*1] σ^2 を σ の二乗ではなく，ひとつの変数として捉える．たとえば $V = \sigma^2$ という別の記号に置き換えてみてもよい．

タがどのような値をとっているかは**経験分布** (empirical distribution) と呼ばれる．ヒストグラムは経験分布を視覚化したものといえる．

3.3 ベイズ推定

「尤度 $p(x|\theta)$ を最大にする θ」を「最も尤もらしい θ」と解釈するのは一見するともっともらしく思えるが，合理的な根拠が存在するわけではない．たとえば年収を x 円で表し，職業を θ で表すとする．θ の値が「人気YouTuber」であれば，x が 1000 万以上である確率は高いことであろう．そのため $p(x \geq 1{,}000\text{万} | \theta = \text{人気YouTuber})$ は大きい．ゆえに最尤推定に従うと，もしある人物の年収が 1000 万円以上だった時，その人物の職業は人気 YouTuber であると判断される．しかしこれはおそらく現実とは一致しないだろう．

何がおかしいかといえば，そもそも人気 YouTuber の数が少ないにもかかわらず，尤度関数だけを見て「$\theta = $ 人気 YouTuber」の可能性の高さを判断していたのが問題である．言い換えれば職業が人気 YouTuber である確率，すなわち $p(\theta = \text{人気YouTuber})$ の小ささを考慮していなかったのである．最尤推定はいわばそのような判断を行っているわけであり，妥当でない状況もあることが指摘されてきた．

この例の場合，どのように改善できるかといえば，そもそも人気 YouTuber の数は少ないという**事前知識** (prior knowledge) を使えばよい．θ は職業を表すが，どのような職業が生じやすく，どのような職業が生じにくいのかを表す確率分布，すなわち $p(\theta)$ を考えればよい．これを事前分布と呼ぶ．

事前分布 $p(\boldsymbol{\theta})$
パラメータ $\boldsymbol{\theta}$ がどのような値であるかについて，観測値がない状態での信念の分布．

本章冒頭の例に戻ろう．最尤推定の考え方に従うのなら（そして飲みイクにおける評価値が正規分布に従うという近似を妥当とするなら），投稿された評価

値の標本平均を求め，それを推定された居酒屋の実力として表示すればよさそうである．しかしレビューの数が少ない段階で評価値の平均値を使うと，熾烈な戦いになってしまうのは本章の冒頭で述べた通りである．

そこでレビューの数が少ないうちは標本平均をそのまま使うのではなく，どの居酒屋も最高評価値である5点と最低評価値である1点の中間にある3点付近のスコアを得るようにしたい．飲みイクの運営者からすると，レビュアー数が少ない間は投稿された評価値がすべて5であったとしても，ランキングに使われるスコア，すなわち真の実力の推定量は3に近い値になってほしい．そのような推定量を得るためのひとつの方法がベイズ推定である．

3.3.1 ベイズの定理

悪くいえばベイズ推定は「パラメータについての先入観を用いた推定」である．データだけを信じるのではなく，「パラメータの値はこのように分布しているに違いない」という先入観を入れて最終的な結論を導く．しかし先入観を使うことは何もベイズ推定に限ることではなく，統計学や機械学習全般で行われている．実際，観測値がある特定の分布に従っていると考える時点でひとつの先入観である．ベイズ推定が最尤推定と違うのは，パラメータについての事前知識をその分布という形で表現するところである．

パラメータについての事前知識を扱うため，ベイズ推定では「観測値 x の確率分布 $p(x)$」だけでなく「パラメータ θ の確率分布 $p(\theta)$」というものを考える．そしてこれと観測値に基づいて最適な θ の値を求める．だが，ここでひとつ問題が生じる．

人気 YouTuber の例では職業 θ は観測できる値であり，その分布 $p(\theta)$ を考えることに問題はなかった．しかし一般にはパラメータは観測できる値とは限らない．たとえば飲みイクの例でのパラメータは居酒屋の真の実力であり，実際に観測されることはない．このためベイズ推定が現れた当初，観測できないものの「確率」を考えるということについて批判的な意見もあった．物事の起きやすさを表すのが確率であると捉える頻度主義の立場の場合，「パラメータが起きる」のは変だということになる．

そこでベイズ統計では確率の定義自体を改めてしまう．すなわち確率は「物事の起きやすさ」を考えるのではなく，「変数の値に関する**信念** (belief) の度合

い」を表していると捉える．たとえば $p(\theta = 5)$ は「θ の値が 5 である確率」ではなく，「θ の値が 5 であると信じる度合い」と解釈する．ベイズ統計の枠組みのもとでの確率を**主観確率** (subjective probability) と呼ぶこともある．これはひとつの確率変数に対し，人によって確率分布が異なってもよいということを意味する．たとえば宝くじの当選番号が 314159 であることを知っている人にとってはその番号の当選確率は 1 であるが，知らない人にとってはその番号の当選確率は極めて低い，といった具合である．主観確率を使うことでパラメータ θ の確率分布という考え方に問題がなくなる．

確率変数ベクトルを $\boldsymbol{x}$，パラメータベクトルを $\boldsymbol{\theta}$ として，2.2.3 項で述べた条件付き確率の定義 $p(\boldsymbol{\theta}|\boldsymbol{x}) = p(\boldsymbol{\theta}, \boldsymbol{x})/p(\boldsymbol{x})$ ならびに $p(\boldsymbol{x}|\boldsymbol{\theta}) = p(\boldsymbol{x}, \boldsymbol{\theta})/p(\boldsymbol{\theta})$ を使うと，任意の確率変数ベクトル $\boldsymbol{x}$ ならびに $\boldsymbol{\theta}$ について以下がいえる．

$$p(\boldsymbol{\theta}|\boldsymbol{x})p(\boldsymbol{x}) = p(\boldsymbol{\theta}, \boldsymbol{x}) = p(\boldsymbol{x}, \boldsymbol{\theta}) = p(\boldsymbol{x}|\boldsymbol{\theta})p(\boldsymbol{\theta}) \tag{3.11}$$

これから求められる以下の式を**ベイズの定理** (Bayes' theorem) と呼ぶ．

ベイズの定理
$$p(\boldsymbol{\theta}|\boldsymbol{x}) = \frac{p(\boldsymbol{x}|\boldsymbol{\theta})p(\boldsymbol{\theta})}{p(\boldsymbol{x})} \tag{3.12}$$

定理と呼ぶにはあまりにも簡単に導けてしまうが，これが重要であるのはベイズ推定の根拠となるためである．それには $\boldsymbol{x}$ と $\boldsymbol{\theta}$ が一般の確率変数ではなく，それぞれ観測値ベクトルとパラメータベクトルを表している必要がある．

3.3.2 事前分布と事後分布

ベイズの定理(式 (3.12))において $p(\boldsymbol{\theta}|\boldsymbol{x})$ は**事後分布** (posterior distribution)，$p(\boldsymbol{\theta})$ は**事前分布** (prior distribution)，$p(\boldsymbol{x})$ は**規格化定数** (normalization constant)，**周辺尤度** (marginal likelihood)，**モデルエビデンス** (model evidence)，あるいは**エビデンス** (evidence) と呼ばれる．$p(\boldsymbol{x}|\boldsymbol{\theta})$ は最尤推定の場合と同様に尤度関数と呼ばれる．英語名称に基づき，事後分布をポステリアー，事前分布をプライアーと呼ぶことも多い．

主観確率の考え方に基づけば，$p(\boldsymbol{\theta}|\boldsymbol{x})$ や $p(\boldsymbol{\theta})$ の大きさは $\boldsymbol{\theta}$ がその値をとるだろうという信念の大きさを表している．事前分布 $p(\boldsymbol{\theta})$ は観測値（データ）が与えられる前のパラメータ $\boldsymbol{\theta}$ についての信念の分布，事後分布 $p(\boldsymbol{\theta}|\boldsymbol{x})$ は観測値 $\boldsymbol{x}$ という知識が得られた場合の信念の分布を表している（図 3.5）．

事後分布 $p(\boldsymbol{\theta}|\boldsymbol{x})$
パラメータ $\boldsymbol{\theta}$ がどのような値であるかについて，観測値 $\boldsymbol{x}$ の値を知った状態での信念の分布．

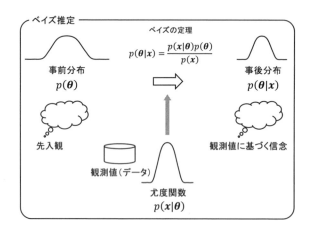

図 3.5 ベイズ推定．事前分布は観測値（データ）を見る前からパラメータの値について持っている先入観を表す．尤度関数は観測値に基づき，パラメータの各値がそれぞれどれだけもっともらしいかを表す．事後分布は事前分布と観測値に基づいた上でどのパラメータがもっともらしいかの確率分布を表し，ベイズの定理を用いて計算される．

3.3.3 規格化定数（周辺尤度）

ベイズの定理（式 (3.12)）の右辺の分子 $p(\boldsymbol{x}|\boldsymbol{\theta})p(\boldsymbol{\theta})$ は規格化されていない分布である．これを確率分布にするためには 2.7 節で述べた規格化が必要である．これにはベイズの定理にあるように，分子を規格化定数 $p(\boldsymbol{x})$ で割ればよい．

規格化定数は以下のように周辺化すなわち積分によって求められる．これは

式 (2.18) における条件付き確率の定義から得られる $p(\boldsymbol{x}|\boldsymbol{\theta}')p(\boldsymbol{\theta}') = p(\boldsymbol{x}, \boldsymbol{\theta}')$ と式 (2.14) で示した連続変数の周辺化を使っている.

規格化定数
$$p(\boldsymbol{x}) = \int p(\boldsymbol{x}, \boldsymbol{\theta}')d\boldsymbol{\theta}' = \int p(\boldsymbol{x}|\boldsymbol{\theta}')p(\boldsymbol{\theta}')d\boldsymbol{\theta}' \tag{3.13}$$

ベイズの定理と比較すると,右辺の分子 $p(\boldsymbol{x}|\boldsymbol{\theta})p(\boldsymbol{\theta})$ をすべての $\boldsymbol{\theta}$ について積分することで規格化定数は求められる.なお,$\boldsymbol{\theta}$ でなく $\boldsymbol{\theta}'$ と書いたのは式 (3.12) の分子にある $\boldsymbol{\theta}$ と区別するためである.

$p(\boldsymbol{x})$ が周辺尤度とも呼ばれるのは式 (3.13) にあるよう,$p(\boldsymbol{x}|\boldsymbol{\theta}')p(\boldsymbol{\theta}')$ の $\boldsymbol{\theta}'$ を周辺化することで得られるからである.モデルエビデンスと呼ばれるのは p で表された確率分布,つまり観測値を説明するために仮定されたモデルのもとで観測値 $\boldsymbol{x}$ がどれだけ起きやすいかを表しているためである.エビデンスは証拠や根拠という意味であり,$p(\boldsymbol{x})$ が大きいほど p という確率分布すなわちモデルに根拠があるとみなされるわけである.データを説明しうる確率分布が複数考えられる時,そのいずれかを選ぶことを**モデル選択** (model selection) と呼ぶが,それぞれの分布についてモデルエビデンスを求め,大きい方を選ぶという方法がよく使用される.

たとえば 3.2.1 項で述べたトランプのマークを当てる問題について規格化定数を求めてみる.すべての θ の値が同様に確からしいと考えた場合,事前分布はいずれの θ についても $p(\theta)$ の値が等しい分布,すなわち一様分布になる.θ がとりうる値は 0 から 4 までの 5 種類のため,すべての θ について $p(\theta) = 1/5$ になる.この時,規格化定数は以下のように計算できる.

$$p(x) = \int p(x,\theta)d\theta = \sum_{\theta=0}^{4} p(x|\theta)p(\theta)d\theta = \frac{1}{5}\left(0 + \frac{3}{64} + \frac{8}{64} + \frac{9}{64} + 0\right) = \frac{1}{16} \tag{3.14}$$

この例ではパラメータが θ というひとつの数値のみであり,それがとりうる値も少ないため,計算は容易である.しかし一般にはパラメータベクトル $\boldsymbol{\theta}$ は高次元であり,規格化定数を求めるにはそれがとりうるすべての値の組合せに

ついて積分しなくてはならない．積分が解析的に求められない場合（すなわち計算が容易な式に変形できない場合），数値積分によって近似する必要がある．パラメータ数が増えるにつれて計算時間は大幅に複雑になっていく．このため規格化定数の計算は一般には困難であり，それを回避する，あるいは効率的に近似することはベイズ統計におけるひとつの重要なテクニックとなっている．

3.3.4 ハイパーパラメータ

事前分布がパラメータを持つ場合，それはハイパーパラメータ (hyperparameter) と呼ばれる．これはパラメータの分布を決めるパラメータである．ハイパーパラメータを $\boldsymbol{\alpha}$ で表すと，事前分布は $p(\boldsymbol{\theta}|\boldsymbol{\alpha})$ と表せる．

ハイパーパラメータ $\boldsymbol{\alpha}$ はパラメータ $\boldsymbol{\theta}$ を通してのみ観測値 $\boldsymbol{x}$ に影響を与えると考えると，観測値とハイパーパラメータはパラメータのもとで条件付き独立，すなわち $p(\boldsymbol{x},\boldsymbol{\alpha}|\boldsymbol{\theta}) = p(\boldsymbol{x}|\boldsymbol{\theta})p(\boldsymbol{\alpha}|\boldsymbol{\theta})$ とみなせる．これと式 (2.19) の条件付き確率の定義を使うと，$p(\boldsymbol{x}|\boldsymbol{\theta},\boldsymbol{\alpha}) = \frac{p(\boldsymbol{x},\boldsymbol{\alpha}|\boldsymbol{\theta})}{p(\boldsymbol{\alpha}|\boldsymbol{\theta})} = \frac{p(\boldsymbol{x}|\boldsymbol{\theta})p(\boldsymbol{\alpha}|\boldsymbol{\theta})}{p(\boldsymbol{\alpha}|\boldsymbol{\theta})} = p(\boldsymbol{x}|\boldsymbol{\theta})$ がいえる．これを使うとハイパーパラメータで条件付けられたベイズの定理が得られる．

ハイパーパラメータ $\boldsymbol{\alpha}$ で条件付けられたベイズの定理

$$p(\boldsymbol{\theta}|\boldsymbol{x},\boldsymbol{\alpha}) = \frac{p(\boldsymbol{x}|\boldsymbol{\theta})p(\boldsymbol{\theta}|\boldsymbol{\alpha})}{p(\boldsymbol{x}|\boldsymbol{\alpha})} \tag{3.15}$$

また，パラメータが $\boldsymbol{\theta}_1$ と $\boldsymbol{\theta}_2$ に分けられる場合，以下のようにハイパーパラメータ $\boldsymbol{\alpha}$ とパラメータの一部 $\boldsymbol{\theta}_2$ で条件付けられたベイズの定理が求められる．ただし $\boldsymbol{\theta}_1$ が $\boldsymbol{\theta}_2$ に依存しないため，$p(\boldsymbol{\theta}_1|\boldsymbol{\theta}_2,\boldsymbol{\alpha}) = p(\boldsymbol{\theta}_1|\boldsymbol{\alpha})$ となることを使っている．

ハイパーパラメータとパラメータの一部で条件付けられたベイズの定理

$$p(\boldsymbol{\theta}_1|\boldsymbol{x},\boldsymbol{\theta}_2,\boldsymbol{\alpha}) = \frac{p(\boldsymbol{x}|\boldsymbol{\theta}_1,\boldsymbol{\theta}_2)p(\boldsymbol{\theta}_1|\boldsymbol{\alpha})}{p(\boldsymbol{x}|\boldsymbol{\theta}_2,\boldsymbol{\alpha})} \tag{3.16}$$

3.3.5 MAP 推定

MAP 推定 (maximum a posteriori estimation)（または**最大事後確率推定**）と呼ばれるアプローチでは事後分布 $p(\boldsymbol{\theta}|\boldsymbol{x})$ を最大化する $\boldsymbol{\theta}$ を求める．すなわちMAP推定では事後確率が目的関数になる．

MAP 推定

事後確率 $p(\boldsymbol{\theta}|\boldsymbol{x})$ を最大にする最尤推定量 $\boldsymbol{\theta}$ を求めること．

結果として得られるのは最尤推定量とは異なる推定量であり，$\hat{\boldsymbol{\theta}}_{MAP}$ などと書かれる．最大値を求める演算 arg max を使うと，以下のように書ける[*2]．

MAP 推定量

$$\hat{\boldsymbol{\theta}}_{MAP} = \arg\max_{\boldsymbol{\theta}} p(\boldsymbol{\theta}|\boldsymbol{x}) = \arg\max_{\boldsymbol{\theta}} \frac{p(\boldsymbol{x}|\boldsymbol{\theta})p(\boldsymbol{\theta})}{p(\boldsymbol{x})} \tag{3.17}$$

MAP 推定を行う場合，事後分布自体ではなく式 (3.12) の右辺の分子 $p(\boldsymbol{x}|\boldsymbol{\theta})p(\boldsymbol{\theta})$ だけを求めるだけでよい．これは規格化定数 $p(\boldsymbol{x})$ はどの $\boldsymbol{\theta}$ の値についても共通のため，$p(\boldsymbol{\theta}|\boldsymbol{x})$ を最大にする $\boldsymbol{\theta}$ を求めるという目的のもとでは不要なためである．これによって式 (3.13) の積分の計算が不要になるため，MAP 推定は計算コストが小さく，広く使われている．

尤度関数 $p(\boldsymbol{x}|\boldsymbol{\theta})$ が指数分布族の場合，最尤法で対数尤度を使うのと同様，事後分布の対数を最大化することも行われる．3.2.3 項で述べたように対数は単調増加関数のため，事後分布の対数を最大にする $\boldsymbol{\theta}$ は事後分布も最大化するためである．この場合，MAP 推定は以下のように行える．

$$\hat{\boldsymbol{\theta}}_{MAP} = \arg\max_{\boldsymbol{\theta}} \log p(\boldsymbol{\theta}|\boldsymbol{x}) = \arg\max_{\boldsymbol{\theta}} \left(\log p(\boldsymbol{x}|\boldsymbol{\theta}) + \log p(\boldsymbol{\theta}) - \log p(\boldsymbol{x})\right) \tag{3.18}$$

[*2] arg max は最大値を与える引数を求める演算である．すなわち $\arg\max_x f(x)$ の値は $f(x)$ を最大にする x の値となる．

右辺の最後の項は $\boldsymbol{\theta}$ を含まないので，$\boldsymbol{\theta}$ について最大化する際には考えなくてよい．これは式 (3.17) において分母の $p(\boldsymbol{x})$ を考えなくてよいことに対応する．

ふたたび 3.2 節で述べた人気 YouTuber の例に戻って考えると，尤度関数だけを見れば $p(x \geq 1000 万 | \theta = 人気 YouTuber)$ は大きい．しかしそもそもある人物が人気 YouTuber である可能性が低いという事前知識は $p(\theta = 人気 YouTuber)$ が小さいことで表せる．つまり事前分布を使うことで，ある人物の年収というデータを知る前から存在する事前知識を盛り込める．結果として事後確率 $p(\theta = 人気 YouTuber | x \geq 1000 万)$ は小さくなる．ゆえに年収 1000 万以上の人物に対して安易に人気 YouTuber であるという判断を下さなくて済む．

最尤推定と比較した場合の MAP 推定のひとつのメリットとして，手法の妥当性の根拠が確率の考え方に基づいて与えられることが挙げられる．最尤推定では尤度関数を最大にするパラメータの値を選ぶが，なぜそれで良い推定量が得られるのかの根拠は与えられていない．それによって良い結果が得られることが多いから，という程度の説明しかできない．一方，MAP 推定では事後確率を最大にするパラメータの値を選ぶが，ベイズ主義に基づけば確率は信念の度合いであるため，もっとも強く信じられる値を選ぶという意味付けが行える．

3.3.6 正規分布の平均パラメータ μ の MAP 推定

ここでは個々の観測値 $x^{(i)}$ が正規分布に従う状況を考える．この時，パラメータは平均 μ と分散 σ^2 の二つである．

$$p(x^{(i)}|\mu,\sigma^2) = \mathcal{N}(x^{(i)}|\mu,\sigma^2) = \frac{1}{\sqrt{2\pi\sigma^2}} \exp\left(-\frac{(x^{(i)}-\mu)^2}{2\sigma^2}\right) \quad (3.19)$$

正規分布の平均パラメータ μ の事前分布 $p(\mu)$ としては正規分布を使用することが多い．すなわち以下のようにパラメータ μ の値についての信念の分布として正規分布を使用する．

$$p(\mu|\psi,\rho^2) = \mathcal{N}(\mu|\psi,\rho^2) = (1/\sqrt{2\pi\rho^2})\exp\left(-\frac{(\mu-\psi)^2}{2\rho^2}\right) \quad (3.20)$$

ψ と ρ はパラメータ μ の分布を決めるパラメータ，すなわちハイパーパラメータである．この時，条件付けられたベイズの定理（式 (3.16)）における $\boldsymbol{\theta}_1$ に μ を，$\boldsymbol{\theta}_2$ に σ^2 を，$\boldsymbol{\alpha}$ に ψ と ρ^2 を代入すると，μ の事後分布は以下のよう

に求まる.

$$p(\mu|\boldsymbol{x},\sigma^2,\psi,\rho^2) = \frac{p(\boldsymbol{x}|\mu,\sigma^2)p(\mu|\psi,\rho^2)}{p(\boldsymbol{x}|\sigma^2,\psi,\rho^2)} = \frac{\mathcal{N}(\boldsymbol{x}|\mu,\sigma^2)\mathcal{N}(\mu|\psi,\rho^2)}{p(\boldsymbol{x}|\sigma^2,\psi,\rho^2)} \quad (3.21)$$

分母の $p(\boldsymbol{x}|\sigma^2,\psi,\rho^2)$ は規格化定数であり，分子を積分することで求まる．

正規分布は指数分布族であるので，事後分布の対数を最大化した方が式が簡単になる．そこで両辺の対数を求める．

$$\log p(\mu|\boldsymbol{x},\sigma^2,\psi,\rho^2) = \log \mathcal{N}(\boldsymbol{x}|\mu,\sigma^2) + \log \mathcal{N}(\mu|\psi,\rho^2) - \log p(\boldsymbol{x}|\sigma^2,\psi,\rho^2) \quad (3.22)$$

右辺の最後の項は μ を含まないので，μ について最大化する際には考えなくてよい．右辺の最初の二つの項に式 (3.19) と式 (3.20) の対数を代入すると，以下が得られる．ただし μ を含まない項は定数項 c にまとめて表した．

$$\log \mathcal{N}(\boldsymbol{x}|\mu,\sigma^2) + \log \mathcal{N}(\mu|\psi,\rho^2) = -\frac{1}{2\sigma^2}\sum_{i=1}^{n}(x^{(i)}-\mu)^2 - \frac{1}{2\rho^2}(\mu-\psi)^2 + c \quad (3.23)$$

この式は μ についての二次式である．事後分布 $p(\mu|\boldsymbol{x},\sigma^2,\psi,\rho^2)$ を求めるためにこれを指数関数の中に入れると，二次式の指数の形が得られる．これは 2.5 節で述べた正規分布の形である．事後分布はそれを $p(\boldsymbol{x})$ によって規格化したものであるため，正規分布になるはずである．すなわち尤度関数と事前分布に正規分布を使うと事後分布も正規分布になる．

事後分布と関数の形が同じになるような事前分布は**共役事前分布** (conjugate prior) と呼ばれる．「関数の形が同じ」というのはハイパーパラメータの値以外は一致するという意味であり，「関数形が同じ」とも表現する．式 (3.12) に示されているように，事後分布 $p(\boldsymbol{\theta}|\boldsymbol{x})$ は事前分布 $p(\boldsymbol{\theta})$ に尤度関数 $p(\boldsymbol{x}|\boldsymbol{\theta})$ を掛け，規格化定数 $p(\boldsymbol{x})$ で割ることで求まるが，規格化定数は $\boldsymbol{\theta}$ を含まず，関数を定数倍しているだけなので，共役事前分布が何になるかは尤度関数のみによって決まる．様々な確率分布に対して何が共役事前分布になるかは次章以降で詳しく見ていく．

> **問 3-2** 正規分布のパラメータ μ の事後分布の対数から得られる式 (3.23) を展開した上で括り直し（すなわち平方完成を行い），μ を含まない d と c' を使って $-(\mu-d)^2+c'$ という形に変形せよ．ただし d が何であるかは求める

必要があるが，c' については μ の MAP 推定には不要であるので求めなくてよい．

[解答]　式 (3.23) を展開し，μ を含まない項を c' にまとめると以下を得る．

$$-\frac{n}{2\sigma^2}\mu^2 + \left(\frac{\sum_{i=1}^n x^{(i)}}{\sigma^2}\right)\mu - \frac{1}{2\rho^2}\mu^2 + \frac{\psi}{\rho^2}\mu + c' \qquad (3.24)$$

これを括り直すと以下が得られる．

$$-\left(\frac{n}{2\sigma^2} + \frac{1}{2\rho^2}\right)\left(\mu - \frac{\rho^2 \sum_{i=1}^n x^{(i)} + \sigma^2 \psi}{n\rho^2 + \sigma^2}\right)^2 + c' \qquad (3.25)$$

事後分布 $p(\mu|\boldsymbol{x},\sigma^2,\psi,\rho^2)$ は正規分布であるため，その指数部分である上式において μ から引かれている値がその平均パラメータである．また，事後確率を最大にする μ が MAP 推定量である．

問 3-3　3.2.3 項と同様にして事後確率を最大にする μ すなわち μ の MAP 推定量を求めよ．

[解答]　式 (3.25) を μ で微分して 0 とおいてもよいし，二次式であるので最大値を与える μ は容易に求まる．

$$\hat{\mu}_{MAP} = \frac{\rho^2 \sum_{i=1}^n x^{(i)} + \sigma^2 \psi}{n\rho^2 + \sigma^2} \qquad (3.26)$$

式 (3.26) では ψ と標本の総和のそれぞれに重みを掛けた上で足し合わせる形をしており，ψ があたかも仮想的な観測値のように作用しているのが分かる．もし $\rho^2 = \sigma^2$ であるなら実際に ψ は観測値の総和 $\sum_{i=1}^n x^{(i)}$ に直接足されることになる．このような働きをするハイパーパラメータは疑似観測値 (pseudo-observations) とも呼ばれる．

ここで飲みイクの例に戻ろう．運営側としては少数のレビュアーの投稿によってランキングが左右されることを防ぎたいのであった．パラメータ μ が居

居酒屋の真の実力を表すとした場合，その事前分布 $p(\mu)$ として，たとえば平均が 3，標準偏差が 1 である正規分布 $\mathcal{N}(\mu|3,1)$ を使うことが考えられる．すなわち $\psi = 3$, $\rho = 1$ と設定する．事前分布はパラメータの値についての先入観を表している．平均が 3 である正規分布を考えることで，居酒屋の真の実力はおおむね 3 前後であろうという先入観を盛り込むのである．最終的には事後分布において最大値をとるパラメータの値 $\hat{\mu}_{MAP}$ を推定量としてランキングに使用すればよい．

$\hat{\mu}_{MAP}$ の良いところは，標本数 n が増えていくにつれて式 (3.26) の分子の第一項が第二項よりも大きくなっていくため，ψ の影響は減っていくことである．つまり $n \to \infty$ に伴い，ψ の値が何であろうが $\hat{\mu}_{MAP}$ は標本平均に近づく．これはレビュアー数が増えるにつれて次第に推定量が ψ すなわち 3 から離れ，投稿された評価値の平均に近づいていくことを意味しており，好ましい性質である．

$\hat{\mu}_{MAP}$ がどれだけ観測値の影響を受けるかは事前分布の標準偏差パラメータである ρ によって決まる．ρ を小さな値に設定すれば，式 (3.26) の分子において ψ の影響が強くなるため，多くの観測を行って $\sum_{i=1}^{n} x^{(i)}$ が大きくなるまで $\hat{\mu}_{MAP}$ は ψ に近い値にとどまる．逆に ρ が大きいと ψ が $\hat{\mu}_{MAP}$ に与える影響は小さくなる．事前分布は μ についての（観測値を見る前の）信念の分布を表している．ρ が小さいということは信念のばらつきが小さいということであり，事前分布の平均 ψ に強い信頼を置くことに対応している．

3.3.7 共役事前分布

3.3.6 項では正規分布の事前分布として正規分布を使用した．それによって MAP 推定の結果が簡単な式になった．これは事前分布として μ の正規分布を使うことで事後分布も正規分布になったためである．すなわち x についての正規分布 $\mathcal{N}(x|\mu,\sigma^2)$ に μ についての正規分布 $\mathcal{N}(\mu|\psi,\rho^2)$ を掛けたものが μ についての正規分布の定数倍の形になるため，それを規格化定数 $p(x)$ で割ることでふたたび正規分布が得られたためである．もちろん事前分布と事後分布ではハイパーパラメータの値が違っている．実際，事前分布では平均パラメータは ψ であり，事後分布では式 (3.26) に示した通りである．

事後分布と事前分布の関数形が同じでハイパーパラメータの値のみが異なる

時,事前分布は共役事前分布と呼ばれるのであった.事後分布 $p(\boldsymbol{\theta}|\boldsymbol{x})$ は事前分布 $p(\boldsymbol{\theta})$ に尤度関数 $p(\boldsymbol{x}|\boldsymbol{\theta})$ を掛けてから規格化することで得られるので,共役事前分布は尤度関数に対して決まる.

ベイズ統計では事前分布や事後分布はパラメータ $\boldsymbol{\theta}$ の値に関する信念を表すが,そのためにどのような種類の分布を使うかが重要である.共役事前分布を使うと事前分布と事後分布が同じ関数形で表され,知識の増加はハイパーパラメータの変化によって表現される.これはデータが増えても信念についての大枠が変わらないということであり,その分布を使うことの妥当性を示唆しているといえよう.このため共役事前分布はベイズ統計において多用される.

3.3.8 ベイズ推定量

現実の問題において確率的な考え方を使う場合,単にパラメータの値を推定したいだけでなく,それに基づいて決まる確率変数の値を予測 (prediction) するのが目的であることも多い.パチンコの例でいえば,台が甘いか辛いかを知ることがパラメータ推定だが,実際にパチンコをする人間としては一日遊んで大当たりが何回出るのかを予測する方が重要であろう.一日で大当たりが出る回数を確率変数 y で表すと,それは台の甘辛を表す θ によって確率的に決まる.すなわち $p(y|\theta)$ という分布が考えられる.

MAP 推定では事後分布 $p(\boldsymbol{\theta}|\boldsymbol{x})$ をもっとも大きくする $\boldsymbol{\theta}$ の値が推定量 $\hat{\boldsymbol{\theta}}_{MAP}$ であるため,それを予測に使う場合,予測値の分布は $p(y|\hat{\boldsymbol{\theta}}_{MAP})$ になる.しかしそれでは分布 $p(\boldsymbol{\theta}|\boldsymbol{x})$ 全体の形状が使われていない.図 3.6 に示したように,最大値が同一であっても形状が異なる分布は無数に存在する.これは MAP 推定量では事後分布の全体的な形状の情報が捨てられてしまっていることを意味する.

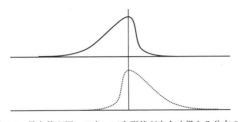

図 3.6 最大値が同一であっても形状が大きく異なる分布の例

3.3 ベイズ推定

パチンコの例でいえば，事後確率 $p(\theta = 甘い|\boldsymbol{x})$ が 2/3 であろうが 99/100 であろうが，$\hat{\boldsymbol{\theta}}_{MAP}$ は「甘い」になる．しかし台が甘い確率が 2/3 であるか 99/100 であるかでは大当たりが出る回数には違いが出ると予想される．MAP 推定では事後確率を最大にするパラメータ値 $\hat{\boldsymbol{\theta}}_{MAP}$ だけが使われ，事後分布の形状，すなわち個々のパラメータの値 $\boldsymbol{\theta}$ に対する事後分布の値 $p(\boldsymbol{\theta}|\boldsymbol{x})$ が使われないため，情報の多くが活かせていない．これに対し，**ベイズ推定** (Bayesian estimation) では $\boldsymbol{\theta}$ の最適な値をひとつ求めることではなく，その事後分布 $p(\boldsymbol{\theta}|\boldsymbol{x})$ を使って予測が行われる．たとえば予測したいのが確率変数 y の分布の場合，以下のように $p(\boldsymbol{\theta}|\boldsymbol{x})$ による期待値を計算する．これは最右辺に示したように，y と $\boldsymbol{\theta}$ の同時分布を求め，そこから $\boldsymbol{\theta}$ を積分消去する計算とも捉えられる．ここでは条件付き確率の定義より $p(y|\boldsymbol{\theta})p(\boldsymbol{\theta}|\boldsymbol{x}) = p(y, \boldsymbol{\theta}|\boldsymbol{x})$ となることを使っている．$\boldsymbol{x}$ の値ごとに $p(y|\boldsymbol{\theta})p(\boldsymbol{\theta}) = p(y, \boldsymbol{\theta})$ を使っていると考えるとよい.

$$p(y|\boldsymbol{x}) = \mathbb{E}_{p(\boldsymbol{\theta}|\boldsymbol{x})}[p(y|\boldsymbol{\theta})] = \int p(y|\boldsymbol{\theta})p(\boldsymbol{\theta}|\boldsymbol{x})d\boldsymbol{\theta} = \int p(y, \boldsymbol{\theta}|\boldsymbol{x})d\boldsymbol{\theta} \quad (3.27)$$

得られた分布 $p(y|\boldsymbol{x})$ に基づいて予測値をひとつの値に定めたい時は以下のように y についての期待値を求めればよい．

$$\hat{y} = \mathbb{E}_{p(y|\boldsymbol{x})}[y] = \int y p(y|\boldsymbol{x}) dy = \int y p(y|\boldsymbol{\theta}) p(\boldsymbol{\theta}|\boldsymbol{x}) d\boldsymbol{\theta} dy \quad (3.28)$$

パラメータ $\boldsymbol{\theta}$ 自体の期待値を事後分布 $p(\boldsymbol{\theta}|\boldsymbol{x})$ によって求めたものは**事後平均** (posterior mean) あるいは**ベイズ推定量** (Bayesian estimator) と呼ばれる．

ベイズ推定量

$$\hat{\boldsymbol{\theta}} = \mathbb{E}_{p(\boldsymbol{\theta}|\boldsymbol{x})}[\boldsymbol{\theta}] = \int \boldsymbol{\theta} p(\boldsymbol{\theta}|\boldsymbol{x}) d\boldsymbol{\theta} \quad (3.29)$$

この定義から分かるように，$\boldsymbol{\theta}$ のベイズ推定量が求められるためにはその値が足し合わせられるものでなくてはならない．たとえば $\boldsymbol{\theta}$ がパチンコの台の甘辛であった場合，甘さと辛さの間の足し算が定義されていないため，ベイズ推定量は求められない．しかしベイズ推定によって予測を行うことは可能である．

なお，統計学や機械学習の文脈における予測とは必ずしも未来の出来事を予測するわけではない．推定されたパラメータの値 $\hat{\boldsymbol{\theta}}_{ML}$ や $\hat{\boldsymbol{\theta}}_{MAP}$，あるいは事

後分布 $p(\theta|x)$ を利用して別の確率変数の値や分布を求めることはすべて予測と呼ばれる.

ベイズ推定

事前確率 $p(\theta)$ と尤度関数 $p(x|\theta)$, ならびに観測値 x に基づき事後確率 $p(\theta|x)$ を求めること.

問 3-4 パチンコにおいて, 台の甘辛を表す θ の値に応じて「**2時間遊んだ場合の大当たりの回数**」を表す y が以下のように決まるとする.

$$\begin{array}{ll} p(y=0|\theta=\text{甘い})=0.2 & p(y=0|\theta=\text{辛い})=0.5 \\ p(y=1|\theta=\text{甘い})=0.3 & p(y=1|\theta=\text{辛い})=0.4 \\ p(y=2|\theta=\text{甘い})=0.5 & p(y=2|\theta=\text{辛い})=0.1 \end{array} \quad (3.30)$$

事後分布 $p(\theta|x)$ は以下であったとする. x は「**30分遊んで大当たりが出るか否か**」を表す確率変数だが, その値が「出る」だった時, 2時間で出る大当たりの回数の予測値 $\hat{y}$ を事後分布 $p(\theta|x)$ に基づいて求めよ.

$$\begin{array}{ll} p(\theta=\text{甘い}|x=\text{出る})=0.6 & p(\theta=\text{甘い}|x=\text{出ない})=0.1 \\ p(\theta=\text{辛い}|x=\text{出る})=0.4 & p(\theta=\text{辛い}|x=\text{出ない})=0.9 \end{array} \quad (3.31)$$

[解答]

$$\begin{aligned} \hat{y} &= \int y p(y|\theta) p(\theta|x=\text{出る}) d\theta dy \\ &= \sum_{y,\theta} y p(y|\theta) p(\theta|x=\text{出る}) = \sum_{y=0}^{2}\left(\sum_{\theta} y p(y|\theta) p(\theta|x=\text{出る})\right) \\ &= 0\cdot(0.2\cdot 0.6 + 0.5\cdot 0.4) + 1\cdot(0.3\cdot 0.6 + 0.4\cdot 0.4) \\ &\quad + 2\cdot(0.5\cdot 0.6 + 0.1\cdot 0.4) \\ &= 1.02 \end{aligned} \quad (3.32)$$

3.3.9 経験ベイズ

事前分布はパラメータに基づく先入観を表すので，それを決めるハイパーパラメータの値は通常は決め打ち，つまり主観的に決めるのが一般的である．しかしハイパーパラメータの値をデータに基づいて決める方法として**経験ベイズ** (empirical Bayes) がある．経験，つまりデータに基づいて決めるわけである．

ベイズの定理を $p(\boldsymbol{\alpha}|\boldsymbol{x})$ に対して使うと以下が得られる．

$$p(\boldsymbol{\alpha}|\boldsymbol{x}) = \frac{p(\boldsymbol{x}|\boldsymbol{\alpha})p(\boldsymbol{\alpha})}{p(\boldsymbol{x})} = \frac{\int p(\boldsymbol{x}|\boldsymbol{\theta})p(\boldsymbol{\theta}|\boldsymbol{\alpha})p(\boldsymbol{\alpha})d\boldsymbol{\theta}}{p(\boldsymbol{x})} \tag{3.33}$$

$p(\boldsymbol{x}|\boldsymbol{\theta})$ は尤度関数，$p(\boldsymbol{\theta}|\boldsymbol{\alpha})$ はパラメータ $\boldsymbol{\theta}$ の事前分布，$p(\boldsymbol{x})$ は規格化定数であり，これらは手元にある．あとは $p(\boldsymbol{\alpha})$ があれば，$\boldsymbol{\alpha}$ についての事後分布 $p(\boldsymbol{\alpha}|\boldsymbol{x})$ が計算できる．事後分布があればパラメータ $\boldsymbol{\theta}$ に対するのと同じ方法でハイパーパラメータ $\boldsymbol{\alpha}$ に対する MAP 推定やベイズ推定が行える．

ゆえに必要なのはハイパーパラメータの事前分布 $p(\boldsymbol{\alpha})$ であるが，積分の計算を簡単にするため，何らかのパラメータによって定義される確率分布であることが望ましい．そのパラメータを $\boldsymbol{\beta}$ で表すと，以下になる．

$$p(\boldsymbol{\alpha}|\boldsymbol{x}) = \frac{p(\boldsymbol{x}|\boldsymbol{\alpha})p(\boldsymbol{\alpha}|\boldsymbol{\beta})}{p(\boldsymbol{x}|\boldsymbol{\beta})} = \frac{\int p(\boldsymbol{x}|\boldsymbol{\theta})p(\boldsymbol{\theta}|\boldsymbol{\alpha})p(\boldsymbol{\alpha}|\boldsymbol{\beta})d\boldsymbol{\theta}}{p(\boldsymbol{x}|\boldsymbol{\beta})} \tag{3.34}$$

あいにく $\boldsymbol{\beta}$ の値をどのように定めるかは自明でない．経験ベイズではハイパーパラメータをデータに基づいて決める代わりに，ハイパーパラメータのパラメータ，いわばハイパーハイパーパラメータを決める必要が出てくるわけである．

3.3.10 ベイズ更新

統計的分析を行う際，データが段階的に増えていく状況も多い．たとえば桜の開花日を予想したいとすると，日が進むにつれてより多くのデータが集まるので，予想は変化していくはずである．データが増えるたび，過去に推定した事後分布とベイズの定理を使って事後分布を更新していくことを**ベイズ更新** (Bayesian updating) と呼ぶ．ベイズ更新ではすでに推定された事後分布が次の推定のための事前分布として使用される．たとえば観測値 $\boldsymbol{x}^{(1)}$ に基づく事後分布 $p(\boldsymbol{\theta}|\boldsymbol{x}^{(1)}, \boldsymbol{\alpha})$ がすでに得られている時，これを事前分布として使い，新たな観測値 $\boldsymbol{x}^{(2)}$ も考慮した事後分布 $p(\boldsymbol{\theta}|\boldsymbol{x}^{(1)}, \boldsymbol{x}^{(2)}, \boldsymbol{\alpha})$ を以下のように求める．

これはベイズの定理と同様，条件付き確率と同時確率の定義式から導ける．

ベイズ更新

$$p(\boldsymbol{\theta}|\boldsymbol{x}^{(1)}, \boldsymbol{x}^{(2)}, \boldsymbol{\alpha}) = \frac{p(\boldsymbol{x}^{(2)}|\boldsymbol{\theta})p(\boldsymbol{\theta}|\boldsymbol{x}^{(1)}, \boldsymbol{\alpha})}{p(\boldsymbol{x}^{(2)}|\boldsymbol{\alpha})} \quad (3.35)$$

同様に時刻 t までの観測値に基づく事後分布 $p(\boldsymbol{\theta}|\boldsymbol{x}^{(1)}, ..., \boldsymbol{x}^{(t)}, \boldsymbol{\alpha})$ を事前分布として使い，観測値 $\boldsymbol{x}^{(t+1)}$ も考慮した場合の事後分布 $p(\boldsymbol{\theta}|\boldsymbol{x}^{(1)}, ..., \boldsymbol{x}^{(t+1)}, \boldsymbol{\alpha})$ が計算される．結果としてデータが増えるにつれて事後分布の形が変わっていく．時刻が進むたびに手元にあるデータすべてを用いて最初からベイズ推定を行うことに時間が掛かりすぎる時，ベイズ更新は効率的な計算手段として重要である．また，データが膨大すぎる場合は過去の観測値をすべて記憶装置に蓄えておくことも困難であるが，ベイズ更新では一度使用した観測値をふたたび使う必要がないため，記憶容量が少なくて済む．このように一度使用したデータをふたたび使用せずに済むアルゴリズムはオンラインアルゴリズム (online algorithm) と呼ばれ，データが爆発的に増え続ける現代において活発な研究対象となっている．

章 末 問 題

章末問題 3-1 から 3-3 まではパチンコを題材としている．パチプロになったつもりで答えてほしい．なお，数値はこれまでに使用したのとは変えてある．

パチンコ店には多数のパチンコ台があるが，そのうち一定の割合の台では設定が意図的に甘くされ，大当たりが出やすくなっている．これは集客効果のためである．隣の客が大当たりを出しているのを見た客は自分も当たるかもしれないと思って長時間打ち続けるからである．一方，パチプロはどの台の設定が甘いかを見抜き，その台のみを打つことで生計を立てている．ゆえに大当たりが出たパチンコ台には狙いをつけるのであるが，問題は大当たりが出たからといって設定が甘いとは限らないことである．なぜなら設定の辛い台でも大当たりが出ることはある．そのような台で長時間打つことは損失にしかならない．ゆえに大当たりを出している台を見た時，それがどれ

くらいの確率で設定が甘いのかをパチプロは知りたい．なお，パチンコ雑誌に載っている情報により，パチプロには以下の確率分布が分かっている．

- ひとつのパチンコ台の設定が甘い確率は 0.1.
- 設定が甘い場合，大当たりが出る確率は 0.6.
- 設定が甘い場合，大当たりが出ない確率は 0.4.
- 設定が辛い場合，大当たりが出る確率は 0.1.
- 設定が辛い場合，大当たりが出ない確率は 0.9.

これは目の前にあるパチンコの設定の甘さを x，大当たりが出るか否かを y で表した時，x の事前分布 $p(x)$ と尤度関数 $p(y|x)$ になる．

3-1 設定の甘さを確率変数 x，大当たりが出るか否かを確率変数 y で表し，上記の確率分布を式を使って表せ．

3-2 x と y の同時確率の表を描け．

3-3 ベイズの定理を使い，大当たりが出る台の設定が甘い確率を求めよ．

3-4 標本 $x^{(1)}, ..., x^{(n)}$ が指数分布 $p(x^{(i)}|\lambda) = \lambda \exp(-\lambda x^{(i)})$ からそれぞれ条件付き独立で得られたとした時，λ の最尤推定量を求めよ．

3-5 指数分布のパラメータ λ の事前分布として指数分布 $p(\lambda|\alpha) = \alpha \exp(-\lambda\alpha)$ を考える．前問と同様に標本 $x^{(1)}, ..., x^{(n)}$ が指数分布 $p(x^{(i)}|\lambda) = \lambda \exp(-\lambda x^{(i)})$ からそれぞれ条件付き独立で得られたとした時，λ について MAP 推定を行え．

4 二項分布とその仲間たち

「人間は考える葦である」という言葉で知られるブレーズ・パスカル (1623–1662) はギャンブルに勝つ方法を熱心に考えたことでも有名である．実際，確率論はパスカルの時代に賭け事に勝つために生まれてきた．当時も現代と同様，様々なギャンブルが行われていたが，まずは極めて簡単な例として，以下のような賭けを考えてみる．

コインを 4 回投げて，表が出た回数と裏が出た回数が同じであれば勝ち，そうでなければ負け．このような賭けに乗るべきかどうか．本章では確率論を使い，この場合の勝ちの確率と負けの確率のどちらが高いかを計算する．

賭け事に勝つために生まれてきた確率論ではあるが，現在では統計学や機械学習において欠かせないものとなっている．機械学習では様々な**確率モデル** (probabilistic model) が使用される．なぜ確率モデルが有効であるかといえば，現象について何を知っていて何を知らないかの知識を数学的に扱える形で表現できるからである．

頻度主義の立場からいえば，観測される現象にはランダム性がある．ベイズ主義（主観確率）の立場からいえば，知識の不足ゆえに確率分布が生じる．言い換えれば人間は現象を完全には把握できないため，知識の不足を適切に表す確率モデルを使うことで論理的な推論が行えるようになる．

ベイズ統計に基づく機械学習では適切な確率モデルを選ぶことが重要であり，多数のモデルが提案されている．本章ではまず，シンプルな確率モデルの例から挙げていく．より複雑な確率モデルについては次章以降で述べる．データが少ない時にはシンプルなモデル，データが増えるにつれて複雑なモデルが適切に

なる傾向がある．これは複雑なモデルは多数のパラメータを持つため，それらをすべて正しく学習するにはより多くのデータが必要であることから来ている．

前章で述べた最尤推定やベイズ推定は統計学の一部として発展してきた．そのため機械学習は統計学の延長にあるという見方も可能である．しかし従来の統計学では正規分布などのシンプルなモデルが長らく使われてきたが，機械学習ではより複雑なモデルが使用されるという特徴がある．複雑なモデルの持つパラメータを推定するためには推定量の計算の仕方に工夫が必要であり，近似が必要になることも多い．そのような方法を見つけることも機械学習の研究において重要な要素を占めている．

4.1 二 項 分 布

4.1.1 ベルヌーイ分布

連続変数についての代表的な確率分布である正規分布ではパラメータ μ と σ^2 によって確率密度関数の形が定義された．すなわちパラメータを持つ式 (2.41) によって，どの x に対してもその確率密度が求められた．

一方，離散変数の確率分布としては 2 章でパチンコ台の設定が甘い確率と辛い確率の例のように，表を使って示しただけである．離散変数の確率分布についても式とパラメータを使って表すことはできるだろうか．確率変数がとりうる値が多数存在する場合，表を使うより簡潔な表現が行えそうである．

しかしまずは離散変数のとりうる値が 2 種，すなわち 0 か 1 のいずれかの値をとる場合を考えてみる．どのような式とパラメータがよいと考えられるだろうか．シンプルに，パラメータで「1 が現れる確率」を表すのがよいのではないだろうか．このパラメータを μ という記号で表すと，「0 が現れる確率」は $1-\mu$ ということになる．観測値を x で表すと，$p(x|\mu)$ は $x=1$ の時に値が μ であり，$x=0$ の時に値が $1-\mu$ であるような式でなくてはならない．すなわち x の値で条件分けして書くと以下になってほしい．

$$\begin{cases} p(x=0|\mu) &= 1-\mu \\ p(x=1|\mu) &= \mu \end{cases} \tag{4.1}$$

なお，μ のとりうる範囲は 0 から 1 までである．このように定義される確率

分布をベルヌーイ分布 (Bernoulli distribution) と呼ぶ.

式 (4.1) の表し方は確率分布を表で表すのとさほど変わらない．この二つの式をひとつの式でまとめて表すことはできないだろうか．そのための方法はいろいろと考えられるが，正規分布のように指数を使って定義した以下の式を使うことが一般的である.

ベルヌーイ分布
$$p(x|\mu) = \mu^x (1-\mu)^{1-x} \qquad (0 \leq \mu \leq 1) \tag{4.2}$$

このように確率変数を引数として，その値が確率であるような関数は**確率質量関数** (probability mass function) と呼ばれる．これは 2.4.2 項で述べた確率密度関数の値を物理における密度と対応させると，確率には質量が対応するためである.

式 (4.2) から式 (4.1) や図 2.2 のような確率分布の表は再現できる．あえて式 (4.2) のように確率質量関数を使って表現することのメリットのひとつはパラメータ μ の推定に微分が使えるようになることである．また，式 (4.2) は指数を使って定義されているため，対数尤度が以下のようにシンプルな形になる.

$$\log p(x|\mu) = x \log \mu + (1-x) \log(1-\mu) \tag{4.3}$$

$x = 0$ の時，$\log p(x = 0|\mu) = \log(1-\mu)$ を最大にするのは（区間 $[0,1]$ の中では）$\mu = 0$ であり，それが μ の最尤推定量である．$x = 1$ の時，$\log p(x = 1|\mu) = \log \mu$ を最大にするのは $\mu = 1$ であり，それが μ の最尤推定量となる.

問 4-1 観測値 $\boldsymbol{x} = (x^{(1)}, x^{(2)}, ..., x^{(n)})$ の各 $x^{(i)}$ が互いに条件付き独立であり，それぞれベルヌーイ分布 $p(x^{(i)}|\mu)$ に従う時，μ の最尤推定量を求めよ.

[解答]

$\log p(\boldsymbol{x}|\mu)$

$$= \log \prod_{i=1}^{n} p(x^{(i)}|\mu) = \sum_{i=1}^{n} \log p(x^{(i)}|\mu)$$
$$= \sum_{i=1}^{n} \log \mu^{x^{(i)}}(1-\mu)^{1-x^{(i)}} = \sum_{i=1}^{n} \left(x^{(i)} \log \mu + (1-x^{(i)}) \log(1-\mu) \right) \tag{4.4}$$

$$\frac{d \log p(\boldsymbol{x}|\mu)}{d\mu} = \sum_{i=1}^{n} \frac{d\left(x^{(i)} \log \mu + (1-x^{(i)}) \log(1-\mu)\right)}{d\mu}$$
$$= \frac{\sum_{i=1}^{n} x^{(i)}}{\mu} - \frac{\sum_{i=1}^{n}(1-x^{(i)})}{1-\mu} \tag{4.5}$$

これを 0 とおくことで $\hat{\mu}_{ML}$ が得られる．

$$\hat{\mu}_{ML} = \frac{1}{n} \sum_{i=1}^{n} x^{(i)} \tag{4.6}$$

これは n 回の試行において値が 1 となった $x^{(i)}$ が占める割合である．また $x^{(1)}, ..., x^{(n)}$ の標本平均にもなっている．

ベルヌーイ分布に従う観測値をひとつ求めることをベルヌーイ試行 (Bernoulli trial) と呼ぶ．コイン投げを繰り返し行う場合，コインを 1 回投げることがベルヌーイ試行である．

4.1.2　ランダムウォーク

ベルヌーイ試行では確率変数の値は 0 か 1 のいずれかであった．たとえばコインを 1 回投げた時，表が出る回数が 0 であるか 1 であるかを表しているとみなせる．これの拡張として，たとえばコインを 10 回投げた時，表の回数が 0 回である確率，1 回である確率，2 回である確率，...，10 回である確率はそれぞれどのように求められるだろうか．

コインでは表と裏だが，それ以外にも二通りの選択肢の中から一方が確率的に選ばれる現象は多数存在する．たとえば温泉街にはスマートボールといって，パチンコの原型ともいえる遊戯台が置かれている．図 4.1 に示したように，ばねではじかれた玉は盤上に並べられた釘に当たり，右に行くか左に行くかを繰り返し，最終的にいずれかの穴に落ち，それによって得点が決まる．

 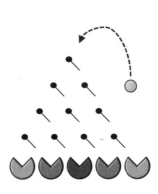

図 4.1 スマートボール．パチンコと同様，ボールは釘に当たることで右か左に落ちていく．

スマートボールのように右に行くか左に行くかをランダムに決め，それらの最終的な行き先を値とする確率的なプロセスをランダムウォーク (random walk) と呼ぶ．右に行くか左に行くかが等しい確率（$\mu = 1/2$）で生じるなら，ある位置に到達する確率はそこに行く経路の数に比例する．各位置に到達する経路の数を示すのが図 4.2 のパスカルの三角形 (Pascal's triangle) である．パスカルの三角形に現れるそれぞれの数字は一番上の位置からその位置に至るまでの経路の数を表している．ただし経路は上から下に向かってのみ進み，上がることはできない．各位置において，右下か左下の二つの方向のいずれかに進むことができる．コイン投げに対応付けると，右に行くことが表が出ることに対応し，左に行くことが裏が出ることに対応している．それぞれの数字はその左上にある数字と右上にある数字の和である．これは各位置に到達するためには左上から来ることと右上から来ることができ，その位置に至る経路の数は両者の和になるからである．

パスカルの三角形を使うと，たとえばコインを m 回投げて，「表が r 回，裏が $m-r$ 回」という結果になる確率が求められる．1 回のコイン投げで表となる確率が μ であるとすると，裏となる確率は $1-\mu$ であるので，r 回の表と $m-r$ 回の裏からなる系列が生じる確率は $\mu^r(1-\mu)^{m-r}$ になる．これは確率 μ で生じる現象が r 回，確率 $1-\mu$ で生じる現象が $m-r$ 回発生しなくてはならないためである．

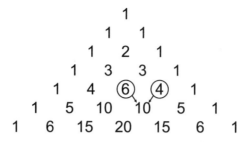

図 4.2 パスカルの三角形．各位置に書かれた数はそれぞれ，自分の左上と右上にある数の和になっている．たとえば丸で囲った 6 と 4 を足すと 10 になるため，それが 6 と 4 の下に入っている．これは 10 の位置に来る方法が 6 の位置まで来るための 6 通りと，4 の位置まで来るための 4 通りの和で表せることから来ている．

次に必要なのは r 回の表と $m-r$ 回の裏からなる系列がそもそもどれだけ存在するかである．たとえば m 回の試行のすべてが表である系列は 1 通りしか存在しないが，表が $m-1$ 回，裏が 1 回である系列は（裏がいつ現れるかに m 通りの可能性があるので）m 通りある．

条件を満たす系列の数が多ければ確率は高く，逆に少なければ確率は低くなる．系列の種類数を求めるにはパスカルの三角形で右下方向に r 回，左下方向に $m-r$ 回行った場所にある数字を使えばよい．たとえば $m=5$ で $r=3$ の時，それはもっとも上の位置から右下方向に 3 回，左下方向に 2 回行った場所，すなわち 6 段目で左から 4 番目にある数字であり，10 である．

もしもコインが公平，すなわち $\mu=1/2$ ならば，$\mu^r(1-\mu)^{m-r}=1/32$ であるので，表が 3 回，裏が 2 回出る確率は $10/32=5/16$ になる．

4.1.3 二項展開

$(x+y)^m$ という式を展開した場合，結果は $\sum_{r=0}^{m} a_r x^r y^{m-r}$ という形になるが，その係数 a_r はパスカルの三角形で求められる．たとえば $(x+y)^4 = x^4+4x^3y+6x^2y^2+4xy^3+y^4$ であり，係数の列 $(1,4,6,4,1)$ は図 4.2 に示したパスカルの三角形の 5 段目である．これは各項に対する係数はその項を得るために x と y を掛ける組合せの数だからである．パスカルの三角形ではそれが経路の数として表される（図 4.3）．

係数 a_r は**二項係数** (binomial coefficient) と呼ばれる．この名称は $(x+y)$

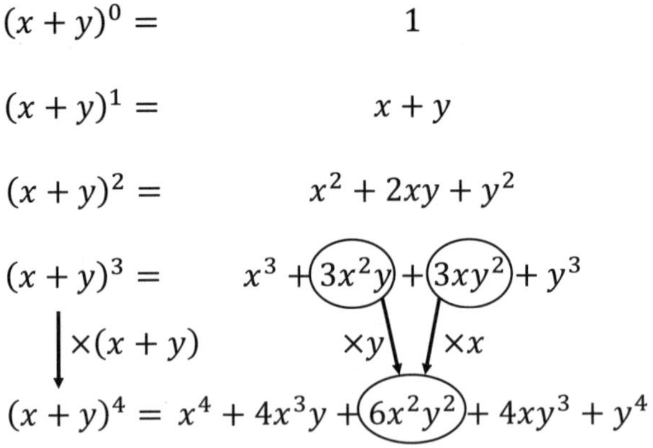

$$(x+y)^0 = 1$$

$$(x+y)^1 = x+y$$

$$(x+y)^2 = x^2 + 2xy + y^2$$

$$(x+y)^3 = x^3 + \boxed{3x^2y} + \boxed{3xy^2} + y^3$$

$$\downarrow \times(x+y) \quad\quad \times y \quad \times x$$

$$(x+y)^4 = x^4 + 4x^3y + \boxed{6x^2y^2} + 4xy^3 + y^4$$

図 4.3 二項展開. $(x+y)^4$ の展開における x^2y^2 の係数である 6 はどのように求められるかを矢印で示している. $(x+y)^3 = x^3 + 3x^2y + 3xy^2 + y^3$ に対し $(x+y)$ を掛けた場合,$3x^2y$ に $(x+y)$ の y を掛けることで $3x^2y^2$ が得られる.また,$3xy^2$ に $(x+y)$ の x を掛けることで $3x^2y^2$ が得られる.両者を足すことで $6x^2y^2$ が得られる.3 と 3 を足して 6 が得られるという計算はパスカルの三角形と同じであり,x^2y^2 という位置への経路の数を表すと同時に,x が 2 つ,y が 2 つという組合せからなる系列の数を表している.

が x と y という二つの項からできていることから来ている.$(x+y+z)$ を展開して得られる係数の集合は三項係数,$(x+y+z+w)$ を展開して得られる係数の集合は四項係数と呼ばれるべきであろうが,まとめて多項係数と呼ばれる.それらを使って定義されるのが後述する多項分布である.

$(x+y)^m$ を展開した時の $x^r y^{m-r}$ の係数 a_r を本書では $C(m,r)$ と表す.これはパスカルの三角形における $m+1$ 段目で左から $r+1$ 番目の数字である.二項係数は他には $\binom{m}{r}$ や ${}_mC_r$ などとも表される.

4.1.4 階乗で二項係数を求める

パスカルの三角形を使えばコイン投げで表の出る回数の確率が求められる.しかしパスカルの三角形を描くために多数の数を足していかなくてはならず,m や r が大きい場合は計算が大変である.パスカルの三角形に現れる数字をもっと簡単な式で計算できないものであろうか.

求めるべきは系列の数であるので,組合せの考え方が使えそうである.たとえば $m=5$ で $r=3$ の場合,表が 3 回,裏が 2 回出る系列がいくつあるかが

知りたい．これは表を○，裏を●で記述すれば，

の10通りある．実際に書き出してみれば系列が10通りあることは明らかだが，$m = 5$ と $r = 3$ という数値から10という数を求めるにはどうしたらいいだろうか．

これは5つの場所の中から（○を入れる）3つの場所を選ぶ組合せの数を求める問題である．また，3つある「○」を5つの場所（出現位置）のどこに入れるかという組合せの数とも捉えられる．

それを求めるため，3つある○ (head) が互いに区別できるとして，それぞれ h_1, h_2, h_3 という名前を付ける．同様に2つある● (tail) には t_1, t_2 という名前を付ける．これら合わせて5種の記号の並べ方は 5! 通りある．5! は5の階乗であり，$5 \cdot 4 \cdot 3 \cdot 2 \cdot 1$ を表している．なぜこの計算でよいかといえば，1つ目の場所には好きな記号を入れられるため，選択肢は5通りあるが，そこにひとつの記号を置いてしまうので，2つ目の場所に何を入れるかの選択肢は4通りである．同様に3つ目の場所に何を入れるかには3通り，4つ目の場所に何を入れるかには2通り，5つ目の場所には残った記号が置かれるので1通り．並べ方の数はこれら全体を掛け合わせたものなので，$5 \cdot 4 \cdot 3 \cdot 2 \cdot 1$ になる．

しかし「○と●がどのように並ぶか」という観点でいえば，h_1, h_2, h_3 が現れる順序，また b_1, b_2 が現れる順序は区別するべきではない．図4.4に示したように，「○と●の現れる順序」だけを知りたいのであれば，5! 通りの並べ方には多くの重複が存在する．たとえば「h_1, h_2, b_1, h_3, b_2」という並びと「h_2, h_1, b_1, h_3, b_2」という並び，「h_3, h_2, b_1, h_1, b_2」という並び，また「h_1, h_3, b_2, h_2, b_1」という並びはいずれも「○○●○●」という並びに対応しているが，5! 通りの並べ方の中では区別して数えられてしまっている．

そこでこれらの重複を取り除かなくてはならない．重複がいくつあるかといえば，ひとつの「○と●の現れる順序」につき，h_1, h_2, h_3 についてはそれらの並べ方の数だけの重複が存在する．すなわち 3! 通りある．そこで 5! 通りある種類数を 3! で割る必要がある．同様に t_1, t_2 が現れる順序も区別するべきではないので，t_1 と t_2 の並び方の種類である 2! でも割る必要がある．結果として $5!/(3!2!)$ が得られる．これを計算してみるとたしかに10になる．

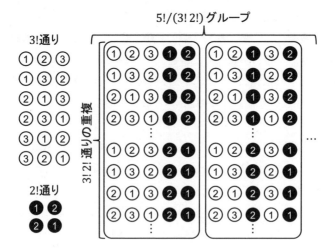

図 4.4 二項係数の計算方法. コインの表を白, 裏を黒で表している. 5 種類の数字の並べ方は全部で 5! 通りある. しかし白と黒の並びだけを見たいのであれば, 5! 通りの中には多くの重複がある. 重複の数は白について 3! 通り, 黒について 2! 通りであるので, それらで割ると四角で囲まれたグループの数が得られる. それは 5!/(3!2!) である.

今回の例では $m = 5$ ならびに $r = 3$ であり, また●の数である 2 は $m - r$ と表せるので, 5!/(3!2!) を m と r を使って表すと $m!/r!(m-r)!$ になる. これは二項係数 $C(m, r)$ が階乗を使って求められることを意味している.

$$C(m, r) = \frac{m!}{r!(m-r)!} \tag{4.7}$$

二項係数 $C(m, r)$ は○が r 回, ●が $m - r$ 回現れる系列の数を表すと同時に, m 個の選択肢の中から r 個を選び出す組合せの数でもある. 実際, 5!/(3!2!) は 5 つの場所の中から (○を入れるための) 3 つの場所を選び出す組合せの数であった. パスカルの三角形で考えると, $m = 5$ で $r = 3$ に相当する場所には右に 3 回, 左に 2 回進むことで到達できるが, どのタイミングで右に進み, どのタイミングで左に進むかには多数の組合せがある. これの種類数が二項係数になっている.

二項係数を使うと**二項分布** (binomial distribution) が定義できる. まず, r 個の○と $m - r$ 個の●からなる特定の並び方 (たとえば「○○●○●」) が生じる確率は $\mu^r (1-\mu)^{m-r}$ である. これは各回において○が出る確率が μ, ●が出る確率が $1 - \mu$ のため, その並びが生じる確率は μ を r 回, $1 - \mu$ を $m - r$ 回掛けた値となる

ためである．実際，「○○●○●」が出る確率は $\mu\cdot\mu\cdot(1-\mu)\cdot\mu\cdot(1-\mu) = \mu^3(1-\mu)^2$ になる．○の数と●の数がそれと同じである系列が $m!/r!(m-r)!$ 個存在するため，両者を掛け合わせることで○が r 回，●が $m-r$ 回出る確率を以下のように表せる．

二項分布
$$p(r|m,\mu) = \frac{m!}{r!(m-r)!}\mu^r(1-\mu)^{m-r} \tag{4.8}$$

たとえば $\mu = 1/2$ の時，$\mu^r(1-\mu)^{m-r} = (1/2)^r(1-(1/2))^{m-r} = (1/2)^m$ であり，二項分布は以下になる．

$$p\left(r\middle|m,\mu=\frac{1}{2}\right) = \frac{m!}{r!(m-r)!}\frac{1}{2^m} \tag{4.9}$$

これはパスカルの三角形に現れる $m!/r!(m-r)!$ という数字を 2^m で割ると，$\mu = 1/2$ の時の二項分布の値が得られることを意味している．その例を図 4.5 に示した．

本章冒頭での賭け事の例について考えると，偏っていない公平なコインでは $\mu = 1/2$ となるため，$m = 4$ で○と●の数が同数，すなわち $r = 2$ になる確率は $4!/(2!2!)2^4 = 6/16 = 3/8$．これは $1/2$ より小さいため，○と●の数が同数にならない方に賭ける方がよい．

式 (4.2) と式 (4.8) を比較すると，4.1.1 項で述べたベルヌーイ分布は $m = 1$ の場合の二項分布になっていることが確認できる．m は試行数（コインを投げる回数）を表しているため，それが 1 回であればベルヌーイ試行になるわけである．

式 (4.8) に示されているよう，二項分布もパラメータ μ について指数関数の形をしており，指数分布族に属している．また，二項分布において m を大きくしていくと，その形は正規分布に近づいていく．実際，図 4.5 でも 6 段目から得られる分布は正規分布と多少似ているが，さらに下の段に行くほどその形は正規分布に似てくる．なぜそうなるのかは本書では証明しないが，誤差が正規分布に従うことが多い理由はそれから来ている．

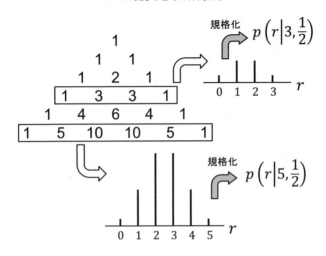

図 4.5 パスカルの三角形のひとつの段は m が特定の値の時の二項係数を表している。それを 2^m で割ることで (つまり規格化することで) 二項分布が得られる。たとえば 4 段目に現れる数をすべて 2^3 で割ると，それは $m = 3$ の時の $\mu = 1/2$ の二項分布 $p(r|3, 1/2)$ を表す。また，6 段目に現れる数をすべて 2^5 で割ると，それは $m = 5$ で $\mu = 1/2$ の時の二項分布 $p(r|5, 1/2)$ を表す。

観測される誤差は観測できないほど微小な誤差，いわば「マイクロ誤差」の積み重ねでできていると考えられる．たとえばガウスが取り組んだ星の観測位置のばらつきの場合，大気の状態や望遠鏡のレンズのゆがみ，観測者の目視の不正確さなどが積み重なり，最終的な誤差になっていると考えられる．マイクロ誤差は右方向にも左方向にも行けるため，いわばランダムウォークになっており，その総和である観測誤差は二項分布に従う．足し合わされるマイクロ誤差の数が増えていくにつれ，二項分布は正規分布に近づくため，誤差の分布は正規分布で近似できることになる．二項分布の確率質量関数を求めるには階乗を計算する必要があるが，それは m 回の掛け算であるため，m が大きくなるにつれて計算コストが増えていく．正規分布は階乗を含まないため，より効率的に計算でき，二項分布への近似として有益である．

4.2 多項分布

コイン投げにおけるひとつの試行の結果は表か裏であり，スマートボールでは右に行くか左に行くかであった．これらの例では値の種類が二つであるため，

4.2 多項分布

ベルヌーイ分布や二項分布などの二値の分布が適切であった．これを三つ以上の値をとりうる確率変数にも拡張するために，ベルヌーイ分布の別表現を考えてみる．式 (4.2) では x の値が 0 か 1 であるとしたが，x_1 と x_2 という二つの確率変数を考え，いずれか一方が 1 でもう一方が 0 になるという表現を考える．すなわち $x = 1$ の場合は $x_1 = 1$ で $x_2 = 0$，$x = 0$ の場合は $x_1 = 0$ で $x_2 = 1$ である．これらを並べて確率変数ベクトル $\boldsymbol{x} = (x_1, x_2)$ が作れる．パラメータも同様に $\mu_1 = \mu$ ならびに $\mu_2 = 1 - \mu$ と定義すると，両者をまとめてパラメータベクトル $\boldsymbol{\mu} = (\mu_1, \mu_2)$ で表せる．その成分は $\mu_1 + \mu_2 = 1$ という制約を満たす．これによってベルヌーイ分布は以下のように表せる．

ベルヌーイ分布の別表現

$$p(\boldsymbol{x}|\boldsymbol{\mu}) = \mu_1^{x_1} \mu_2^{x_2} \tag{4.10}$$

同様に二項分布は以下のように表せる．ただし $x_1 = r$ ならびに $x_2 = m - r$ と定義している．

二項分布の別表現

$$p(\boldsymbol{x}|m, \boldsymbol{\mu}) = \frac{(x_1 + x_2)!}{x_1! x_2!} \mu_1^{x_1} \mu_2^{x_2} \tag{4.11}$$

サイコロについての確率を考える場合，とりうる値は 1 から 6 までの整数である．このためベルヌーイ分布や二項分布は使えないが，それを一般化した**多項分布** (multinomial distribution) が広く使われている．これは k 種類の値をとりうる試行を m 回行った時，それぞれの値が何回現れるかの分布である．たとえばサイコロを m 回振った場合，1 の目が出た回数から 6 の目が出た回数まで，6 つの数字が得られる．これらが観測結果であるので，x_1 から x_6 という 6 つの変数が観測値となる．もちろん，サイコロを振った数は m 回であるので，$\sum_{j=1}^{6} x_j = m$ である．

1の目が出る確率を表すパラメータを μ_1, 2の目が出る確率を表すパラメータを μ_2 という具合に定義すると，$\sum_{j=1}^{k} \mu_j = 1$ という制約が課される．サイコロの場合は $k=6$ である．どの目が出る確率も等しい公平なサイコロでは各 i について $\mu_i = 1/6$ になるが，ここでは出る目の確率に偏りのあるイカサマサイコロも含めて考える．観測値は $x_1, x_2, ..., x_k$ であるが，これらはまとめて観測値ベクトル $\boldsymbol{x}$ として表せる．同様にパラメータは $\mu_1, \mu_2, ..., \mu_k$ であるが，まとめてパラメータベクトル $\boldsymbol{\mu}$ として表せる．これらの変数を使い，多項分布は以下のように定義される．

多項分布
$$p(\boldsymbol{x}|\boldsymbol{\mu}) = p(x_1, x_2, ..., x_k | \mu_1, \mu_2, ..., \mu_k) = \frac{\left(\sum_{j=1}^{k} x_j\right)!}{\prod_{j=1}^{k} x_j!} \prod_{j=1}^{k} \mu_j^{x_j} \tag{4.12}$$

たとえばサイコロを m 回振った時，1, 2, ..., 6 の目がそれぞれ $x_1, x_2, ..., x_6$ 回出る確率は以下になる．

$$\frac{(x_1 + x_2 + \cdots + x_6)!}{x_1! x_2! \cdots x_6!} \mu_1^{x_1} \mu_2^{x_2} \cdots \mu_6^{x_6} \tag{4.13}$$

多項分布の場合，$\boldsymbol{x}$ の各成分 x_i それぞれが標本なのではなく，$\boldsymbol{x}$ というベクトル全体がひとつの標本であることには注意する．サイコロの目の場合，確率変数 $\boldsymbol{x}$ が表すのはサイコロを1回投げた時の結果ではなく，m 回サイコロを振った時の目の現れ方の配分である．すなわちサイコロを1回投げることがひとつの標本に対応するわけではない．n 個の標本を作りたいのであれば，サイコロは nm 回投げる必要がある．この場合は $\boldsymbol{x}^{(1)}, \boldsymbol{x}^{(2)}, ..., \boldsymbol{x}^{(n)}$ のように標本を区別することになる．

式 (4.12) の係数 $\left(\sum_{j=1}^{k} x_j\right)! / \prod_{j=1}^{k} x_j!$ は**多項係数** (multinomial coefficient) と呼ばれる．これは k 種類の記号を使って作られる記号列のうち，1個目の記号を x_1 回，2個目の記号を x_2 回，...，k 個目の記号を x_k 回使って作られる記号列の種類数である（図 4.6）．サイコロの場合，1 を x_1 回，2 を x_2 回，...，6 を x_6 回使って作られる記号列の種類数である．これらの記号列のいずれも確

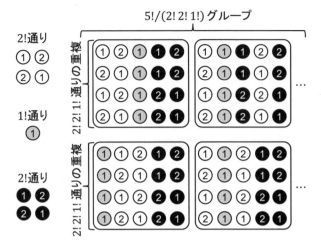

図 4.6 多項係数の計算方法．白が 2 つ，灰色が 1 つ，黒が 2 つあるとして，それらからなる系列の種類数を求めたい．5 種類の数字の並べ方は全部で 5! 通りある．しかし白と灰色と黒の並び方だけを見たいのであれば，5! 通りの中には多くの重複がある．重複の数は白について 2! 通り，灰色について 1! 通り，黒について 2! 通りであるので，それらで割ると四角で囲まれたグループの数が得られる．それは 5!/(2!2!1!) である．

率 $\prod_{j=1}^{k} \mu_j^{x_j}$ で生じるので，それに多項係数 $\left(\sum_{j=1}^{k} x_j\right)! / \prod_{j=1}^{k} x_j!$ を掛けたものが「1 個目の記号が x_1 回，2 個目の記号が x_2 回，...，6 個目の記号が x_6 回現れる確率」になる．

$m = 1$ の場合の多項分布を**マルチヌーイ分布** (multinoulli distribution) と呼ぶことも機械学習の分野では増えてきた．これはベルヌーイ分布を**多値変数**（**マルチノミアル変数**）(multinomial variable) に拡張したという意味の造語である．ベルヌーイ分布がコインを 1 回投げた結果を表すのに使えるのと同様，マルチヌーイ分布はサイコロを 1 回だけ振った場合の結果を表すのに使える．ただし多項分布の記法を利用しているので，結果は 1 から 6 までの整数ではなく，6 次元のベクトルで表現される．

マルチヌーイ分布に従う確率変数 $\boldsymbol{x}$ の値は成分がひとつだけ 1 であり，残りの成分がすべて 0 であるようなベクトルである．これを **one-hot** ベクトル (one-hot vector) と呼ぶ．hot というのは「注目される」というような意味である．k 次元の one-hot ベクトルではどの成分が 1 であるかによって 1 から k までの整数を表せる．たとえば $(1, 0, 0, 0)$ であれば 1，$(0, 1, 0, 0)$ であれば 2，

$(0,0,1,0)$ であれば 3,$(0,0,0,1)$ であれば 4 といった具合である.

多数の選択肢の中からひとつが確率的に選ばれる状況を表すのにマルチヌーイ分布が使用できる. 選択肢は機械学習におけるクラスに相当する. たとえば自動運転などに使われる画像認識タスクの場合, 入力された画像を歩行者, 車, 障害物, 道路標識といったカテゴリに分けることになるが, 個々のカテゴリがクラスである. クラスは one-hot ベクトルで表せるため, 四つに分類するタスクの場合, 歩行者を $(1,0,0,0)$, 車を $(0,1,0,0)$, 障害物を $(0,0,1,0)$, 道路標識を $(0,0,0,1)$ で表すといった具合である. 次に現れる物体が何であるか分からない場合, そのクラスを表す one-hot ベクトルがマルチヌーイ分布に従うと定式化できる.

本書ではマルチヌーイ分布を $\mathcal{M}(\boldsymbol{x}|\boldsymbol{\mu})$ で表す. マルチヌーイ分布は多項分布で $m=1$ とおいたものなので, 式 (4.12) において多項係数が 1 となり, 以下のように表せる.

マルチヌーイ分布 ($m=1$ の場合の多項分布)

$$\mathcal{M}(\boldsymbol{x}|\boldsymbol{\mu}) = p(\boldsymbol{x}|\boldsymbol{\mu}) = \prod_{j=1}^{k} \mu_j^{x_j} \tag{4.14}$$

マルチヌーイ分布のパラメータ μ_j はそれぞれ, j 番目の成分のみが 1 である one-hot ベクトルが生じる確率を表している.

式 (4.12) と式 (4.14) の形より, マルチヌーイ分布と多項分布もまた指数分布族に属している. 図 4.7 はここまでに述べた離散変数の分布, ならびにそれと正規分布の間の関係を示している.

多項分布に対して最尤推定を行う場合, 正規分布の場合と異なり, 微分して 0 とおくだけではだめである. なぜなら多項分布ではパラメータに $\sum_{j=1}^{k} \mu_j = 1$ という制約が課されている. 微分して 0 となるパラメータの値を求めたとしても, それが制約 $\sum_{j=1}^{k} \mu_j = 1$ を満たさない値であっては意味がない. 制約を満たすパラメータの値の中で尤度を最大にするものを求めるために, 制約付き最適化 (constrained optimization) という手法が必要となる.

4.2 多項分布

```
ベルヌーイ分布          値をone-hotベクトルで表す    マルチヌーイ分布
k = 2, m = 1          ──────────────→           k ≥ 2, m = 1
```

$$p(\boldsymbol{x}|\boldsymbol{\mu}) = \mu_1^{x_1} \mu_2^{x_2} \qquad\qquad p(\boldsymbol{x}|\boldsymbol{\mu}) = \prod_{j=1}^{k} \mu_j^{x_j}$$

試行数mを増やす ↓ 　　　試行数mを増やす ↓

二項分布　　　　　　　　　　　　　　多項分布
$k = 2, m \geq 1$　　　　　　　　　　$k \geq 2, m \geq 1$

$$p(\boldsymbol{x}|\boldsymbol{\mu}) = \frac{(\sum_{j=1}^{2} x_j)!}{\prod_{j=1}^{2} x_j!} \prod_{j=1}^{2} \mu_j^{x_j} \qquad p(\boldsymbol{x}|\boldsymbol{\mu}) = \frac{(\sum_{j=1}^{k} x_j)!}{\prod_{j=1}^{k} x_j!} \prod_{j=1}^{k} \mu_j^{x_j}$$

正規分布　　　　↓ 試行数mを無限にし、1が出る割合を変数xにする
$k = 2, m = \infty$

$$p(x|\mu) = \frac{1}{\sqrt{2\pi\sigma^2}} \exp\left(\frac{-(x-\mu)^2}{2\sigma^2}\right)$$

図 **4.7**　ベルヌーイ分布・二項分布・マルチヌーイ分布・多項分布・正規分布

4.2.1　ラグランジュの未定乗数法

制約付き最適化のうち，制約条件が等式で表される場合によく使われるのがラグランジュの未定乗数法 (the method of Lagrange multipliers) である．図4.8 ではパラメータベクトルが 2 次元の場合について示している．最適化問題では最大化あるいは最小化したい関数は目的関数と呼ばれる．最尤推定では尤度関数を最大化するパラメータベクトルを求めたいので，尤度関数が目的関数である．制約条件を左下の曲線で表し，目的関数の大きさは等高線，すなわち

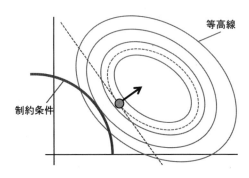

図 **4.8**　ラグランジュの未定乗数法．制約条件を満たすのは左下の曲線上の点．その中で目的関数の値（標高）がもっとも高くなるのは，左下の曲線の接線と等高線の接線が一致する点である．

入れ子になった楕円で示した．標高が高いほど目的関数の値が大きい．このため左下の曲線上で標高がもっとも高い点を求める必要がある．

　左下の曲線が山道であるとしよう．道沿いで一番高い地点にいる時，等高線に沿って歩いているはずである．なぜなら山道を上がっている間は低い等高線からより高い等高線の順で無数の等高線を横切りながら進んでいるが，逆に山道を下がっている際には高い等高線からより低い等高線の順で無数の等高線を横切りながら進んでいる．道沿いでもっとも標高が高い地点は等高線を横切らない瞬間である．すなわちその時，一瞬だけ等高線に沿って歩いている．これは幾何的には曲線の接線と等高線の接線が重なる状況とみなせる．

　二つの接線が重なる点を求めるには勾配という概念が有効である．勾配は勾配作用素 ∇（ナブラ）という記号を使い，以下のように定義される．$\partial f/\partial x$ は関数 $f(x,y)$ を x で偏微分，すなわち y については動かさずに x についてだけ微分することを表す．

$$\nabla f = \begin{pmatrix} \frac{\partial f}{\partial x} \\ \frac{\partial f}{\partial y} \end{pmatrix} \tag{4.15}$$

勾配は傾きを並べたものであり，ベクトルになる．f の変数が二つの場合，勾配 ∇f は以下のように定義される 2 次元ベクトルである．

$$(\nabla f)_1 = \frac{\partial f(x,y)}{\partial x} \qquad (\nabla f)_2 = \frac{\partial f(x,y)}{\partial y} \tag{4.16}$$

なお，f の引数が m 個の場合，∇f は m 次元ベクトルとなる．f の引数が m 次元ベクトルの場合，m 個の変数が並んでいるとみなせるため，∇f は同様に m 次元ベクトルになる．

　f の等高線の接線に沿って引数を微小量だけ動かすと，関数の値の変化が最小になる．一方，勾配に沿って微小量だけ動かした時，f の変化は最大になる[*1)]．このことからも分かるように，勾配は等高線の接線と直角に交わるベクトル，すなわち直交するベクトルになる．これは直観にも合致するだろう．

　一方，図 4.8 の左下の曲線は目的関数 f とは異なる量についての等高線とみなせる．たとえば制約条件が $\sum_{j=1}^{2} \mu_j^2 = 1$ である時，$g(\mu_1, \mu_2) = \sum_{j=1}^{2} \mu_j^2 - 1$ という関数を考えると，左下の太い曲線は $g(\mu_1, \mu_2) = 0$ で定義される曲線で

[*1)] なぜ勾配に沿って動かすと f の変化量が最大になるかについては拙著『しくみがわかる深層学習』（朝倉書店）5.1 節を参照されたい．

ある.つまり g の高さが 0 となる等高線である.そのため ∇g によって g の高さが作り出す等高線に直交する方向が求められる.

f についての勾配 ∇f と g についての勾配 ∇g が同じ方向を向いていることは二種の等高線に対する接線が重なることに等しい.この条件は以下の式で表せる.

$$\nabla f(\boldsymbol{\mu}) = \lambda \nabla g(\boldsymbol{\mu}) \tag{4.17}$$

λ はラグランジュ未定乗数 (Lagrange multiplier) と呼ばれ,f と g の勾配の方向だけが一致すればよく,それらの長さが問題にならないことから現れる変数である.式 (4.17) を満たす $\boldsymbol{\mu}$ の値が制約付き最適化問題に対する答えの候補となる.これは制約のない最適化問題の場合,微分して 0 となる値は極値であるが,最大値や最小値とは限らないことに対応している.

以下のように定義される $\mathcal{L}(\boldsymbol{\mu}, \lambda)$ はラグランジアン (Lagrangian) またはラグランジュ関数 (Lagrange function) と呼ばれる.

$$\mathcal{L}(\boldsymbol{\mu}, \lambda) = f(\boldsymbol{\mu}) - \lambda g(\boldsymbol{\mu}) \tag{4.18}$$

式 (4.17) は移項によってラグランジュ関数を使った形で $\nabla_{\boldsymbol{\mu}} \mathcal{L} = 0$ とも表せる.$\nabla_{\boldsymbol{\mu}}$ は $\boldsymbol{\mu}$ の各成分で微分したものを並べることを意味する.一方,$g(\boldsymbol{\mu}) = 0$ という条件は $\partial \mathcal{L}/\partial \lambda = 0$ と書き直せる [*2].$\boldsymbol{\mu}$ と λ での微分を並べることを改めて ∇ で表すと,ラグランジュの未定乗数法は以下のように定式化できる.

ラグランジュの未定乗数法

$\nabla \mathcal{L} = 0$ を満たす $\boldsymbol{\mu}$ と λ,すなわちラグランジュ関数の勾配が 0 になる変数の値を見つけること.

問 4-2 $g(x,y) = 2x + y + 1 = 0$ という制約条件を満たす x,y で $f(x,y) = x^2 + y^2$ を最小化するものを求めよ.

[*2] 制約条件が多数存在する場合はそれぞれについて未定乗数 $\lambda_1, \lambda_2, \ldots$ を考えるため,それらをまとめてベクトル $\boldsymbol{\lambda}$ で表し,$\nabla_{\boldsymbol{\lambda}} \mathcal{L} = 0$ と書くという一般化が可能である.

[解答] 式 (4.17) の左辺に代入すると以下を得る.

$$\nabla f(x,y) = \begin{pmatrix} \frac{\partial (x^2+y^2)}{\partial x} \\ \frac{\partial (x^2+y^2)}{\partial y} \end{pmatrix} = \begin{pmatrix} 2x \\ 2y \end{pmatrix} \quad (4.19)$$

一方, 式 (4.17) の右辺に代入すると以下を得る.

$$\lambda \nabla g(x,y) = \lambda \begin{pmatrix} \frac{\partial (2x+y+1)}{\partial x} \\ \frac{\partial (2x+y+1)}{\partial y} \end{pmatrix} = \begin{pmatrix} 2\lambda \\ \lambda \end{pmatrix} \quad (4.20)$$

式 (4.19) と (4.20) の右辺同士が等しいので, $2x = 2\lambda$, $2y = \lambda$ より $x = \lambda = 2y$ が得られる. これと条件 $g(x,y) = 2x + y + 1 = 0$ を合わせると, $x = -2/5$, $y = -1/5$ においてのみ極値であることがいえる. 制約条件より $y = -2x - 1$ であるが, $x \to \infty$ において $f(x,y) \to \infty$, $x \to -\infty$ においても $f(x,y) \to \infty$ となることより, $x = -2/5$, $y = -1/5$ において f は最小値をとる.

4.2.2 多項分布の最尤推定

ラグランジュの未定乗数法を多項分布の最尤推定に利用する. この場合, f は式 (4.12) に示した多項分布の対数, g は制約から来る $\sum_{j=1}^{k} \mu_j - 1$ という式になる. 最尤推定量を $\hat{\mu}_j$ で表すと, それは以下の式を満たさなくてはならない.

$$\nabla \log \left(\frac{\left(\sum_{j=1}^{k} x_j \right)!}{\prod_{j=1}^{k} x_j!} \prod_{j=1}^{k} \hat{\mu}_j^{x_j} \right) = \lambda \nabla \left(\sum_{j=1}^{k} \hat{\mu}_j - 1 \right) \quad (4.21)$$

ただし ∇ によってパラメータベクトル $\hat{\boldsymbol{\mu}}$ の各成分 $\hat{\mu}_h$ で微分して勾配ベクトルを作ることを表している.

問 4-3 式 (4.21) から x_h と $\hat{\mu}_h$ と λ が満たすべき関係式を求めよ.

[解答] 式 (4.21) の両辺を $\hat{\mu}_h$ で微分すると以下が得られる.

$$\frac{x_h}{\hat{\mu}_h} = \lambda \quad (4.22)$$

問 4-4 制約条件を使うことで前問の λ の値を求め, それを使って最尤推定量 $\hat{\mu}_j$ を求めよ.

[解答] 式 (4.22) を $x_h = \lambda \hat{\mu}_h$ に変形し、すべての h について足し合わせると以下が得られる.

$$\sum_{h=1}^{k} x_h = \lambda \sum_{h=1}^{k} \hat{\mu}_h \qquad (4.23)$$

制約条件 $\sum_{h=1}^{k} \hat{\mu}_h = 1$ を使うと、$\lambda = \sum_{h=1}^{k} x_h$ がいえる. つまり λ は試行の総数である. これは m であるので、式 (4.22) に代入して以下が得られる.

$$\hat{\mu}_j = \frac{x_j}{\lambda} = \frac{x_j}{\sum_{h=1}^{k} x_h} = \frac{x_j}{m} \qquad (4.24)$$

x_j は選択肢 j が現れた回数であるため、多項分布のパラメータの最尤推定量 $\hat{\mu}_j$ はそれぞれの選択肢が現れた割合であるという、当然ともいえる結果が得られた. ありがたみのない結果であるが、このように直観に合致する式が得られることは最尤推定の妥当性の裏付けになっている. ベルヌーイ分布やマルチヌーイ分布、二項分布は特殊な多項分布であるので、それらに対する最尤推定は多項分布に対する最尤推定の特殊な場合として導ける. 実際、この結果は問 4-1 で述べたベルヌーイ分布に対する最尤推定の一般化になっている.

4.2.3 マルチヌーイ分布の期待値

マルチヌーイ分布に従う確率変数の期待値を求めてみる. k 次元のマルチヌーイ分布 $\mathcal{M}(\boldsymbol{x}|\boldsymbol{\mu})$ に従う確率変数がとりうる値は $(1,0,0,...,0), (0,1,0,...,0), (0,0,1,...,0), (0,0,0,...,1)$ という k 種のベクトルである. j 番目のベクトルを $\boldsymbol{v}_j$ で表すと、それが生じる確率はパラメータベクトル $\boldsymbol{\mu}$ の第 j 成分 μ_j である. $\boldsymbol{v}_j$ では j 番目の成分が 1 であり、それ以外の成分は 0 である. それに μ_j を掛けると、j 番目の成分だけが μ_j でそれ以外が 0 であるベクトル $\mu_j \boldsymbol{v}_j$ を作れる. $\mu_1 \boldsymbol{v}_1, \mu_2 \boldsymbol{v}_2, ..., \mu_k \boldsymbol{v}_k$ を足し合わせると、ベクトル $\boldsymbol{\mu}$ が復元される.

$$\mathbb{E}_{\mathcal{M}(\boldsymbol{x}|\boldsymbol{\mu})}[\boldsymbol{x}] = \int \mathcal{M}(\boldsymbol{x}|\boldsymbol{\mu}) \boldsymbol{x} d\boldsymbol{x} = \sum_{j=1}^{k} \mathcal{M}(\boldsymbol{x}=\boldsymbol{v}_j|\boldsymbol{\mu}) \boldsymbol{v}_j = \sum_{j=1}^{k} \mu_j \boldsymbol{v}_j = \boldsymbol{\mu} \qquad (4.25)$$

すなわち $\boldsymbol{\mu}$ はマルチヌーイ分布のパラメータであると同時に、それに従う $\boldsymbol{x}$ の期待値でもある.

章 末 問 題

4-1 多項分布を使い，サイコロを6回振った時に1から6までの目がそれぞれ1回ずつ出る確率を求めよ．階乗や冪乗を使った形で表すだけでよく，それを実際に展開や約分しなくてよい．

4-2 二項分布 $p(r|m,\mu)$ に従う r の期待値 $\mathbb{E}_{p(r|m,\mu)}[r]$ を求めよ．
　ヒント： $s = r-1$ ならびに $h = m-1$ と定義すると，以下の変形を使って新たな二項分布 $p(s|h,\mu)$ が定義できる．

$$\frac{rm!}{r!(m-r)!} = m\frac{(m-1)!}{(r-1)!((m-1)-(r-1))!} = m\frac{h!}{s!(h-s)!} \quad (4.26)$$

　確率変数 s がとりうるすべての値を足し合わせると1になることにより $\sum_{s=0}^{h} p(s|h,\mu) = 1$ であり，これによって式を簡単にできる．

4-3 確率変数の値が任意の非負整数となりうるような確率分布のひとつが**ポアソン分布** (Poisson distribution) である．その確率質量関数は $p(k|\lambda) = \lambda^k \exp(-\lambda)/k!$ と表される．ポアソン分布に従う確率変数の期待値 $\mathbb{E}_{p(k|\lambda)}[k]$ を求めよ．

4-4 観測値 $\boldsymbol{k} = (k^{(1)},...,k^{(n)})$ がそれぞれポアソン分布 $p(k^{(i)}|\lambda) = \lambda^{k^{(i)}}\exp(-\lambda)/k^{(i)}!$ に従うとした時，パラメータ λ の最尤推定量を求めよ．

5 共役事前分布

　機械学習では多数の潜在変数を持つ統計モデルを使うことが多いため，それらの事後分布を効率的に求める必要がある．共役事前分布を使うことで事後分布の式がシンプルになり，実用的な速度でパラメータの推定が可能になる．そのため機械学習の多くの手法において，パラメータの分布として共役事前分布を使用することが標準的となっている．この章では多項分布のパラメータ $\boldsymbol{\mu}$ の共役事前分布であるディリクレ分布，ならびに正規分布の精度パラメータ λ の共役事前分布であるガンマ分布を紹介し，それらが実際に共役事前分布であるということを計算によって確かめていく．

5.1 ディリクレ分布

　ベイズ推定を行う場合，3.3.7項で述べた共役事前分布を使うことで事後分布をシンプルな形に保てる．多項分布に対する共役事前分布はディリクレ分布 (Dirichlet distribution) と呼ばれるが，本節ではこれがどのような形になるべきかを求めていく．まず，多項分布は式 (4.12) で示したように以下の形をしている．

$$p(\boldsymbol{x}|\boldsymbol{\mu}) = \frac{\left(\sum_{j=1}^{k} x_j\right)!}{\prod_{j=1}^{k} x_j!} \prod_{j=1}^{k} \mu_j^{x_j} \tag{5.1}$$

ただし μ_j のとりうる値に関しては以下の制約がある．

$$0 \leq \mu_j \leq 1 \quad \sum_{j=1}^{k} \mu_j = 1$$

共役事前分布はパラメータ $\boldsymbol{\mu}$ についての分布であるので, 式 (5.1) において $\boldsymbol{\mu}$ を含まない部分, すなわち多項係数は考えなくてよい. 多項分布を掛けた時に形が保存されるためには以下の形をしていればよい. $\boldsymbol{\alpha}$ はディリクレ分布のパラメータである. $B(\boldsymbol{\alpha})$ は $p(\boldsymbol{\mu}|\boldsymbol{\alpha})$ をすべての $\boldsymbol{\mu}$ について積分した時に 1 になるように定められる関数であり, **多項ベータ関数** (multinomial beta function) と呼ばれる.

$$p(\boldsymbol{\mu}|\boldsymbol{\alpha}) = \frac{1}{B(\boldsymbol{\alpha})} \prod_{j=1}^{k} \mu_j^{\alpha_j - 1} \tag{5.2}$$

$B(\boldsymbol{\alpha})$ は以下のように定義される.

$$B(\boldsymbol{\alpha}) = \int_0^1 \cdots \int_0^1 \prod_{j=1}^{k} \mu_j^{\alpha_j - 1} d\mu_1 \cdots d\mu_{k-1} \tag{5.3}$$

式 (5.2) では $B(\boldsymbol{\alpha})$ で割ることによって, $\mu_1, ..., \mu_{k-1}$ がとりうるすべての値について $p(\boldsymbol{\mu}|\boldsymbol{\alpha})$ を積分した時に 1 になるようにしている.

$$\begin{aligned}
&\int_0^1 \cdots \int_0^1 p(\boldsymbol{\mu}|\boldsymbol{\alpha}) d\mu_1 \cdots d\mu_{k-1} \\
&= \int_0^1 \cdots \int_0^1 \frac{1}{B(\boldsymbol{\alpha})} \prod_{j=1}^{k} \mu_j^{\alpha_j - 1} d\mu_1 \cdots d\mu_{k-1} \\
&= \frac{1}{B(\boldsymbol{\alpha})} \int_0^1 \cdots \int_0^1 \prod_{j=1}^{k} \mu_j^{\alpha_j - 1} d\mu_1 \cdots d\mu_{k-1} = \frac{B(\boldsymbol{\alpha})}{B(\boldsymbol{\alpha})} = 1
\end{aligned} \tag{5.4}$$

積分変数が μ_{k-1} までとなっているのは多項分布のパラメータは $\sum_{j=1}^{k} \mu_j = 1$ という制約を満たさなくてはならないため, μ_1 から μ_{k-1} までの値が決まれば自動的に μ_k の値が決まり, それを動かして積分する必要がないためである.

式 (5.2) の指数部分において α_j から 1 が引かれているが, α_j に何か別の数を足したり引いたりしても, それに多項分布を掛けた時に関数の形は保存される. なぜ 1 を引くことになっているのかは 5.1.2 項で多項ベータ関数を別の形で定義する際に明らかにする.

5.1.1 ガンマ関数

式 (5.3) で多数の積分を使って定義された多項ベータ関数は実は以下のようにも表せる.

$$B(\boldsymbol{\alpha}) = \frac{\prod_{j=1}^{k} \Gamma(\alpha_j)}{\Gamma\left(\sum_{j=1}^{k} \alpha_j\right)} \tag{5.5}$$

Γ はガンマ関数 (gamma function) と呼ばれ,以下のように積分を使って定義される.

ガンマ関数

$$\Gamma(x) = \int_0^\infty t^{x-1} e^{-t} dt \tag{5.6}$$

ガンマ関数は階乗の定義域を非負の整数から複素数に拡張したものである.実際,n を 1 以上の整数として,階乗の再帰的定義(すなわち自分自身を使った定義)は $0! = 1$ ならびに $n! = n(n-1)!$ であるが,Γ も同じ性質を持つ.まず,$\Gamma(1) = 1$ になることが以下のように示せる.

$$\Gamma(1) = \int_0^\infty t^{1-1} e^{-t} dt = \int_0^\infty e^{-t} dt = [-e^{-t}]_0^\infty = 0 - (-1) = 1 \tag{5.7}$$

$\Gamma(n+1) = n\Gamma(n)$ になることは部分積分を使って以下のように示せる.

$$\begin{aligned}\Gamma(n+1) &= \int_0^\infty t^{(n+1)-1} e^{-t} dt = \int_0^\infty t^n e^{-t} dt \\ &\stackrel{\text{部分積分}}{=} [-t^n e^{-t}]_0^\infty - \left(-\int_0^\infty n t^{n-1} e^{-t} dt\right) = n\Gamma(n)\end{aligned} \tag{5.8}$$

最後の変形で $[-t^n e^{-t}]_0^\infty = 0$ となることは以下のように導ける.テイラー展開により $e^t = \sum_{i=0}^\infty t^i/i!$ である.任意の n について,$t \to \infty$ によって $(n+1)!/t \to 0$ となるため,$t \to \infty$ において $t^n e^{-t} = t^n / \left(\sum_{i=0}^\infty t^i/i!\right) < t^n / (t^{n+1}/(n+1)!) = (n+1)!/t \to 0$ となる.

数学的帰納法により,1 以上の整数 n について $\Gamma(n) = (n-1)!$ になる.式 (5.6) の積分は x が複素数の場合も求められるので,ガンマ関数は階乗の複素数への拡張といえる.

5.1.2 多項ベータ関数とディリクレ分布の規格化定数

ガンマ関数の定義を使い,多項ベータ関数を表す式 (5.5) を式 (5.3) の形に変

形できることを示す．まず，式 (5.5) の分子を変形する．

$$\prod_{j=1}^{k} \Gamma(\alpha_j) = \prod_{j=1}^{k} \int_0^\infty t_j^{\alpha_j - 1} e^{-t_j} dt_1 \cdots dt_k$$
$$= \int_0^\infty \cdots \int_0^\infty t_1^{\alpha_1 - 1} \cdots t_k^{\alpha_k - 1} e^{-\sum_{j=1}^{k} t_j} dt_1 \cdots dt_k \quad (5.9)$$

1 行目の右辺は積分の積を表しているため，それを展開して指数関数の部分をまとめると 2 行目の多重積分になる．$t = \sum_{j=1}^{k} t_j$ と定義し，それを使って $t_k = t - \sum_{j=1}^{k-1} t_j$ を取り除く．積分範囲は $t_j \in [0, \infty)$ より $t = \sum_{j=1}^{k} t_j \in [0, \infty)$ となるため変わらない．

$$\prod_{j=1}^{k} \Gamma(\alpha_j) = \int_0^\infty \cdots \int_0^\infty t_1^{\alpha_1 - 1} \cdots t_{k-1}^{\alpha_{k-1} - 1} \left(t - \sum_{j=1}^{k-1} t_j \right)^{\alpha_k - 1} e^{-t} dt_1 \cdots dt_{k-1} dt \quad (5.10)$$

続いて $j = 1, ..., k-1$ について，$\mu_j = t_j/t$ と定義する．すなわち $t_j = t\mu_j$ となるので，それを代入すると以下が得られる．

【ガンマ関数の総乗の計算】

$$\prod_{j=1}^{k} \Gamma(\alpha_j)$$
$$= \int_0^\infty \cdots \int_0^\infty t^{\alpha_1 - 1} \mu_1^{\alpha_1 - 1} \cdots t^{\alpha_{k-1} - 1} \mu_{k-1}^{\alpha_{k-1} - 1} \left(t - \sum_{j=1}^{k-1} t\mu_j \right)^{\alpha_k - 1} e^{-t} dt_1 \cdots dt_{k-1} dt$$
$$= \int_0^\infty \cdots \int_0^\infty t^{\alpha_1 - 1} \mu_1^{\alpha_1 - 1} \cdots t^{\alpha_{k-1} - 1} \mu_{k-1}^{\alpha_{k-1} - 1} \left(\left(1 - \sum_{j=1}^{k-1} \mu_j \right) t \right)^{\alpha_k - 1} e^{-t} dt_1 \cdots dt_{k-1} dt$$
$$= \int_0^\infty \cdots \int_0^\infty \mu_1^{\alpha_1 - 1} \cdots \mu_{k-1}^{\alpha_{k-1} - 1} \left(1 - \sum_{j=1}^{k-1} \mu_j \right)^{\alpha_k - 1} t^{\sum_{j=1}^{k}(\alpha_j - 1)} e^{-t} dt_1 \cdots dt_{k-1} dt$$
$$= \int_0^\infty \cdots \int_0^\infty \mu_1^{\alpha_1 - 1} \cdots \mu_{k-1}^{\alpha_{k-1} - 1} \left(1 - \sum_{j=1}^{k-1} \mu_j \right)^{\alpha_k - 1} t^{(\sum_{j=1}^{k} \alpha_j) - 1} t^{-(k-1)} e^{-t} dt_1 \cdots dt_{k-1} dt$$
$$(5.11)$$

3 行目から 4 行目の変形では $t^{\alpha_1 - 1}$ から $t^{\alpha_k - 1}$ を末尾に移動させ，$t^{\sum_{j=1}^{k}(\alpha_j - 1)}$ に括り直している．最後の行への変形では t の指数について $\sum_{j=1}^{k}(\alpha_j - 1) =$

5.1 ディリクレ分布

$\left(\sum_{j=1}^{k} \alpha_j\right) - 1 - (k-1)$ となることを使っている.

まだ定義されていなかった μ_k を $1 - \sum_{j=1}^{k-1} \mu_j$ と定義する. これによって $\sum_{j=1}^{k} \mu_j = 1$ という条件が満たされるようになる. 続いて $j = 1, ..., k-1$ について, $\mu_j = t_j/t$ から得られる $d\mu_j/dt_j = 1/t$ すなわち $t^{-1} dt_j = d\mu_j$ を使って積分変数を置き換える. この変数変換によって式 (5.11) の最後の行の $t^{-(k-1)} dt_1 \cdots dt_{k-1}$ が $d\mu_1 \cdots d\mu_{k-1}$ に変わる. また, 各 μ_j の積分範囲は $[0, 1]$ になる. それは μ_j を $[0, 1]$ の範囲で, t を $[0, \infty)$ の範囲で動かすことで, それらの積である t_j が $[0, \infty)$ の範囲を動くからである.

$$\prod_{j=1}^{k} \Gamma(\alpha_j)$$
$$= \int_0^1 \cdots \int_0^1 \mu_1^{\alpha_1 - 1} \cdots \mu_k^{\alpha_k - 1} d\mu_1 \cdots d\mu_{k-1} \int_0^{\infty} t^{\sum_{j=1}^{k} \alpha_j - 1} e^{-t} dt$$
$$= \int_0^1 \cdots \int_0^1 \prod_{j=1}^{k} \mu_j^{\alpha_j - 1} d\mu_1 \cdots d\mu_{k-1} \int_0^{\infty} t^{\sum_{j=1}^{k} \alpha_j - 1} e^{-t} dt \qquad (5.12)$$

この式の最後の積分は $\Gamma\left(\sum_{j=1}^{k} \alpha_j\right)$ であり, 式 (5.5) の分母と一致するため, 相殺する. 残る積分は式 (5.3) と一致する.

以上の結果に基づき, 式 (5.5) を使ってディリクレ分布を書き直すと以下になる.

ディリクレ分布（多項分布のパラメータ $\boldsymbol{\mu}$ の共役事前分布）

$$\mathcal{D}(\boldsymbol{\mu}|\boldsymbol{\alpha}) = \frac{\Gamma\left(\sum_{j=1}^{k} \alpha_j\right)}{\prod_{j=1}^{k} \Gamma(\alpha_j)} \prod_{j=1}^{k} \mu_j^{\alpha_j - 1} \qquad (5.13)$$

式 (5.2) において α_j から 1 が引かれていたのは, これらの対応を成り立たせるためである.

式 (5.1) にあるように, 多項分布の係数は階乗の分数だった. 一方, ディリクレ分布の係数はガンマ関数の分数である. 5.1.1 項で述べたようにガンマ関数は階乗の一般化であり, これがディリクレ分布と多項分布の繋がりにも現れている.

5.1.3 多項分布のベイズ推定

事前分布にディリクレ分布を使うと多項分布のパラメータ $\boldsymbol{\mu}$ に対する事後分布がディリクレ分布の形になるため，これを使ってベイズ推定が行える．事前分布にディリクレ分布，尤度関数に多項分布を使い，ベイズの定理に代入すると，事後分布もディリクレ分布になることが以下のように示せる．

$$p(\boldsymbol{\mu}|\boldsymbol{x},\boldsymbol{\alpha}) = \frac{p(\boldsymbol{x}|\boldsymbol{\mu})p(\boldsymbol{\mu}|\boldsymbol{\alpha})}{p(\boldsymbol{x}|\boldsymbol{\alpha})} = \prod_{j=1}^{k} \mu_j^{x_j} \frac{1}{B(\boldsymbol{\alpha})} \prod_{j=1}^{k} \mu_j^{\alpha_j-1} \frac{1}{p(\boldsymbol{x}|\boldsymbol{\alpha})}$$

$$= \frac{1}{p(\boldsymbol{x}|\boldsymbol{\alpha})B(\boldsymbol{\alpha})} \prod_{j=1}^{k} \mu_j^{x_j+\alpha_j-1} \tag{5.14}$$

$\boldsymbol{\mu}$ の関数としての形は $\prod_{j=1}^{k} \mu_j^{x_j+\alpha_j-1}$ だけで決まる．この部分はパラメータが $\boldsymbol{x}+\boldsymbol{\alpha}$ であるディリクレ分布と一致している．この時，2.7 節で述べた議論に基づき，$\prod_{j=1}^{k} \mu_j^{x_j+\alpha_j-1}$ の部分を規格化するとディリクレ分布になるはずである．ゆえに $p(\boldsymbol{x}|\boldsymbol{\alpha})B(\boldsymbol{\alpha})$ は規格化定数であり，それはディリクレ分布の規格化定数と一致する．指数部分が $x_j + \alpha_j - 1$ になっているため，パラメータは $x_j + \alpha_j$ であり，規格化定数は $B(\boldsymbol{x}+\boldsymbol{\alpha})$ でなくてはならない．実際，これは多項係数と多項ベータ関数の定義に従って計算することでも求められる．

MAP 推定の場合，事後分布が最大となる $\boldsymbol{\mu}$ の値を求める．ディリクレ分布の最大値は多項分布に対する最尤法の場合（4.2.2 項）と同様にラグランジュ未定乗数法で求められる．

問 5-1 事後分布が式 (5.14) で表される時，$\boldsymbol{\mu}$ の MAP 推定量を求めよ．

[解答] $\sum_{j=1}^{k} \mu_j = 1$ という制約のもとで $\log p(\boldsymbol{\mu}|\boldsymbol{x},\boldsymbol{\alpha})$ を最大化するため，ラグランジュ未定乗数法を使う．

$$\nabla \left(-\log\left(p(\boldsymbol{x}|\boldsymbol{\alpha})B(\boldsymbol{\alpha})\right) + \sum_{j=1}^{k}(x_j+\alpha_j-1)\log\mu_j \right) = \lambda \nabla \left(\sum_{j=1}^{k} \mu_j - 1 \right) \tag{5.15}$$

∇ はパラメータベクトル $\boldsymbol{\mu}$ の各成分 μ_h で微分して勾配ベクトルを作ることを意味するため，μ_h ごとに分けて書くと以下である．

$$\frac{\partial}{\partial \mu_h} \left(-\log\left(p(\boldsymbol{x}|\boldsymbol{\alpha})B(\boldsymbol{\alpha})\right) + \sum_{j=1}^{k}(x_j+\alpha_j-1)\log\mu_j \right)$$

$$= \lambda \frac{\partial}{\partial \mu_h} \left(\sum_{j=1}^{k} \mu_j - 1 \right) \tag{5.16}$$

実際に微分すると以下が得られる.

$$\frac{x_h + \alpha_h - 1}{\mu_h} = \lambda \tag{5.17}$$

両辺に μ_h を掛け,すべての h について足し合わせ, $\sum_{h=1}^{k} \mu_h = 1$ を利用すると以下が得られる.

$$\sum_{h=1}^{k} (x_h + \alpha_h - 1) = \lambda \sum_{h=1}^{k} \mu_h = \lambda \tag{5.18}$$

これを式 (5.17) に代入して μ_j について解くと以下が得られる.

$$\mu_j = \frac{x_j + \alpha_j - 1}{\sum_{h=1}^{k} (x_h + \alpha_h - 1)} \tag{5.19}$$

$\mu_j \to 1$ で $\log p(\boldsymbol{\mu}|\boldsymbol{x}, \boldsymbol{\alpha}) \to 0$ となるため,式 (5.19) は最大値であり,MAP 推定量 $\hat{\mu}_{j,MAP}$ となる.

この結果を見ると,実際の観測結果 x_j に α_j が足されたものが事後分布のパラメータになっていることが分かる.これは正規分布の場合と同様,ハイパーパラメータ $\boldsymbol{\alpha}$ が疑似観測値を表すことを意味している.多項分布の場合,多数の選択肢の中から選択が繰り返し行われるので,それぞれが仮想的に選択された回数を並べたベクトルの形をしている.ただし $\boldsymbol{x}$ の成分と違って $\boldsymbol{\alpha}$ の成分は整数でなくてもよいため,より細かな先験的知識(アプリオリな知識)を事前分布に盛り込める.

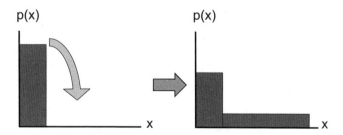

図 5.1 スムージング.本来 $p(x|\theta) = 0$ である x についても若干の値を足す.それでもすべての可能性についての総和が 1 になるよう,尤度が高い部分の値が減らされる.

たとえば一度も観測されていない値についてもそれが生じる確率がある程度存在するとみなすことを意味する．この考え方はスムージング (smoothing) と呼ばれる（図 5.1）．今まで起きたことがないからといって，これからも起きないとは言い切れないという考え方を推定に持ち込んでいるといえる．

5.1.4 ベータ分布

二項分布の事前分布として使えるのがベータ分布 (beta distribution) であるが，二項分布が 2 次元の多項分布であることから予想されるように，ベータ分布は単に 2 次元のディリクレ分布である．式 (5.2) で次元を表す k に 2 を代入し，α_1 を a に，α_2 を b に，μ_1 を μ に，μ_2 を $1-\mu$ に置き換えると以下が得られる．

ベータ分布（二項分布のパラメータ μ の共役事前分布）
$$p(\mu|a,b) = \frac{1}{B(a,b)} \mu^{a-1}(1-\mu)^{b-1} \tag{5.20}$$

ただし 2 次元の多項ベータ関数 $B((a,b))$ を $B(a,b)$ で表した．これはベータ関数 (beta function) と呼ばれ，式 (5.3) における多項ベータ関数を 2 次元にすることで以下のように定義できる．

$$B(a,b) = \int_0^1 \mu^{a-1}(1-\mu)^{b-1} d\mu \tag{5.21}$$

言い換えればベータ関数を一般の次元に拡張したものが多項ベータ関数であ

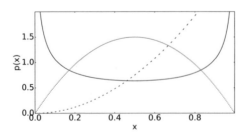

図 5.2　ベータ分布 $p(x|a,b)$ の例．実線は $p(x|0.5, 0.5)$，点線は $p(x|2, 2)$，破線は $p(x|3, 1)$ の場合を表している．

るといえる．図 5.2 にベータ分布の例を示した．

5.2 ガンマ分布

観測値が正規分布 $\mathcal{N}(x|\mu, \sigma^2)$ に従うとする時，その平均パラメータ μ に対してベイズ推定を行うための共役事前分布としては正規分布 $\mathcal{N}(\mu|\psi, \rho^2)$ が使えることは 3.3.6 項で述べた．正規分布 $\mathcal{N}(x|\mu, \sigma^2)$ のもうひとつのパラメータである分散 σ^2 に対してベイズ推定を行う場合，共役事前分布はどうしたらよいだろうか．

σ^2 の事前分布として正規分布 $\mathcal{N}(\sigma^2|\phi, \eta^2)$ を使うと，事後分布は事前分布と同じ関数形にならない．それは $\mathcal{N}(\sigma^2|\phi, \eta^2) = (1/\sqrt{2\pi\eta^2}) \exp(-(\sigma^2 - \phi)^2/2\eta^2)$ では σ^2 は指数関数の中にしか現れていないのに対し，尤度関数 $\mathcal{N}(x|\mu, \sigma^2) = (1/\sqrt{2\pi\sigma^2}) \exp(-(x-\mu)^2/2\sigma^2)$ では σ^2 が係数の分母と指数関数の中で合わせて二か所に現れているため，両者を掛け合わせて得られる事後分布でも σ^2 が二か所に現れるようになり，事前分布と事後分布で σ^2 についての形が変わってしまうためである．これでは共役事前分布とはいえない．

σ^2 についての共役事前分布としては σ^2 が係数部分と指数関数内の両方で現れる分布が望ましい．しかし σ^2 は係数においても指数関数の中においても分母に入っているため，そのままでは計算が煩雑になる．そこで σ^2 の逆数をパラメータにする．分散の逆数 $1/\sigma^2$ の値が決まれば分散や標準偏差も決まるため，正規分布の形を決める上ではどれをパラメータにしても問題ない．分散の逆数を精度 (precision) と呼び，λ で表す．標準偏差 σ や分散 σ^2 の代わりに精度 $\lambda = 1/\sigma^2$ をパラメータとした場合，正規分布は以下のようにラプラス分布（式 (2.34)）と似た式で表せる．ただし左辺では $\lambda^{-1} = 1/\lambda = \sigma^2$ となることを使い，精度の逆数 λ^{-1} をこれまで分散パラメータを置いていた位置に入れた．

$$\mathcal{N}(x|\mu, \lambda^{-1}) = \frac{\lambda^{1/2}}{\sqrt{2\pi}} \exp\left(-\frac{\lambda(x-\mu)^2}{2}\right) \quad (5.22)$$

精度というのは正規分布を誤差の分布とみなせることから来ている名称である．分散が大きければ正規分布は横に広がった形になるが，精度が高ければ誤差が小さい，すなわち μ のまわりに集中した分布になる．

式 (5.22) を精度 λ の関数としてみると，比較的シンプルな形をしている．

$a = 1/\sqrt{2\pi}$, $b = (x-\mu)^2/2$ と定義すると，以下が得られる．

$$\mathcal{N}(x|\mu, \lambda^{-1}) = a\lambda^{1/2}\exp(-b\lambda) \tag{5.23}$$

ある変数の冪乗（1/2 乗）とその指数関数が掛け合わされた形はこれまでに現れていないだろうか．そう，これはガンマ関数（式 (5.6)）の被積分関数 $t^{x-1}e^{-t}$ に似ている．指数部分に係数 b が掛かっているという違いがあるが，これは変数変換によって吸収できる．

そこで λ の共役事前分布を以下のようにガンマ関数を使って規格化する形で定義する．これはガンマ分布 (gamma distribution) と呼ばれ，本書では $\mathcal{G}$ で表す（図 5.3）．

ガンマ分布（正規分布の精度パラメータ λ の共役事前分布）

$$\mathcal{G}(\lambda|\kappa, \xi) = \frac{\xi^\kappa}{\Gamma(\kappa)}\lambda^{\kappa-1}\exp(-\xi\lambda) \tag{5.24}$$

κ は形状パラメータ (shape parameter)，ξ はレートパラメータ (rate parameter) と呼ばれる．これらはいずれも正でなくてはならない．

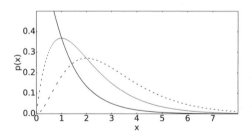

図 5.3 ガンマ分布 $\mathcal{G}(x|\kappa, \xi)$ の例．実線は $\mathcal{G}(x|1, 1)$，点線は $\mathcal{G}(x|2, 1)$，破線は $\mathcal{G}(x|3, 1)$ を表している．

問 5-2 ガンマ分布を表す式 (5.24) を $[0, \infty)$ の範囲で積分した時，1 になることを確認せよ．

5.2 ガンマ分布

[解答]　$t = \xi\lambda$ と定義し，$dt/d\lambda = \xi$ となることを使って変数変換する．

$$\int \mathcal{G}(\lambda|\kappa,\xi)d\lambda = \int \frac{\xi^\kappa}{\Gamma(\kappa)}\lambda^{\kappa-1}\exp(-\xi\lambda)d\lambda$$

$$= \frac{1}{\Gamma(\kappa)}\int (\xi\lambda)^{\kappa-1}\exp(-\xi\lambda)\xi d\lambda = \frac{1}{\Gamma(\kappa)}\int t^{\kappa-1}\exp(-t)\frac{dt}{d\lambda}d\lambda$$

$$= \frac{1}{\Gamma(\kappa)}\int t^{\kappa-1}\exp(-t)dt = \frac{\Gamma(\kappa)}{\Gamma(\kappa)} = 1 \tag{5.25}$$

問 5-3　正規分布の精度パラメータ λ の共役事前分布としてガンマ分布 $\mathcal{G}(\lambda|\kappa,\xi)$ を使ったとする．この時，$\boldsymbol{x}$ を観測値ベクトルとした時の λ の対数尤度 $\log p(\boldsymbol{x}|\mu,\lambda^{-1})$ と事前分布の対数 $\log \mathcal{G}(\lambda|\kappa,\xi)$ を求めよ．個々の観測値は $x^{(i)}$ で表すこと．これらを足し合わせることで事後分布がガンマ分布になることを確認せよ．2.7 節で述べた規格化の議論により，λ を含む項（すなわち定数以外の部分）がガンマ分布の形になっていることを示せば十分である．

[解答]

$$\log p(\boldsymbol{x}|\mu,\lambda^{-1}) = \log \prod_{i=1}^n \mathcal{N}(x^{(i)}|\mu,\lambda^{-1}) = \sum_{i=1}^n \log \mathcal{N}(x^{(i)}|\mu,\lambda^{-1})$$

$$= \sum_{i=1}^n \left(\frac{1}{2}\log\lambda - \frac{1}{2}\log 2\pi - \frac{\lambda(x^{(i)}-\mu)^2}{2}\right) \tag{5.26}$$

$$\log \mathcal{G}(\lambda|\kappa,\xi) = -\log\Gamma(\kappa) + \kappa\log\xi + (\kappa-1)\log\lambda - \xi\lambda \tag{5.27}$$

両者の和は以下になる．ただし c は定数である．

$$\log p(\boldsymbol{x}|\mu,\lambda^{-1}) + \log\mathcal{G}(\lambda|\kappa,\xi)$$
$$= \frac{n}{2}\log\lambda - \frac{\lambda}{2}\sum_{i=1}^n (x^{(i)}-\mu)^2 + (\kappa-1)\log\lambda - \xi\lambda + c$$
$$= \left(\kappa + \frac{n}{2} - 1\right)\log\lambda - \left(\xi + \frac{\sum_{i=1}^n (x^{(i)}-\mu)^2}{2}\right)\lambda + c \tag{5.28}$$

これがガンマ分布の対数の形であることは式 (5.27) の λ を含む項と比較することで分かる．ゆえに式 (5.28) の指数を規格化したものはガンマ分布になる．すなわち事後分布 $\log p(\lambda|\boldsymbol{x},\kappa,\xi)$ もガンマ分布となることがいえた．

式 (5.28) を見ると，事後分布では形状パラメータが $\kappa+(n/2)$ に変わることが分かる．これはガンマ分布を精度の事前分布として使った時，形状パラメータ κ が標本数を 2 倍した値の疑似観測値であることを示している．実際，κ をひとつ増やすことは標本数 n を二つ増やす効果がある．

以下のように $\kappa=1$ のガンマ分布は式 (2.31) で示した指数分布と一致する．

$$\mathcal{G}(\lambda|1,\xi) = \frac{\xi}{\Gamma(1)}\exp(-\xi\lambda) = \xi\exp(-\xi\lambda) \tag{5.29}$$

ゆえに指数分布を精度パラメータの事前分布として使用することもできる．ただしその場合，事後分布として得られるのは指数分布ではなく一般のガンマ分布になる．

ガンマ分布のうち，$\xi=1/2$ に設定し，$\nu=2\kappa$ と定義されるパラメータで表したものは χ^2 分布 (chi-squared distribution) またはカイ二乗分布と呼ばれる．ν は自由度 (degree of freedom) であり，正の整数でなければならない．正規分布に従う確率変数 x の二乗 x^2 は χ^2 分布に従うことが知られている．また，χ^2 分布に基づく χ^2 検定は広く使われている．

χ^2（カイ二乗）分布

$$\chi^2(\lambda|\nu) = \mathcal{G}\left(\lambda\left|\frac{\nu}{2},\frac{1}{2}\right.\right) = \frac{\frac{1}{2}^{\frac{\nu}{2}}}{\Gamma\left(\frac{\nu}{2}\right)}\lambda^{\frac{\nu}{2}-1}\exp\left(-\frac{\lambda}{2}\right) \tag{5.30}$$

5.3　正規-ガンマ分布

正規分布 $\mathcal{N}(x|\mu,\lambda^{-1})$ のパラメータについて，平均 μ については正規分布，精度 λ についてはガンマ分布が事前分布として使えることを述べた．二つのパラメータを別々に推定する場合にはそれでもよいが，実用上は両者を共に推定したいことが多い．この場合，両パラメータの同時分布 $p(\mu,\lambda|\boldsymbol{x})$ に基づき，事後分布 $p(\mu,\lambda|\boldsymbol{x})$ を求めることが目的となる．これが分かれば以下のように 3.3.8 項で述べたベイズ推定が行える．

$$p(y|\boldsymbol{x}) = \mathbb{E}_{p(\mu,\lambda|\boldsymbol{x})}[p(y|\mu,\lambda)] = \int p(y|\mu,\lambda)p(\mu,\lambda|\boldsymbol{x})d\mu d\lambda \tag{5.31}$$

5.3 正規-ガンマ分布

μ と λ が独立であると考えるなら, $p(\mu, \lambda) = p(\mu)p(\lambda) = \mathcal{N}(\mu|\psi, \rho^{-1})\mathcal{G}(\lambda|\kappa, \xi)$ のように正規分布とガンマ分布の積で同時分布を表せる. この時, μ の分布は λ から影響を受けない. しかし観測値 x とその平均 μ は同じ種類の値である. たとえば x が速度なら μ も速度である [*1]. そのため両者は類似する分布に従うことが期待されないだろうか. すなわち x だけでなく μ もまた λ をパラメータとして分布していると仮定できないだろうか. これには λ を x の生成と μ の生成で二度使いまわす方法が考えられる. しかし x の分布と μ の分布がまったく同じ分布に従うと考えるのは制約が強すぎるため, 両者のスケールは異なっているとしたい. このスケールの違いを表す新たなパラメータ β を導入する. すなわち μ の事前分布 $\mathcal{N}(\mu|\psi, \rho^{-1})$ において $\rho = \lambda$ とおくのではなく, $\rho = \beta\lambda$ と定義する. このようにして得られる μ と λ の同時分布を**正規-ガンマ分布** (normal-gamma distribution) と呼び, 本書では $\mathcal{NG}$ で表す.

正規-ガンマ分布

$$\mathcal{NG}(\mu, \lambda|\psi, \beta, \kappa, \xi) = \mathcal{N}(\mu|\psi, (\beta\lambda)^{-1})\mathcal{G}(\lambda|\kappa, \xi) \tag{5.32}$$

β によって λ のスケールを変えてしまうなら, x と μ の間で精度パラメータの共有がそれほど行われていないように感じられる. もちろん, 形状パラメータ κ によって決まる分布の形状は共有されるが, スケールは異なってしまう. 実際, パラメータの共有が特に有効になるのは μ を平均ベクトル $\boldsymbol{\mu}$ に拡張し, 正規-ガンマ分布の多次元版である**正規-ウィシャート分布** (normal-Wishart distribution) を多変量正規分布の共役事前分布として使う時である. この時, 精度に関するパラメータはスカラーである λ の代わりに精度行列 $\boldsymbol{\Lambda}$ になる. β によってスケーリングしても精度行列の成分間の比率は保たれるため, $\boldsymbol{x}$ と $\boldsymbol{\mu}$ の間で分布の形状が共有されることになる. また, 一方の精度行列をもう一方のスカラー倍 (β 倍) とすることには推定すべきパラメータの数を減らすというメリットもある. $\boldsymbol{x}$ と $\boldsymbol{\mu}$ のそれぞれに別の精度行列を使う場合と比べ, パラメータの

[*1] 物理学の用語を使うなら両者は同じ次元に存在する.

数はおよそ半分になる．パラメータの多すぎるモデルは**過剰適合** (overfitting) という現象を起こすことがあるため，それを防ぐためにパラメータ数を抑制することは有益である．

正規-ガンマ分布の対数は以下になる．

$$\log \mathcal{NG}(\mu, \lambda | \psi, \beta, \kappa, \xi) = \log \mathcal{N}(\mu | \psi, (\beta\lambda)^{-1}) + \log \mathcal{G}(\lambda | \kappa, \xi)$$
$$= \frac{1}{2}\log\beta\lambda - \frac{1}{2}\log 2\pi - \frac{\beta\lambda}{2}(\mu - \psi)^2 + \kappa\log\xi - \log\Gamma(\kappa)$$
$$+ (\kappa - 1)\log\lambda - \xi\lambda \tag{5.33}$$

正規分布のパラメータ μ と λ の事前分布として正規-ガンマ分布を使った場合，観測値ベクトル $\boldsymbol{x}$ に基づく対数事後分布はベイズの定理に基づき，以下のように求められる．ただし標本平均 $\bar{x} = (1/n)\sum_{i=1}^{n} x^{(i)}$ を使うことで式を簡潔にした．また，μ と λ を含まない定数項は c や c', c'' で表した．

【正規-ガンマ分布における対数事後分布の展開（第一段階）】

$$\log p(\mu, \lambda | \boldsymbol{x}, \psi, \beta, \kappa, \xi) = \log \frac{p(\boldsymbol{x}|\mu, \lambda^{-1})p(\mu, \lambda|\psi, \beta, \kappa, \xi)}{p(\boldsymbol{x}|\boldsymbol{\alpha})}$$

$$= \sum_{i=1}^{n} \log \mathcal{N}(x^{(i)}|\mu, \lambda^{-1}) + \log \mathcal{NG}(\mu, \lambda|\psi, \beta, \kappa, \xi) - \log p(\boldsymbol{x}|\boldsymbol{\alpha})$$

$$= \sum_{i=1}^{n} \log \mathcal{N}(x^{(i)}|\mu, \lambda^{-1}) + \log \mathcal{N}(\mu|\psi, (\beta\lambda)^{-1}) + \log \mathcal{G}(\lambda|\kappa, \xi) + c$$

$$= \sum_{i=1}^{n} \left(\frac{1}{2}\log\lambda - \frac{\lambda}{2}(x^{(i)} - \mu)^2\right) + \left(\frac{1}{2}\log\beta\lambda - \frac{\beta\lambda}{2}(\mu - \psi)^2\right)$$
$$+ (\kappa - 1)\log\lambda - \xi\lambda + c'$$

$$= \frac{n}{2}\log\lambda - \frac{\lambda}{2}\sum_{i=1}^{n}(x^{(i)} - \mu)^2 + \frac{1}{2}\log\beta + \frac{1}{2}\log\lambda - \frac{\beta\lambda}{2}(\mu - \psi)^2$$
$$+ (\kappa - 1)\log\lambda - \xi\lambda + c'$$

$$= \frac{1}{2}\log\lambda - \frac{\lambda}{2}\sum_{i=1}^{n}(x^{(i)2} - 2x^{(i)}\mu + \mu^2) - \frac{\beta\lambda}{2}(\mu^2 - 2\mu\psi + \psi^2)$$
$$+ \left(\frac{n}{2} + \kappa - 1\right)\log\lambda - \xi\lambda + c''$$

$$= \frac{1}{2}\log\lambda - \frac{(n+\beta)\lambda}{2}\mu^2 + (n\bar{x} + \beta\psi)\lambda\mu - \frac{\lambda}{2}\sum_{i=1}^{n}x^{(i)2} - \frac{\beta\psi^2}{2}\lambda$$

$$+ \left(\frac{n}{2} + \kappa - 1\right) \log \lambda - \xi \lambda + c'' \tag{5.34}$$

問 5-4 式 (5.34) の最右辺を μ について平方完成し，式 (5.33) に現れる正規-ガンマ分布のパラメータ ψ, β, κ, ξ と対応付けを行うことで，事後分布 $p(\mu, \lambda | \boldsymbol{x}, \psi, \beta, \kappa, \xi)$ を求めよ．なお，標本平均 $\bar{x} = (1/n) \sum_{i=1}^{n} x^{(i)}$ ならびに標本分散 $s = (1/n) \sum_{i=1}^{n} (x^{(i)} - \bar{x})^2$ を使うと式が簡潔になる．

[解答]

【正規-ガンマ分布における対数事後分布の展開（第二段階）】

$$\begin{aligned}
&\log p(\mu, \lambda | \boldsymbol{x}, \psi, \beta, \kappa, \xi) \\
&= \frac{1}{2} \log \lambda - \frac{(n+\beta)\lambda}{2} \left(\mu - \frac{n\bar{x} + \beta\psi}{n+\beta}\right)^2 + \frac{(n+\beta)\lambda}{2} \left(\frac{n\bar{x} + \beta\psi}{n+\beta}\right)^2 \\
&\quad + \left(\frac{n}{2} + \kappa - 1\right) \log \lambda - \left(\frac{1}{2} \sum_{i=1}^{n} x^{(i)2} + \frac{\beta\psi^2}{2} + \xi\right) \lambda + c'' \\
&= \frac{1}{2} \log(n+\beta) + \frac{1}{2} \log \lambda - \frac{(n+\beta)\lambda}{2} \left(\mu - \frac{n\bar{x} + \beta\psi}{n+\beta}\right)^2 + \left(\frac{n}{2} + \kappa - 1\right) \log \lambda \\
&\quad - \left(-\frac{(n\bar{x} + \beta\psi)^2}{2(n+\beta)} + \frac{1}{2} \sum_{i=1}^{n} x^{(i)2} + \frac{\beta\psi^2}{2} + \xi\right) \lambda + c''' \\
&= \frac{1}{2} \log(n+\beta)\lambda - \frac{(n+\beta)\lambda}{2} \left(\mu - \frac{n\bar{x} + \beta\psi}{n+\beta}\right)^2 + \left(\frac{n}{2} + \kappa - 1\right) \log \lambda \\
&\quad - \left(\frac{1}{2} \left(ns + \frac{n\beta(\bar{x} - \psi)^2}{n+\beta}\right) + \xi\right) \lambda + c''' \tag{5.35}
\end{aligned}$$

2 行目から 3 行目への変形において，先頭に定数項である $(1/2)\log(n+\beta)$ を足した．これと $(1/2)\log\lambda$ を足すことで $(1/2)\log(n+\beta)\lambda$ を作り，μ についての正規分布 $\mathcal{N}(\mu | (n\bar{x} + \beta\psi)/(n+\beta), ((n+\beta)\lambda)^{-1})$ の係数（規格化定数）として使うためである．

式 (5.35) は定数項以外の部分は正規-ガンマ分布の対数を表す式 (5.33) と同じ形をしている．形状パラメータとレートパラメータの値は変わっているが，それは問題ない．ゆえに正規-ガンマ分布は μ と λ に対する共役事前分布となっている．式 (5.35) において式 (5.33) の ψ, β, κ, ξ に相当する部分を抜き出すと，以

下のように事後分布を新たなパラメータを使った正規-ガンマ分布として表せる.

$$
\begin{aligned}
&p(\mu, \lambda | \boldsymbol{x}, \psi, \beta, \kappa, \xi) \\
&= \mathcal{NG}\left(\mu, \lambda \left| \frac{n\bar{x} + \beta\psi}{n+\beta}, n+\beta, \frac{n}{2}+\kappa, \frac{1}{2}\left(ns + \frac{n\beta(\bar{x}-\psi)^2}{n+\beta}\right) + \xi\right.\right)
\end{aligned}
\tag{5.36}
$$

正規-ガンマ分布にパラメータ β を導入する理由について, x と μ が同じスケールの分布に従うとみなすのは制約が強すぎるためと説明したが, もし式 (5.32) で β を入れずに μ の事前分布のパラメータとして λ を使ったとすると, 式 (5.35) に現れているように事前分布と事後分布の間で μ についての二次式の係数が異なってしまい, 分布を同じ関数で表せなくなる. β を入れることで μ の二次式の係数の変化を β から $n+\beta$ への変化として吸収できるため, 事後分布の形が事前分布と同じになる. すなわち β は正規-ガンマ分布が μ と λ の共役事前分布となるために必要なパラメータである.

さて, 3.3.6 項では正規分布の平均パラメータ μ の事前分布として正規分布を使った. また, 5.2 節では正規分布の精度パラメータ λ の事前分布としてガンマ分布を使った. そして本節では μ と λ の同時分布の共役事前分布として正規-ガンマ分布について述べた. 正規分布とガンマ分布は単独では μ と λ の共役事前分布ではないのだろうか.

実は正規分布とガンマ分布は単独では $\boldsymbol{\theta} = \{\mu, \theta\}$ というパラメータ集合の条件付き共役事前分布 (conditionally conjugate prior) と呼ばれるものになっている. これはパラメータ集合の一部を固定した時, 事後分布と形が同一になる

表 5.1 一般的な確率分布のパラメータとその共役事前分布

確率分布	パラメータ	共役事前分布
正規分布	平均 μ	正規分布 (条件付き共役)
	精度 λ	ガンマ分布 (条件付き共役)
	分散 σ^2	逆ガンマ分布 (条件付き共役)
	平均 μ と精度 λ	正規-ガンマ分布
ベルヌーイ分布	平均 μ	ベータ分布
二項分布	平均 μ	ベータ分布
マルチヌーイ分布	平均 $\boldsymbol{\mu}$	ディリクレ分布
多項分布	平均 $\boldsymbol{\mu}$	ディリクレ分布

5.3 正規-ガンマ分布

という事前分布である．すなわちパラメータ集合 $\boldsymbol{\theta}$ を $\boldsymbol{\theta}^{(1)}$ と $\boldsymbol{\theta}^{(2)}$ という二つの集合に分けた時，事後分布 $p(\boldsymbol{\theta}^{(1)}|\boldsymbol{x}, \boldsymbol{\theta}^{(2)})$ の関数形が事前分布 $p(\boldsymbol{\theta}^{(1)}|\boldsymbol{\theta}^{(2)})$ の形と同じになるというものである．実際，正規分布が μ の共役事前分布となるのは λ を固定した時であり，またガンマ分布が λ の共役事前分布となるのは μ を固定した時であった．以上の関係を表 5.1 にまとめた．

5.3.1 t 分布

正規分布において平均は μ であることが分かっているが，その精度パラメータが未知の状況を考える．未知の値があれば確率変数で表してしまうのがベイズ統計の考え方である．そこで精度を確率変数とみなし，ガンマ分布に従うとみなす．これまでは正規-ガンマ分布を平均パラメータ μ と精度パラメータ λ の同時分布として使っていたが，ここでは観測値 x と精度 λ の同時分布 $p(x, \lambda)$ を考え，それが $\beta = 1$ の正規-ガンマ分布 $\mathcal{NG}(x, \lambda|\mu, 1, \kappa, \xi)$ に従っているとする．

$$\mathcal{NG}(x, \lambda|\mu, 1, \kappa, \xi) = \mathcal{N}(x|\mu, \lambda^{-1})\mathcal{G}(\lambda|\kappa, \xi)$$
$$= \frac{\lambda^{\frac{1}{2}}}{\sqrt{2\pi}} \exp\left(-\frac{\lambda}{2}(x-\mu)^2\right) \frac{\xi^{\kappa}}{\Gamma(\kappa)} \lambda^{\kappa-1} \exp(-\xi\lambda) \tag{5.37}$$

3.3.8 項で述べたように，ベイズ推定ではパラメータの値について積分することでそのすべての可能性について考慮した予測を行う．この場合，λ は未知であるが，それを周辺化することで λ のすべての値を考慮した場合の x の分布が得られる．

$$\begin{aligned} p(x|\mu, \kappa, \xi) &= \int \mathcal{NG}(x, \lambda|\mu, 1, \kappa, \xi) d\lambda \\ &= \int \frac{\lambda^{\frac{1}{2}}}{\sqrt{2\pi}} \exp\left(-\frac{\lambda}{2}(x-\mu)^2\right) \frac{\xi^{\kappa}}{\Gamma(\kappa)} \lambda^{\kappa-1} \exp(-\xi\lambda) d\lambda \\ &= \frac{\xi^{\kappa}}{\sqrt{2\pi}\Gamma(\kappa)} \int \lambda^{\kappa-\frac{1}{2}} \exp\left(-\left(\frac{(x-\mu)^2}{2} + \xi\right)\lambda\right) d\lambda \end{aligned} \tag{5.38}$$

> **問 5-5** 式 (5.38) の右辺の積分を求め，$p(x|\mu,\kappa,\xi)$ を二つのガンマ関数を使った形で表現せよ．
>
> [解答]　$y = ((x-\mu)^2/2 + \xi)\lambda$ という変数変換を行う．
>
> $$\begin{aligned}p(x|\mu,\kappa,\xi) &= \frac{\xi^\kappa}{\sqrt{2\pi}\Gamma(\kappa)}\left(\frac{(x-\mu)^2}{2}+\xi\right)^{-\kappa+\frac{1}{2}}\int y^{\kappa-\frac{1}{2}}\exp(-y)\frac{d\lambda}{dy}dy \\ &= \frac{\xi^\kappa}{\sqrt{2\pi}\Gamma(\kappa)}\left(\frac{(x-\mu)^2}{2}+\xi\right)^{-\kappa-\frac{1}{2}}\int y^{\kappa-\frac{1}{2}}\exp(-y)dy\end{aligned}$$
> (5.39)
>
> 式 (5.6) で示したガンマ関数を使うと，積分の部分は $\Gamma(\kappa+1/2)$ に置き換えられる．
>
> $$p(x|\mu,\kappa,\xi) = \frac{\xi^\kappa}{\sqrt{2\pi}\Gamma(\kappa)}\left(\frac{(x-\mu)^2}{2}+\xi\right)^{-\kappa-\frac{1}{2}}\Gamma\left(\kappa+\frac{1}{2}\right) \quad (5.40)$$

ここで新たなパラメータ $\nu = 2\kappa$ ならびに $\zeta = \kappa/\xi$ を定義し，それを使う形に書き換えて得られるのが t 分布 (Student's t-distribution) である．

> **t 分布**
> $$\mathcal{T}(x|\nu,\mu,\zeta) = \frac{\Gamma(\frac{\nu+1}{2})}{\Gamma(\frac{\nu}{2})}\left(\frac{\zeta}{\pi\nu}\right)^{1/2}\left(\frac{\zeta(x-\mu)^2}{\nu}+1\right)^{-\frac{\nu+1}{2}} \quad (5.41)$$

新たに定義されたパラメータ $\nu = 2\kappa$ は χ^2 分布の場合と同様，自由度と呼ばれる．t 分布は統計学で広く利用されている t 検定 (Student's t-test) に使われる分布である．正規分布でも統計的有意性の検定は行えるが，それには精度がひとつの値に定まっていなくてはならない．t 検定は精度について共役事前分布を使うことで不確実性を考慮した拡張といえる．

5.3.2　コーシー分布

自由度が $\nu = 1$ の t 分布はコーシー分布 (Cauchy distribution) と呼ばれる．

5.3 正規-ガンマ分布

問 5-6 式 (5.41) に $\nu = 1$ を代入することでコーシー分布を求めよ．その際，$\Gamma(1/2)$ の値も求めよ．

[解答] $\Gamma(1/2)$ を求めるため，$r = \sqrt{2t}$ という変数変換を行う．$t = r^2/2$ より，$dt/dr = r$ すなわち $dt = rdr$ である．また，標準正規分布を全体で積分すると 1 になることから $\int_{-\infty}^{\infty} \exp(-r^2/2)dr = \sqrt{2\pi}$ がいえるが，標準正規分布は偶関数すなわち $r = 0$ に対して線対称であるため，$\int_0^{\infty} \exp(-r^2/2)dr = \sqrt{2\pi}/2 = \sqrt{\pi}/\sqrt{2}$ である．

$$\Gamma\left(\frac{1}{2}\right) = \int_0^{\infty} t^{-\frac{1}{2}} \exp(-t)dt \overset{変数変換}{=} \int_0^{\infty} \left(\frac{r^2}{2}\right)^{-\frac{1}{2}} \exp\left(-\frac{r^2}{2}\right) rdr$$
$$= \int_0^{\infty} 2^{\frac{1}{2}} \exp\left(-\frac{r^2}{2}\right) dr = \frac{\sqrt{2}\sqrt{\pi}}{\sqrt{2}} = \sqrt{\pi} \quad (5.42)$$

これを使うとコーシー分布は以下のように表せる．

$$\mathcal{C}(x|\mu, \zeta) = \mathcal{T}(x|1, \mu, \zeta) = \frac{\sqrt{\zeta}}{\pi\left(\zeta(x-\mu)^2 + 1\right)} \quad (5.43)$$

$\mu = 0, \zeta = 1$ のコーシー分布，いわば標準コーシー分布は以下のようにシンプルな形になる．

$$\mathcal{C}(x|0, 1) = \frac{1}{\pi(x^2 + 1)} \quad (5.44)$$

コーシー分布は確率分布であるため全体で積分すると 1 になるが，実際，標準コーシー分布を積分すると $\int_{-\infty}^{\infty} 1/\pi(x^2 + 1)dx = (1/\pi)[\arctan x]_{-\infty}^{\infty} = 1$ である．

コーシー分布のパラメータは μ と ζ であり，正規分布と同様，平均パラメータと精度パラメータと呼ばれる．コーシー分布は近年，「裾が厚い」分布の例としてよく使われるようになっている．裾が厚いとは確率変数の値が平均から離れていった時，その値が生じる確率の減り方がゆっくりと減っていくという意味である．正規分布では確率変数が指数の中に入っている．すなわち $\exp(-f(x-\mu))$ という形をしているため，x が平均 μ から離れるにつれて確率が指数的に，すなわち急速に減少する．一方，t 分布やコーシー分布では確率変数の冪乗，すなわち $af(x-\mu)^{-b}$ という形をしているため，x が平均から離れても確率の減少がそれほど速くない．これはちょうど裾野の大きく広がった山のようであるの

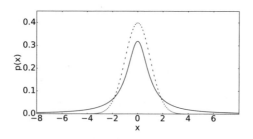

図 5.4 標準コーシー分布（実線）と標準正規分布（点線）．パラメータはいずれも $\mu = 0$，$\lambda = 1$ である．正規分布は平均を離れると確率密度が急速に 0 に近づくのに対し，コーシー分布において確率密度の減衰は緩やかである．

で，裾が厚いと表現する．裾の部分をしっぽに喩えて，**ロングテール** (long tail) と呼ばれることもある．図 5.4 に示したように，正規分布では平均を離れるとすぐに裾が 0 に近づいてしまい，目に見えるしっぽが短いのと対照的である．

コーシー分布の裾がどれだけ厚いかというと，それに従う確率変数に期待値が存在しないほど厚い．実際，期待値は積分によって定義されるが，以下のようにコーシー分布の期待値は無限から無限を引いた値になり，求められない．

$$\mathbb{E}_{\mathcal{C}(x|0,1)}[x] = \int x\mathcal{C}(x|0,1)dx = \int_{-\infty}^{\infty} \frac{x}{\pi(x^2+1)}dx$$
$$= \frac{1}{2\pi}[\log(x^2+1)]_{-\infty}^{\infty} = \infty - \infty \tag{5.45}$$

同様にコーシー分布に従う確率変数には分散も存在しない．これも無限から無限を引いた値になってしまうためである．そのためパラメータ μ は平均，パラメータ ζ は精度と呼ばれているものの，いずれも分布の（期待値を使って定義される）平均や精度というわけではない．

t 分布やコーシー分布は**冪乗則** (power law) と呼ばれる傾向を持つ自然現象や社会現象を扱うのに使われている．たとえば世の中にはびっくりするほどの金持ちが存在するが，資産の分布のように平均から大きく離れた観測値がぽつぽつと存在するデータについて正規分布はうまく当てはまらないことが指摘されている．外れ値にも対応できる分布は**頑健**または**ロバスト** (robust) と呼ばれる．t 分布やコーシー分布では平均から大きく離れた値もそれなりの確率で生じるため，外れ値の存在を説明できる．正規分布はその名の通り，正規 (normal) とされる分布であり，確率分布の王様として君臨してきたが，ここ数十年でそれを乗り越える試みが活発になっている．正規分布でうまく扱えないようなデー

5.3 正規-ガンマ分布

タに取り組むのは現代の統計学のひとつのトレンドである．t 分布やコーシー分布では精度を不確定としたことによって裾が広がり，精度をひとつの値に固定したのでは対応できないような現象も表現できるようになったわけである．

章 末 問 題

5-1 正規分布の分散パラメータの共役事前分布として使われるのが逆ガンマ分布 (inverse gamma distribution) である．正規分布の分散パラメータを $v = \sigma^2$ で表すと，以下のように定義される．

$$p(v|\alpha, \beta) = \frac{\beta^\alpha}{\Gamma(\alpha)} v^{-\alpha-1} \exp\left(-\frac{\beta}{v}\right) \tag{5.46}$$

これが実際に分散パラメータの共役事前分布となっていることを示せ．これには対数尤度関数と対数事前分布の和が定数項を除いて逆ガンマ分布の形になっていることを示せばよい．簡潔のため σ^2 を v で表すとよい．

5-2 5.1.3 項では規格化の議論によって式 (5.14) の最右辺の分母 $p(\boldsymbol{x}|\boldsymbol{\alpha})B(\boldsymbol{\alpha})$ が $B(\boldsymbol{x}+\boldsymbol{\alpha})$ と等しいことを示したが，これを多項分布と多項ベータ関数の定義を使うことで直接的に示せ．

ヒント： $\boldsymbol{x}$ と $\boldsymbol{\alpha}$ が $\boldsymbol{\mu}$ のもとで条件付き独立であることから得られる変形 $p(\boldsymbol{x}|\boldsymbol{\alpha}) = \int p(\boldsymbol{x}, \boldsymbol{\mu}|\boldsymbol{\alpha})d\boldsymbol{\mu} = \int p(\boldsymbol{x}|\boldsymbol{\mu})p(\boldsymbol{\mu}|\boldsymbol{\alpha})d\boldsymbol{\mu}$ （式 (3.27) と同様）を使うとよい．

5-3 関数 $f(t)$ から以下の積分によって新しい関数 $f^*(x)$ を作る操作をメリン変換 (Mellin transform) と呼び，$M[f(t)](x)$ で表す．

$$f^*(x) = \int_0^\infty t^{x-1} f(t) dt = M[f(t)](x) \tag{5.47}$$

ガンマ関数 $\Gamma(x) = \int_0^\infty t^{x-1} \exp(-t) dt$ は $f(t) = \exp(-t)$ のメリン変換 $M[\exp(-t)](x)$ になっている．

式 (5.21) で定義したベータ関数は二項分布の事前分布として使えることより，その引数 a と b は表と裏の回数に対応する疑似観測値とみなせる．コインを投げた回数を n とすると，$n = a+b$ であり，a を x で表すと，ベータ関数は $B(x, n-x)$ とも書ける．これを x の関数とみなすと，ベータ関数は $f(t) = (1+t)^{-n}$ のメリン変換になっていること，すなわち $B(x, n-x) = f^*(x) = M[(1+t)^{-n}](x)$ であることを示せ．

6 EM アルゴリズム

前章まではベイズ統計について，特に機械学習の基礎となる部分について述べてきた．本章以降，機械学習の具体的な手法について述べていく．紹介するEM アルゴリズム，変分ベイズ，マルコフ連鎖モンテカルロ法はいずれも現代の機械学習において欠かすことのできない考え方を提供している．特に EM アルゴリズムはニューラルネットワークと並んで機械学習の元祖ともいえる．EM アルゴリズムが効果的なのはパラメータとは別に，対象とするシステムにおいて直接観測できない潜在的な状態を表す確率変数が存在する場合である．本章では潜在変数を持つ確率的システムのうち，もっともシンプルなもののひとつである混合ガウスモデルを例にして具体的な使い方を説明する．

6.1 混合モデル

あなたはフィットネスクラブのマーケティング担当であり，利用者データの分析を任された．データ分析は視覚化から始まるため，まずは図 6.1 のように利用者の年齢をヒストグラムにしてみた．20 代と 40 代にピークがあり，30 代では逆に低くなっている．20 代は筋トレのため，40 代はメタボ対策のためにフィットネスクラブを利用していると考えられる．データに対して正規分布の最尤推定を行い，得られたパラメータ $\hat{\mu}_{ML}$ と $\hat{\sigma}^2_{ML}$ による正規分布の確率密度関数も図 6.1 に示している．

最尤推定によって得られた正規分布では 35 歳前後に最大値があり，30 代の利用者が一番多いという結果が予想されるが，実際のデータではそうなってい

6.1 混合モデル

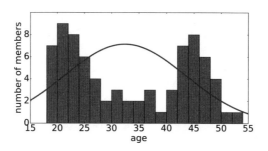

図 6.1 あるフィットネスクラブにおける利用者の年齢分布のヒストグラムと，そのデータに対する最尤推定で得られた正規分布の確率密度関数（曲線）

ない．これは利用者の年齢が正規分布に従ってないのが原因と考えられる．最尤推定でなく MAP 推定を使ったとしても，平均パラメータの事前分布が正規分布であれば事後分布も正規分布になるため，結果は同様になる．データにはピークが二つあるため，むしろ二つの正規分布が重ね合わさった確率分布を考えた方が自然である．

複数の分布を重ね合わせることで作られる分布を混合モデル (mixture model) と呼ぶ．今回の例の場合，ひとつの標本が持つ観測値は利用者の年齢である．混合モデルの考え方では各標本が二段階の確率的なプロセスに従って決まっていると捉える．すなわち第一段階でどのような目的の利用者が来るか確率的に決まり，第二段階で利用者の年齢が確率的に決まる．

このプロセスは二つの確率分布を使って表現できる．第一段階では二つの選択肢（筋トレかメタボ対策）から確率的に選ばれるため，ベルヌーイ分布あるいは 2 次元マルチヌーイ分布が使える．第二段階では連続値の分布である正規分布が使えるだろう．第二段階で使われる正規分布の平均パラメータ μ と分散パラメータ σ^2 は第一段階で選ばれた目的によって異なる．このため μ_1 と σ_1^2，μ_2 と σ_2^2 のように添え字を使って区別する．

利用者の年齢を x で表す．x は観測できる確率変数であるため，**観測変数** (observable variable) と呼ばれる．一方，利用目的は観測できないが，これを 2 次元の確率変数ベクトル $\boldsymbol{\zeta}$ で表す．すなわち $\boldsymbol{\zeta}$ は 4.2 節で述べた one-hot ベクトルである．$\boldsymbol{\zeta}$ の値が $(1,0)$ である時に筋トレ，$(0,1)$ である時にメタボ対策とすると，$\boldsymbol{\zeta}$ の分布としては 2 次元のマルチヌーイ分布 $p(\boldsymbol{\zeta}|\boldsymbol{\pi}) = \prod_{j=1}^{2} \pi_j^{\zeta_j}$ が使える．もちろん，ベルヌーイ分布を使ってもよいが，ユーザの目的が増えた

場合への一般化が容易なようにマルチヌーイ分布を使う．

ベルヌーイ分布では観測値を x というスカラー変数で表し，その値が0または1であるとする．一方，2次元マルチヌーイ分布では観測値を $\boldsymbol{x}$ という2次元 one-hot ベクトルで表す．$\boldsymbol{x}$ はいずれかの成分が1でもう一方が0である．また，$\boldsymbol{\pi}$ は円周率とは関係がなく，未知の値を持つパラメータベクトルである．その成分 π_j は潜在クラス j がどれだけ選ばれやすいかを表している．

利用者の年齢の分布は $\boldsymbol{\zeta}$ の値に応じて決まるので，条件付き確率を使って $p(x|\boldsymbol{\zeta})$ と表せる．たとえば $\boldsymbol{\zeta} = (1,0)$ の時は平均が20歳前後の正規分布，$\boldsymbol{\zeta} = (0,1)$ の時は平均が45歳前後の正規分布が使える．

確率分布に従って観測値が作られるプロセスを**生成過程** (generative process) と呼ぶが，混合モデルの場合，二段階からなる生成過程を考えていることになる．生成過程は実際に生じている現象を単純化したモデルであり，それを適切に選ぶことは統計的機械学習にとって非常に重要なステップである．今回の例の場合，当初考えたデータが単独の正規分布に従っているという生成過程は現実のデータのヒストグラムとは一致せず，もっとも多い利用者の年齢についても35歳前後という間違った結果が得られてしまった．混合分布という生成過程を考える方が現実に一致しており，有益である．

段階的なプロセスによって観測変数の値が決まるモデルは**階層ベイズモデル** (hierarchical Bayesian model) と呼ばれる．混合モデルはもっともシンプルな階層ベイズモデルである．

6.1.1 潜在変数

前章までに扱った確率分布では確率変数は観測値かパラメータかのいずれかであった．パラメータは観測できない値を表す確率変数である．観測できない確率変数は**潜在変数** (latent variable) と呼ばれるが，ベイズ統計ではパラメータも確率変数であるため，潜在変数の一種となる．機械学習では潜在変数を持つ確率モデルが頻繁に使われる．それによって現象の背後に存在すると考えられる仕組みを表現できるためである．

フィットネスクラブの例において，観測されるのは利用者の年齢のみであるため，その目的が筋トレであるかメタボ対策であるかは分からない．すなわち利用者の目的 $\boldsymbol{\zeta}$ は潜在変数である．その値は有限種類の選択肢から選ばれるた

め，4.2節で述べたクラスに相当するが，観測されないため，潜在クラス (latent class) と呼ばれる．

ベイズ統計やそれに基づく機械学習における重要なステップは観測変数や潜在変数をリストアップし，それらの間に想定される関係性を確率分布として表すことである．これはモデルであり，いわば観測値の背後に潜むメカニズムについての仮説である．

では確率変数の間の関係性を確率分布として表現するにはどうしたらいいだろうか．2.2.1項に示されているように，確率変数についてのすべての情報は同時確率に現れている．今回の例の場合，利用者の年齢である観測変数 x，目的である潜在変数 ζ だけが確率変数であるので，同時分布 $p(x, \zeta)$ にすべての情報があるといえる．

しかし観測されるのは x についての頻度分布だけである．フィットネスクラブの運営者が統計データをマーケティングに使いたい場合，x の分布だけをもとに，$p(x, \zeta)$ を推定しなくてはならない．二つの立場を結びつけるため，$p(x, \zeta|\boldsymbol{\theta})$ を使って $p(x|\boldsymbol{\theta})$ を定義することになる．これがモデルの役割である．

6.1.2 混合ガウスモデル

本項では混合ガウスモデル (Gaussian mixture model, GMM) を例にして，潜在変数を含むモデルをどう定義するかを述べる．混合ガウスモデルは複数の正規分布が重なり合って作られる分布である．

フィットネスクラブの例ではユーザの目的が二種類であるため，潜在変数の分布として2次元のマルチヌーイ分布を使うことにしたが，より多くの目的を考える場合はより高次元のマルチヌーイ分布を使用すればよい．そしてその値に応じたパラメータを持つ正規分布から標本の観測値が決まるという生成過程になる．これを図示したものが図 6.2 である．

混合ガウスモデルのパラメータはマルチヌーイ分布のパラメータベクトル $\boldsymbol{\pi}$，ならびに各正規分布の平均パラメータ μ_j と分散パラメータ σ_j^2 である．これらを求めることで現象の背後に潜んでいるメカニズムを明らかにすることがパラメータ推定の目的である．本章冒頭での例の場合，筋トレとメタボ対策の割合が分かり，またそれぞれについて中心的な年齢層が明らかになるため，マーケティングに利用できるだろう．

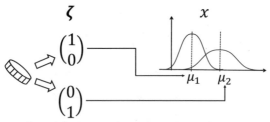

図 6.2 混合ガウスモデルにおける標本の生成過程. 潜在変数 ζ の値に応じて正規分布のパラメータが決まる.

$p(x, \zeta|\theta)$ から $p(x|\theta)$ を作るには 2.2.2 項で述べた周辺化が使えそうである. また, 条件付き確率の定義を使うと $p(x, \zeta|\theta)$ を $p(x|\zeta, \theta)p(\zeta|\theta)$ に分解できる. パラメータは x と ζ のそれぞれに関係するもののみを条件部に入れればよい. 個々の正規分布の平均パラメータ $\mu_1, ..., \mu_k$ と分散パラメータ $\sigma_1^2, ..., \sigma_k^2$ をまとめてベクトル $\boldsymbol{\mu}$ と $\boldsymbol{\sigma}^2$ で表すと, 以下のように表現できる.

$$p(x|\boldsymbol{\pi}, \boldsymbol{\mu}, \boldsymbol{\sigma}^2) = \int p(x, \zeta|\boldsymbol{\pi}, \boldsymbol{\mu}, \boldsymbol{\sigma}^2) d\boldsymbol{\zeta} = \int p(x|\boldsymbol{\zeta}, \boldsymbol{\mu}, \boldsymbol{\sigma}^2) p(\boldsymbol{\zeta}|\boldsymbol{\pi}) d\boldsymbol{\zeta} \quad (6.1)$$

混合ガウスモデルでは $\boldsymbol{\zeta}$ がマルチヌーイ分布に従うとしているので, それを代入する. $\mathcal{M}(\boldsymbol{\zeta}|\boldsymbol{\pi})$ は $\boldsymbol{\pi}$ をパラメータとするマルチヌーイ分布, π_j は $\boldsymbol{\pi}$ の第 j 成分である. これは潜在変数 $\boldsymbol{\zeta}$ の第 j 成分が 1 である確率を表している.

$$p(x|\boldsymbol{\pi}, \boldsymbol{\mu}, \boldsymbol{\sigma}^2) = \int p(x|\boldsymbol{\zeta}, \boldsymbol{\mu}, \boldsymbol{\sigma}^2) p(\boldsymbol{\zeta}|\boldsymbol{\pi}) d\boldsymbol{\zeta} = \int p(\boldsymbol{\zeta}|\boldsymbol{\pi}) p(x|\boldsymbol{\zeta}, \boldsymbol{\mu}, \boldsymbol{\sigma}^2) d\boldsymbol{\zeta}$$

$$= \int \mathcal{M}(\boldsymbol{\zeta}|\boldsymbol{\pi}) p(x|\boldsymbol{\zeta}, \boldsymbol{\mu}, \boldsymbol{\sigma}^2) d\boldsymbol{\zeta} = \int \left(\prod_{j=1}^{k} \pi_j^{\zeta_j} \right) p(x|\boldsymbol{\zeta}, \boldsymbol{\mu}, \boldsymbol{\sigma}^2) d\boldsymbol{\zeta} \quad (6.2)$$

$p(x|\boldsymbol{\zeta}, \boldsymbol{\mu}, \boldsymbol{\sigma}^2)$ では $\boldsymbol{\zeta}$ の値に応じてどのパラメータを持つ正規分布が選ばれるかが決まるが, $\boldsymbol{\zeta}$ は one-hot ベクトルであり, そのひとつの成分だけが 1, 残りが 0 であることより, 正規分布 $\mathcal{N}(x|\mu_j, \sigma_j^2)$ の ζ_j 乗を使って以下のように表せる. これは $\mathcal{N}(x|\mu_j, \sigma_j^2)^{\zeta_j}$ は $\zeta_j = 1$ の時は $\mathcal{N}(x|\mu_j, \sigma_j^2)$ となり, $\zeta_j = 0$ の時は 0 乗されることで 1 となるためである.

$$p(x|\boldsymbol{\pi}, \boldsymbol{\mu}, \boldsymbol{\sigma}^2) = \int \left(\prod_{j=1}^{k} \pi_j^{\zeta_j} \right) \left(\prod_{j=1}^{k} \mathcal{N}(x|\mu_j, \sigma_j^2)^{\zeta_j} \right) d\boldsymbol{\zeta}$$

6.1 混合モデル

$$= \int \prod_{j=1}^{k} \left(\pi_j \mathcal{N}(x|\mu_j, \sigma_j^2) \right)^{\zeta_j} d\boldsymbol{\zeta} \tag{6.3}$$

$\boldsymbol{\zeta}$ による積分は $\boldsymbol{\zeta}$ がとりうるすべての値について足し合わせることを意味する. 第 h 成分のみが 1 で残りの成分が 0 であるような one-hot ベクトルを $\boldsymbol{\zeta}^{(h)}$ で表すと, h を 1 から k まで動かして足し合わせることで積分が行える.

$$p(x|\boldsymbol{\pi}, \boldsymbol{\mu}, \boldsymbol{\sigma}^2) = \sum_{h=1}^{k} \prod_{j=1}^{k} \left(\pi_j \mathcal{N}(x|\mu_j, \sigma_j^2) \right)^{\zeta_j^{(h)}} = \sum_{h=1}^{k} \pi_h \mathcal{N}(x|\mu_h, \sigma_h^2) \tag{6.4}$$

最後の変形では $\boldsymbol{\zeta}^{(h)}$ は第 h 成分だけが 1 で残りが 0 のため, $j=h$ の時のみ $\zeta_j^{(h)}=1$ であり, $j \neq h$ では $\zeta_j^{(h)}=0$ となることを使った. π_h の 0 乗, すなわち π_h^0 は 1 であるので, これを掛けることの影響はなく, $\prod_{j=1}^{k} \pi_j^{\zeta_j^{(h)}} = \pi_h$ となる.

式 (6.4) は混合ガウスモデルは複数の正規分布に重み π_h を掛けて足し合わせたものであることを示している. 重み π_h は h 番目の正規分布が選ばれる確率を表している.

標本が多数ある場合, i 番目の標本における x の値を $x^{(i)}$ で表す. 式 (6.4) において h を j に置き換えると, $x^{(i)}$ の値を決める確率分布は以下のように表せる.

$$p(x^{(i)}|\boldsymbol{\pi}, \boldsymbol{\mu}, \boldsymbol{\sigma}^2) = \sum_{j=1}^{k} \pi_j \mathcal{N}(x^{(i)}|\mu_j, \sigma_j^2) \tag{6.5}$$

なお, 混合ガウスモデルでは正規分布が足し合わせられるが, その他の分布を足し合わせた混合モデルも考えられる. 一般の混合モデルは以下の形になる.

$$p(x^{(i)}|\boldsymbol{\pi}, \boldsymbol{\theta}) = \sum_{j=1}^{k} \pi_j p(x^{(i)}|\theta_j) \tag{6.6}$$

足し合わされている分布 $p(x^{(i)}|\theta_j)$ を**混合要素** (mixture component) と呼ぶ. 混合ガウスモデルの場合と同様, 個々の混合要素は異なるパラメータ θ_j を持っている. 混合モデルは混合要素の和として表せる分布といえる.

式 (6.5) で表される混合ガウスモデルに対する推定はどのように行ったらよいだろうか. 正規分布のように最尤推定や MAP 推定, ベイズ推定を行えるのだろうか.

6.1.3 不完全データと完全データ

混合ガウスモデルに対して正規分布と同じように最尤推定を行うため，その対数尤度関数を微分した場合について考えてみる．

> **問 6-1** 式 (6.5) について，標本が $x^{(1)}$, $x^{(2)}$, ..., $x^{(n)}$ であり，それぞれが独立である時，標本ベクトルを並べたものを $\boldsymbol{x}$ として，それらについての対数尤度 $\log p(\boldsymbol{x}|\boldsymbol{\pi},\boldsymbol{\mu},\boldsymbol{\sigma}^2)$ を求めよ．これには正規分布に従う多数の標本についての対数尤度である式 (3.5) が参考になる．なお，正規分布の部分は $\mathcal{N}$ を使って表してもよい．
>
> [解答]
> $$\log p(\boldsymbol{x}|\boldsymbol{\pi},\boldsymbol{\mu},\boldsymbol{\sigma}^2)$$
> $$= \log\left(\prod_{i=1}^{n} p(x^{(i)}|\boldsymbol{\pi},\boldsymbol{\mu},\boldsymbol{\sigma}^2)\right)$$
> $$= \sum_{i=1}^{n}\log p(x^{(i)}|\boldsymbol{\pi},\boldsymbol{\mu},\boldsymbol{\sigma}^2) = \sum_{i=1}^{n}\log\left(\sum_{j=1}^{k}\pi_j\mathcal{N}(x^{(i)}|\mu_j,\sigma_j^2)\right) \quad (6.7)$$

$\log p(\boldsymbol{x}|\boldsymbol{\pi},\boldsymbol{\mu},\boldsymbol{\sigma}^2)$ を μ_h で微分した場合，以下のように煩雑な結果になる．

$$\frac{d\log p(\boldsymbol{x}|\boldsymbol{\pi},\boldsymbol{\mu},\boldsymbol{\sigma}^2)}{d\mu_h} = \frac{d}{d\mu_h}\sum_{i=1}^{n}\log\sum_{j=1}^{k}\pi_j\mathcal{N}(x^{(i)}|\mu_j,\sigma_j^2)$$
$$= \sum_{i=1}^{n}\pi_h\frac{d\mathcal{N}(x^{(i)}|\mu_h,\sigma_h^2)}{d\mu_h}\frac{1}{\sum_{j=1}^{k}\pi_j\mathcal{N}(x^{(i)}|\mu_j,\sigma_j^2)}$$
$$(6.8)$$

混合ガウスモデルは正規分布の重み付き和の形をしているが，対数を求めるという操作と重み付き和を求めるという操作の順序が交換できず，正規分布の定義に使われる指数関数を対数関数と相殺できないため，式が複雑な形になっている．そしてその微分はさらに複雑になってしまう．

そこで対数と重み付き和の順序を交換するという近似を考えてみる．式 (6.4) で足し合わされている個々の項であれば，指数関数を使って定義されているた

6.1 混合モデル

め,それと対数を相殺できる.

観測値 $x^{(i)}$ の生成に使われた潜在変数の値を(さきほどまでの $\boldsymbol{\zeta}$ に変わって)$\boldsymbol{z}^{(i)}$ で表す.式 (6.4) のひとつの項を取り出すため,$\boldsymbol{z}^{(i)}$ の値がひとつに固定化された状況を考える.第 ℓ 成分だけが 1 であり残りの成分が 0 であるようなベクトルを $\boldsymbol{c}_\ell$ で表し,潜在変数 $\boldsymbol{z}^{(i)}$ の値が $\boldsymbol{c}_\ell$ であるとすると,以下が得られる.

$$p(x^{(i)}|\boldsymbol{z}^{(i)}=\boldsymbol{c}_\ell,\boldsymbol{\mu},\boldsymbol{\sigma}^2) = \frac{1}{\sqrt{2\pi\sigma_\ell^2}}\exp\left(\frac{-(x^{(i)}-\mu_\ell)^2}{2\sigma_\ell^2}\right) \quad (6.9)$$

式 (6.9) は正規分布の形をしているため,その対数を求めると指数関数と相殺して以下のようにシンプルな形になる.

$$\begin{aligned}\log p(x^{(i)}|\boldsymbol{z}^{(i)}=\boldsymbol{c}_\ell,\boldsymbol{\mu},\boldsymbol{\sigma}^2) &= \log\left(\frac{1}{\sqrt{2\pi\sigma_\ell^2}}\exp\left(\frac{-(x^{(i)}-\mu_\ell)^2}{2\sigma_\ell^2}\right)\right)\\ &= -\frac{(x^{(i)}-\mu_\ell)^2}{2\sigma_\ell^2} - \frac{1}{2}\log 2\pi - \frac{1}{2}\log\sigma_\ell^2\end{aligned} \quad (6.10)$$

この式であればパラメータ μ_h や σ_h^2 で微分することも容易である.もし $h\neq\ell$ であれば式 (6.10) に μ_h や σ_h^2 は含まれないので,それらによる微分は 0 になる.もし $h=\ell$ の場合は実際に微分を計算すればよい.

式 (6.10) を式 (6.7) よりも簡潔にできた理由は $\boldsymbol{z}^{(i)}$ が何らかの固定的な値 $\boldsymbol{c}_\ell$ をとると単純化したことである.もちろん現実には $\boldsymbol{z}^{(i)}$ は確率的な値であり,特定の値 $\boldsymbol{c}_\ell$ に固定できるわけではない.

式 (6.10) は ℓ の値ごとに存在する.$\boldsymbol{z}^{(i)}$ の値は未知であるため,どの $\boldsymbol{c}_\ell$ についての式が有益であるかは分からない.そこで $\boldsymbol{z}^{(i)}$ が未確定であることを表すため,同時分布 $p(x^{(i)},\boldsymbol{z}^{(i)}|\boldsymbol{\theta})$ を考える.これは式 (6.2) において $\boldsymbol{z}^{(i)}$ での積分,すなわち $\boldsymbol{z}^{(i)}$ の周辺化を行う前の式である.

各観測が互いに条件付き独立であるとすると,観測変数をまとめて $\boldsymbol{x} = (x^{(1)},...,x^{(n)})$ で表し,潜在変数をまとめて $\boldsymbol{z} = (\boldsymbol{z}^{(1)},...,\boldsymbol{z}^{(n)})$ で表すことで以下が得られる.

$$p(\boldsymbol{x},\boldsymbol{z}|\boldsymbol{\theta}) = \prod_{i=1}^{n} p(x^{(i)},\boldsymbol{z}^{(i)}|\boldsymbol{\theta}) \quad (6.11)$$

観測変数 $\boldsymbol{x}$ と潜在変数 $\boldsymbol{z}$ の値を共に知ることができるという仮想的な状況に

おけるデータを完全データ (complete data) と呼ぶ．また，観測変数 x の値のみしか分からないという現実の状況におけるデータを不完全データ (incomplete data) と呼ぶ．$p(x, z|\theta)$ は完全データについての同時分布といえる．これは直接的には知ることのできない分布であるが，z についての何らかの分布が与えられると，期待値の考え方を使い，z に依存しない値が得られる．z が実際にどのような分布に従っているかは未知であるが，パラメータに対する推定量 $\hat{\theta}$ と観測値 x によって決まる分布 $p(z|x, \hat{\theta})$ を使うのがよさそうである．$p(z|x, \hat{\theta})$ を使って完全データ $\log p(x, z|\theta)$ の期待値を求めたものは **Q 関数** (Q-function) と呼ばれ，以下のように定義される[*1)]．

$$Q(\theta, \hat{\theta}) = \mathbb{E}_{p(z|x,\hat{\theta})}[\log p(x, z|\theta)] = \int p(z|x, \hat{\theta}) \log p(x, z|\theta) dz \quad (6.12)$$

Q 関数の引数は θ と $\hat{\theta}$ であるが，θ は完全データの分布 $p(x, z|\theta)$ のパラメータ，$\hat{\theta}$ は期待値を求める際に z が従うとする分布 $p(z|x, \hat{\theta})$ のパラメータである．また，Q 関数は観測値 x の関数でもあるが，Q 関数を使用する段階では x はすでに固定されており，変化しないため左辺では省略している．

Q 関数は「完全データの対数尤度の期待値」である．一方，本来最大化したいのは「不完全データの対数尤度」$\log p(x|\theta)$ である．Q 関数と不完全データの対数尤度の違いは潜在変数 z の値の確率性に伴う積分や総和の計算を後回しにするか，式 (6.4) で表されるようなモデル通りに先に行うかである．Q 関数ではとりあえず z がとりうる各値について対数尤度 $\log p(x, z|\theta)$ を求めた上で，それに z の各値の起きやすさ $p(z|x, \hat{\theta})$ を重みとして掛け，積分や総和を求めている（すなわち期待値を計算している）．これは式 (6.4) で示される混合ガウスモデルの定義式からの逸脱ではあるが，近似にはなっているだろうとして，Q 関数の最大化を行うのが EM アルゴリズムの考え方である．

6.1.4 EM アルゴリズムの直観的な説明

EM アルゴリズムに基づいて混合ガウスモデルのフィッティングを行った結果を図 6.3 に示した．EM アルゴリズムがなぜうまくいくのかの根拠は次節以降で述べるが，おおまかに以下のような直観的なイメージで捉えられる．

各会員が筋トレとメタボ対策のどちらを目的としているかが分かっていれば，

[*1)] Q 関数という名称は Dempster, Laird, and Rubin による 1977 年の論文 Maximum like-

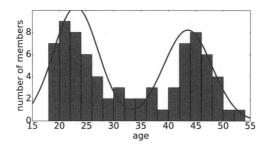

図 6.3 あるフィットネスクラブにおける利用者の年齢分布のヒストグラムと,そのデータに対して EM アルゴリズムによって混合ガウスモデルを推定した結果

それに基づいて会員を二つのグループに分け,それぞれについて正規分布の最尤推定を行うことで,二つの正規分布が得られるだろう.それらを重ね合わせたものは混合ガウスモデルになる.だが各会員の目的は潜在変数であるため,それも推定しなくてはならない.これには年齢が参考になる.たとえば 18 歳であれば筋トレの可能性が高く,55 歳であればメタボ対策の可能性が高いであろう.しかし 35 歳の会員の目的をどちらか一方であると断言するのは困難である.これは図 6.1 のヒストグラムに現れているように,35 歳は二つの山の裾野が重なる領域に位置しているためである.

そこで各会員の目的をひとつに絞るのではなく,それぞれの可能性の大きさを考えることにする.たとえば 35 歳の会員の目的は筋トレとメタボ対策の可能性が半分程度ずつあるとみなせばよい.このように会員 i がどれだけの可能性で各潜在クラス(この例ではフィットネスクラブに通う目的)j に属しているかを表す値を**負担率** (responsibility) と呼び,r_{ij} で表す.筋トレに対する負担率が大きい会員の年齢は筋トレについての正規分布のパラメータ推定時に重視され,メタボ対策に対する負担率が大きい会員の年齢はメタボ対策についての正規分布のパラメータ推定時に重視される.これには負担率をパラメータ推定時に重みとして掛けるようにすればよい.

それでは負担率はどのように求めるかというと,現時点までに推定されている二つの正規分布から計算される.EM アルゴリズムだけではそれぞれの正規分布に「筋トレ」「メタボ対策」というラベルが付くわけではないので,それぞ

---

lihood from incomplete data via the EM algorithm において EM アルゴリズムが最初に提案されていた際,Q を使ってこの関数が表されていたことから来ている.

れを $j=1$ と $j=2$ で表すと，二つの正規分布の確率密度関数は $\mathcal{N}(x|\mu_1, \sigma_1^2)$ と $\mathcal{N}(x|\mu_2, \sigma_2^2)$ で表せる．会員 i の潜在クラス j についての負担率 r_{ij} は二つの正規分布の確率密度関数に年齢 $x^{(i)}$ を代入し，その比率に基づいて計算されるが，具体的な式は後述する．

負担率に基づく二つの正規分布のパラメータ推定と，二つの正規分布に基づく負担率の計算を交互に行っていけば，次第に両者が良い値に近づくだろうというのが EM アルゴリズムの着想である．これは単なる期待ではなく，理論的にも根拠があることを本章では述べていく．

負担率を求めるのが E-ステップであり，パラメータ推定を行うのが M-ステップである．両者を交互に行うので EM アルゴリズムという名前が付いている．なお，一番最初の E-ステップではパラメータがまだ推定されていないため，ランダムに値を決めればよい．ただし π_j は $[0,1]$ の区間から選ぶ必要があり，$\sum_{j=1}^{k} \pi_j = 1$ でなくてはならない．また，他のパラメータについてもそれらしい初期値を与えた方が効率は良い．たとえば μ_j はデータの分布している範囲（この例では年齢の範囲）から選ぶべきであり，σ_j^2 は全データについての分散よりは小さい値にすることが望ましいだろう．

6.1.5 混合ガウスモデルに対する Q 関数

混合ガウスモデルを表す式 (6.4) の微分が複雑になるのは，図 6.4 の左側に示したように，ピークが多数存在している曲線を微分しようとしているためと考えられる．完全データの場合，正規分布に重なり合いが存在しないため，その微分は正規分布を微分するのと同じであり，対数尤度がシンプルな形になる．

実際，Q 関数は総和と期待値の順序が交換できることを使い，以下のように表せる [*2)]．また，期待値計算 $\mathbb{E}_{p(\bm{z}|\bm{x},\hat{\bm{\theta}})}[\cdots]$ の対象になるのは $\bm{z}^{(i)}$ だけであるため，3 行目から 4 行目で $\mathbb{E}_{p(\bm{z}|\bm{x},\hat{\bm{\theta}})}[\cdots]$ を総和 $\sum_{i=1}^{n}$ の内側に移動させた．

[*2)] 総和は加算によって定義される．加算と順序を交換できるのは線形 (linear) な演算が持つ性質のひとつである．期待値すなわち積分は線形演算であるため，総和と順序を交換できる．これに対して対数は非線形関数のため，総和と順序を交換できない．

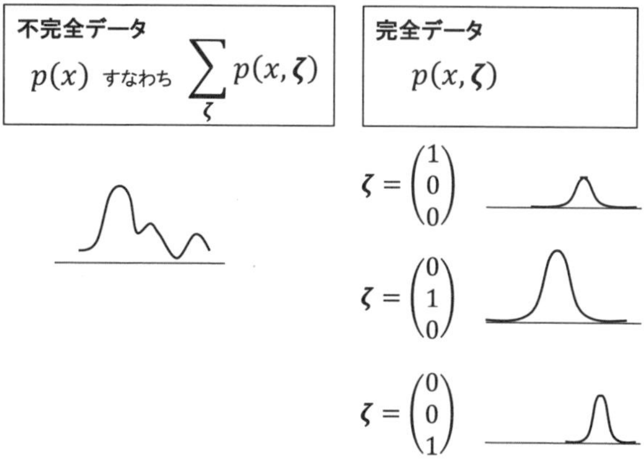

6.1 混合モデル

|不完全データ $p(x)$ すなわち $\sum_{\zeta} p(x,\zeta)$ | 完全データ $p(x,\zeta)$ |

$\zeta = \begin{pmatrix} 1 \\ 0 \\ 0 \end{pmatrix}$

$\zeta = \begin{pmatrix} 0 \\ 1 \\ 0 \end{pmatrix}$

$\zeta = \begin{pmatrix} 0 \\ 0 \\ 1 \end{pmatrix}$

図 6.4 混合ガウスモデルは不完全データ x の従う分布であり，山が重なっているため扱いにくいが，同時分布を見れば（ζ の値ごとに分かれて山が存在するので）山の重なり合いはない．そのため正規分布の場合と同じように微分によって極値を求められる．

【Q 関数の変形】

$$\begin{aligned}
Q(\boldsymbol{\theta}, \hat{\boldsymbol{\theta}}) &= \mathbb{E}_{p(\boldsymbol{z}|\boldsymbol{x},\hat{\boldsymbol{\theta}})}[\log p(\boldsymbol{x}, \boldsymbol{z}|\boldsymbol{\pi}, \boldsymbol{\mu}, \boldsymbol{\sigma}^2)] \\
&= \mathbb{E}_{p(\boldsymbol{z}|\boldsymbol{x},\hat{\boldsymbol{\theta}})}\left[\log \prod_{i=1}^{n} p(x^{(i)}, \boldsymbol{z}^{(i)}|\boldsymbol{\pi}, \boldsymbol{\mu}, \boldsymbol{\sigma}^2)\right] \\
&= \mathbb{E}_{p(\boldsymbol{z}|\boldsymbol{x},\hat{\boldsymbol{\theta}})}\left[\sum_{i=1}^{n} \log p(x^{(i)}, \boldsymbol{z}^{(i)}|\boldsymbol{\pi}, \boldsymbol{\mu}, \boldsymbol{\sigma}^2)\right] \\
&= \sum_{i=1}^{n} \mathbb{E}_{p(\boldsymbol{z}|\boldsymbol{x},\hat{\boldsymbol{\theta}})}\left[\log p(\boldsymbol{z}^{(i)}|\boldsymbol{\pi}) p(x^{(i)}|\boldsymbol{z}^{(i)}, \boldsymbol{\mu}, \boldsymbol{\sigma}^2)\right] \\
&= \sum_{i=1}^{n} \mathbb{E}_{p(\boldsymbol{z}|\boldsymbol{x},\hat{\boldsymbol{\theta}})}\left[\log p(\boldsymbol{z}^{(i)}|\boldsymbol{\pi}) + \log p(x^{(i)}|\boldsymbol{z}^{(i)}, \boldsymbol{\mu}, \boldsymbol{\sigma}^2)\right] \\
&= \sum_{i=1}^{n} \mathbb{E}_{p(\boldsymbol{z}|\boldsymbol{x},\hat{\boldsymbol{\theta}})}\left[\log p(\boldsymbol{z}^{(i)}|\boldsymbol{\pi})\right] \\
&\quad + \sum_{i=1}^{n} \mathbb{E}_{p(\boldsymbol{z}|\boldsymbol{x},\hat{\boldsymbol{\theta}})}\left[\log p(x^{(i)}|\boldsymbol{z}^{(i)}, \boldsymbol{\mu}, \boldsymbol{\sigma}^2)\right] \quad (6.13)
\end{aligned}$$

以下では上式を第一項と第二項に分け，さらに総和のうち各 i についての項

を考える．第一項の $p(\boldsymbol{z}^{(i)}|\boldsymbol{\pi})$ にはマルチヌーイ分布の定義（式 (4.14)）を代入できる．また，$z_j^{(i)}$ すなわち i 番目の標本 $\boldsymbol{z}^{(i)}$ の第 j 成分を z_{ij} と表している．z_{ij} の値は 0 あるいは 1 である．

【式 (6.13) の最右辺第一項の変形】

各 i について $\boldsymbol{z}^{(i)}$ が互いに独立であることにより，期待値は $\boldsymbol{z}^{(i)}$ について求める．また，その分布の条件部に入るのは $x^{(i)}$ のみである．

$$\mathbb{E}_{p(\boldsymbol{z}^{(i)}|x^{(i)},\hat{\boldsymbol{\theta}})}\left[\log p(\boldsymbol{z}^{(i)}|\boldsymbol{\pi})\right]$$

$$= \mathbb{E}_{p(\boldsymbol{z}^{(i)}|x^{(i)},\hat{\boldsymbol{\theta}})}\left[\log\left(\prod_{j=1}^{k}\pi_j^{z_{ij}}\right)\right]$$

$$= \mathbb{E}_{p(\boldsymbol{z}^{(i)}|x^{(i)},\hat{\boldsymbol{\theta}})}\left[\sum_{j=1}^{k} z_{ij}\log\pi_j\right]$$

$$= \sum_{j=1}^{k}\mathbb{E}_{p(\boldsymbol{z}^{(i)}|x^{(i)},\hat{\boldsymbol{\theta}})}\left[z_{ij}\right]\log\pi_j \tag{6.14}$$

式 (6.13) の第二項は式 (6.3) と同じ議論を使って変形できる．ここでは $\boldsymbol{z}^{(i)}$ の値に応じてどのパラメータを持つ正規分布が選ばれるかが決まるが，$\boldsymbol{z}^{(i)}$ は one-hot ベクトルであり，そのひとつの成分だけが 1，残りが 0 であることより，正規分布 $\mathcal{N}(x^{(i)}|\mu_j,\sigma_j^2)$ の z_{ij} 乗を使って以下のように表せる．これは $\mathcal{N}(x^{(i)}|\mu_j,\sigma_j^2)^{z_{ij}}$ は $z_{ij}=1$ の時は $\mathcal{N}(x^{(i)}|\mu_j,\sigma_j^2)$ となり，$z_{ij}=0$ の時は 0 乗されることで 1 となるためである．

6.1 混合モデル

【式 (6.13) の最右辺第二項の変形】

$$\mathbb{E}_{p(\boldsymbol{z}^{(i)}|x^{(i)},\hat{\boldsymbol{\theta}})}[\log p(x^{(i)}|\boldsymbol{z}^{(i)},\boldsymbol{\mu},\boldsymbol{\sigma}^2)]$$

$$= \mathbb{E}_{p(\boldsymbol{z}^{(i)}|x^{(i)},\hat{\boldsymbol{\theta}})}\left[\log \prod_{j=1}^{k} \mathcal{N}(x^{(i)}|\mu_j,\sigma_j^2)^{z_{ij}}\right]$$

$$= \mathbb{E}_{p(\boldsymbol{z}^{(i)}|x^{(i)},\hat{\boldsymbol{\theta}})}\left[\sum_{j=1}^{k} \log \mathcal{N}(x^{(i)}|\mu_j,\sigma_j^2)^{z_{ij}}\right]$$

$$= \mathbb{E}_{p(\boldsymbol{z}^{(i)}|x^{(i)},\hat{\boldsymbol{\theta}})}\left[\sum_{j=1}^{k} z_{ij}\log \mathcal{N}(x^{(i)}|\mu_j,\sigma_j^2)\right]$$

$$= \sum_{j=1}^{k} \mathbb{E}_{p(\boldsymbol{z}^{(i)}|x^{(i)},\hat{\boldsymbol{\theta}})}[z_{ij}]\log \mathcal{N}(x^{(i)}|\mu_j,\sigma_j^2) \tag{6.15}$$

式 (6.14) と式 (6.15) を式 (6.13) に代入すると以下が得られる．

混合ガウスモデルの Q 関数

$$Q(\boldsymbol{\theta},\hat{\boldsymbol{\theta}}) = \sum_{i=1}^{n}\sum_{j=1}^{k} \mathbb{E}_{p(\boldsymbol{z}^{(i)}|x^{(i)},\hat{\boldsymbol{\theta}})}[z_{ij}]\left(\log \pi_j + \log \mathcal{N}(x^{(i)}|\mu_j,\sigma_j^2)\right) \tag{6.16}$$

期待値 $\mathbb{E}_{p(\boldsymbol{z}^{(i)}|x^{(i)},\hat{\boldsymbol{\theta}})}[z_{ij}]$ は i 番目の標本がクラス j に属する確率の期待値を表している．これが 6.1.4 項で述べた負担率である．

負担率 r_{ij}（潜在変数 z_{ij} の期待値）

$$r_{ij} = \mathbb{E}_{p(\boldsymbol{z}^{(i)}|x^{(i)},\hat{\boldsymbol{\theta}})}[z_{ij}] \tag{6.17}$$

負担率は標本iの観測値を説明する上でクラスjがどれだけ貢献しているかを表す数値である．言い換えれば標本iがクラスjに属している度合いを表しているため，データのクラスタリング（1.2.3項参照）にも使用できる．実際，本章の章末問題で述べるように，混合ガウスモデルはクラスタリングの代表的な手法である **k-means** クラスタリングの一般化になっている．

問 6-2 混合ガウスモデルにおける負担率を求めよ．

[解答] r_{ij} を求めるため，分布 $p(\boldsymbol{z}^{(i)}|x^{(i)}, \hat{\boldsymbol{\theta}})$ を条件付き確率の定義を使って変形する．最後の変形では式 (6.3) と同じ議論に基づき，分子の同時分布 $p(x^{(i)}, \boldsymbol{z}^{(i)}|\hat{\boldsymbol{\theta}})$ を $\prod_{h=1}^{k} \left(\hat{\pi}_h \mathcal{N}(x^{(i)}|\hat{\mu}_h, \hat{\sigma}_h^2) \right)^{z_{ih}}$ に置き換えている．また，分母には式 (6.4) を代入している．

$$p(\boldsymbol{z}^{(i)}|x^{(i)}, \hat{\boldsymbol{\theta}}) = \frac{p(x^{(i)}, \boldsymbol{z}^{(i)}|\hat{\boldsymbol{\theta}})}{p(x^{(i)}|\hat{\boldsymbol{\theta}})} = \frac{\prod_{h=1}^{k} \left(\hat{\pi}_h \mathcal{N}(x^{(i)}|\hat{\mu}_h, \hat{\sigma}_h^2) \right)^{z_{ih}}}{\sum_{\gamma=1}^{k} \hat{\pi}_\gamma \mathcal{N}(x^{(i)}|\hat{\mu}_\gamma, \hat{\sigma}_\gamma^2)} \tag{6.18}$$

この分布を式 (6.17) に代入すると以下が得られる．ただし第 ℓ 成分が 1 である one-hot ベクトルを $z_i^{(\ell)}$ で表し，$\boldsymbol{z}^{(i)}$ での積分を ℓ についての総和に置き換えた．さらに最後の変形では $\ell = j$ の時のみ $z_{ij}^{(\ell)} = 1$ であり，$\ell \neq j$ では $z_{ij}^{(\ell)} = 0$ となるため，総和 $\sum_{\ell=1}^{k}$ のうち $\ell = j$ の項しか残らないこと，また $\ell = h$ の時のみ $z_{ih}^{(\ell)} = 1$ であり，$\ell \neq h$ では $z_{ih}^{(\ell)} = 0$ となるため，総乗 $\prod_{h=1}^{k}$ のうち $h = j$ となる因子しか残らないことを使った．これにより分子は $h = j$ という項だけが残る．

$$r_{ij} = \mathbb{E}_{p(\boldsymbol{z}^{(i)}|x^{(i)}, \hat{\boldsymbol{\theta}})}[z_{ij}] = \int z_{ij} \frac{\prod_{h=1}^{k} \left(\hat{\pi}_h \mathcal{N}(x^{(i)}|\hat{\mu}_h, \hat{\sigma}_h^2) \right)^{z_{ih}}}{\sum_{\gamma=1}^{k} \hat{\pi}_\gamma \mathcal{N}(x^{(i)}|\hat{\mu}_\gamma, \hat{\sigma}_\gamma^2)} d\boldsymbol{z}^{(i)}$$
$$= \sum_{\ell=1}^{k} \left(z_{ij}^{(\ell)} \frac{\prod_{h=1}^{k} \left(\hat{\pi}_h \mathcal{N}(x^{(i)}|\hat{\mu}_h, \hat{\sigma}_h^2) \right)^{z_{ih}^{(\ell)}}}{\sum_{\gamma=1}^{k} \hat{\pi}_\gamma \mathcal{N}(x^{(i)}|\hat{\mu}_\gamma, \hat{\sigma}_\gamma^2)} \right) = \frac{\hat{\pi}_j \mathcal{N}(x^{(i)}|\hat{\mu}_j, \hat{\sigma}_j^2)}{\sum_{\gamma=1}^{k} \hat{\pi}_\gamma \mathcal{N}(x^{(i)}|\hat{\mu}_\gamma, \hat{\sigma}_\gamma^2)} \tag{6.19}$$

これは $\hat{\boldsymbol{\pi}}, \hat{\boldsymbol{\mu}}, \hat{\boldsymbol{\sigma}}^2$ の値が与えられれば，正規分布の確率密度関数（式 (2.41)）を使って負担率 r_{ij} が計算できることを意味している．一方，式 (6.16) に負担率 r_{ij} を代入すると以下が得られる．

$$Q(\boldsymbol{\theta}, \hat{\boldsymbol{\theta}}) = \sum_{i=1}^{n} \sum_{j=1}^{k} r_{ij} \left(\log \pi_j + \log \mathcal{N}(x^{(i)} | \mu_j, \sigma_j^2) \right) \quad (6.20)$$

この式を π_ℓ や μ_ℓ, σ_ℓ^2 で微分することは容易である．そのため微分して0とおくかラグランジュ未定乗数法によって最尤推定が行える．つまり混合ガウスモデルのパラメータ推定は以下の二つのステップを組み合わせることで行える．

アルゴリズム EM アルゴリズムによる混合ガウスモデルのパラメータ推定
1. パラメータの推定値 $\hat{\boldsymbol{\pi}}$, $\hat{\boldsymbol{\mu}}$, $\hat{\boldsymbol{\sigma}}^2$ を使い，負担率 r_{ij} を計算する．
2. 負担率 r_{ij} に基づいて Q 関数を最大にするパラメータ $\boldsymbol{\pi}$, $\boldsymbol{\mu}$, $\boldsymbol{\sigma}^2$ を求める．

しかしステップ 1 を行うためにはパラメータの良い推定値 $\hat{\boldsymbol{\pi}}$, $\hat{\boldsymbol{\mu}}$, $\hat{\boldsymbol{\sigma}}^2$ が必要である．最初はランダムな値を使うしかないが，ステップ 2 でパラメータ $\boldsymbol{\pi}$, $\boldsymbol{\mu}$, $\boldsymbol{\sigma}^2$ の良い推定量が求められるので，それを使ってふたたびステップ 1 を行う方法が考えられる．その後にステップ 2 を行い，さらにステップ 1 を，というのを繰り返すことでパラメータ $\boldsymbol{\pi}$, $\boldsymbol{\mu}$, $\boldsymbol{\sigma}^2$ の推定量が次第に良い値になっていくことが期待される．

このようにステップ 1 とステップ 2 を交互に繰り返し行うことでパラメータの良い推定量を求めていくという考え方が次節で述べる EM アルゴリズムである．

6.2 EM アルゴリズムによる学習

潜在変数を持つモデルにおいて強力な効果を発揮するのが EM アルゴリズム (EM algorithm) である．EM という名称は期待値最大化 (expectation maximization) の略から来ている．

前節で述べた Q 関数は二つの引数 $\boldsymbol{\theta}$ と $\hat{\boldsymbol{\theta}}$ を持つ．$\boldsymbol{\theta}$ は完全データの分布 $p(\boldsymbol{x}, \boldsymbol{z}|\boldsymbol{\theta})$ のパラメータであり，$\hat{\boldsymbol{\theta}}$ は期待値を求める際に $\boldsymbol{z}$ が従うとする分布 $p(\boldsymbol{z}|\boldsymbol{x}, \hat{\boldsymbol{\theta}})$ のパラメータであった．EM アルゴリズムは $\boldsymbol{\theta}$ を更新するステップと $\hat{\boldsymbol{\theta}}$ を更新するステップから構成される．一方の変数を更新する場合はもう一方は固定しておく．

> **アルゴリズム** EM アルゴリズム（$\hat{\boldsymbol{\theta}}$ と $\boldsymbol{\theta}$ の更新による定義）
> 以下を Q 関数 $Q(\boldsymbol{\theta}, \hat{\boldsymbol{\theta}})$ の変化が閾値以下になるまで繰り返す.
> $\hat{\boldsymbol{\theta}}$ の更新：$\hat{\boldsymbol{\theta}}$ に $\boldsymbol{\theta}$ の値を代入する．（$\boldsymbol{\theta}$ は固定）
> $\boldsymbol{\theta}$ の更新：$\boldsymbol{\theta}$ を動かし，$Q(\boldsymbol{\theta}, \hat{\boldsymbol{\theta}})$ を最大化する．（$\hat{\boldsymbol{\theta}}$ は固定）

上記の分け方では最初のステップである $\hat{\boldsymbol{\theta}}$ の更新の計算があまりにも軽い．計算どころか単なる代入である．そこで $\boldsymbol{\theta}$ の更新を負担率の計算とそれを用いた Q 関数の最大化に分け，以下の二つのステップによって EM アルゴリズムを定義することも可能である．これは前節で述べた混合ガウスモデルのパラメータ推定手法に対応する．

> **アルゴリズム** EM アルゴリズム（E-ステップと M-ステップによる定義）
> 以下を Q 関数 $Q(\boldsymbol{\theta}, \hat{\boldsymbol{\theta}})$ の変化が閾値以下になるまで繰り返す.
> **E-ステップ**（期待値計算）：$\hat{\boldsymbol{\theta}}$ に $\boldsymbol{\theta}$ の値を代入した上で，各 i と j について負担率 $r_{ij} = \mathbb{E}_{p(\boldsymbol{z}^{(i)}|x^{(i)},\hat{\boldsymbol{\theta}})}[z_{ij}]$ を求める.
> **M-ステップ**（最大化）：$\boldsymbol{\theta}$ を動かし，$Q(\boldsymbol{\theta}, \hat{\boldsymbol{\theta}})$ を最大化する．Q 関数の計算時に r_{ij} を使用する.

E-ステップで求めた負担率は M-ステップで Q 関数の値を計算する際に使用される．EM アルゴリズムの E は期待値の略であるが，それは負担率が期待値の計算によって得られることから来ている．

E-ステップと M-ステップは繰り返し行う必要がある．なぜならどの $\boldsymbol{\theta}$ が $Q(\hat{\boldsymbol{\theta}}, \boldsymbol{\theta})$ を最大化するかは $\hat{\boldsymbol{\theta}}$ にも依存するため，E-ステップで $\hat{\boldsymbol{\theta}} = \boldsymbol{\theta}$ という代入を行った後では $Q(\hat{\boldsymbol{\theta}}, \boldsymbol{\theta})$ を最大化する $\boldsymbol{\theta}$ の値は代入前とは変わっている．そのため次の M-ステップでふたたびベストな $\boldsymbol{\theta}$ の値を求める必要がある．

6.2.1 混合ガウスモデルに対する EM アルゴリズム

EM アルゴリズムでは E-ステップと M-ステップのペアが繰り返されるが，以下では何回目の反復であるかを t で表す．$t = 1$ から始まり，E-ステップと M-ステップのペアをひとつ終えるごとに t を 1 増やす．

6.2 EMアルゴリズムによる学習

混合ガウスモデルの場合，第 t 回目の E-ステップでは負担率 $r^{(t)}$ を，式 (6.19) を使って $\pi_j^{(t-1)}, \mu_j^{(t-1)}, \sigma_j^{2(t-1)}$ から計算できる．しかし一番最初の E-ステップの際（すなわち $t=1$ の時）にはパラメータの推定量がまだ得られていないので，各 j についての $\pi_j^{(0)}, \mu_j^{(0)}, \sigma_j^{2(0)}$ にランダムな値を入れて計算する．

続く M-ステップでは Q 関数の値を最大化するパラメータの値を求める．混合ガウスモデルにおける Q 関数は式 (6.20) で求められる．$\boldsymbol{\pi}$ は $\sum_{j=1}^{k}\pi_j=1$ という制約を満たしながら Q 関数を最大化しなくてはならないため，ラグランジュ未定乗数法を使用する．μ_j については式 (6.20) を μ_j で微分して 0 とおくことで求められる．σ_j^2 についても同様である．第 t 回目の M-ステップにおけるパラメータ推定量は以下のように第 t 回目の E-ステップで求めた負担率 $r_{ij}^{(t)}$ を使って計算される．ただし繰り返し使われる $\sum_{i=1}^{n}r_{ij}^{(t)}$ を $R_j^{(t)}$ で表した．

$$R_j^{(t)} = \sum_{i=1}^{n} r_{ij}^{(t)} \qquad \hat{\pi}_j^{(t)} = \frac{R_j^{(t)}}{\sum_{j=1}^{k} R_j^{(t)}}$$
$$\hat{\mu}_j^{(t)} = \frac{\sum_{i=1}^{n} r_{ij}^{(t)} x_i}{R_j^{(t)}} \qquad \hat{\sigma}_j^{2(t)} = \frac{\sum_{i=1}^{n} r_{ij}^{(t)} (x_i - \hat{\mu}_j^{(t)})^2}{R_j^{(t)}} \tag{6.21}$$

第 $t+1$ 回目の E-ステップでは第 t 回目の M-ステップで求めた $\hat{\pi}_j^{(t)}, \hat{\mu}_j^{(t)}, \hat{\sigma}_j^{2(t)}$ を使い，式 (6.19) によって負担率 $r_{ij}^{(t+1)}$ が計算される．次は第 $t+1$ 回目の M-ステップであり，同様に繰り返していく．

アルゴリズム EM アルゴリズムによる混合ガウスモデルのパラメータ推定の更新式
① $t=1$ と設定し，各 j について $\hat{\pi}_j^{(0)}, \hat{\mu}_j^{(0)}, \hat{\sigma}_j^{2(0)}$ をランダムな値で初期化する．
② パラメータの値が収束するまで（すなわちその変化があらかじめ決めておく微小量よりも小さくなるまで）以下を繰り返す．
E-ステップ（期待値計算）：$r_{ij}^{(t)} = \frac{\hat{\pi}_j^{(t-1)} \mathcal{N}(x^{(i)} | \hat{\mu}_j^{(t-1)}, \hat{\sigma}_j^{2(t-1)})}{\sum_{\gamma=1}^{k} \hat{\pi}_\gamma^{(t-1)} \mathcal{N}(x^{(i)} | \hat{\mu}_\gamma^{(t-1)}, \hat{\sigma}_\gamma^{2(t-1)})}$ （式 (6.19)）を各 i, j について計算する．
M-ステップ（最大化）：式 (6.21) を使い，$r_{ij}^{(t)}$ から各 j について $\hat{\pi}_j^{(t)}, \hat{\mu}_j^{(t)}, \hat{\sigma}_j^{2(t)}$ を計算する．t を 1 増やす．

EM アルゴリズムにおける混合ガウスモデルの学習過程の例を図 6.5 に示した．

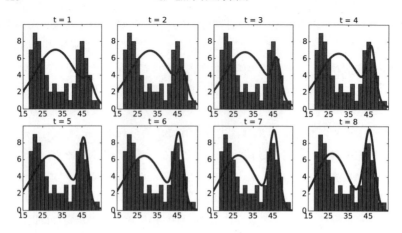

図 6.5 EM アルゴリズムによる混合ガウスモデルの推定過程．初期値は観測値の分布する範囲に収まるようにスケーリングされた一様分布からサンプリングした．混合要素数 k は 2 に設定した．反復回数 t が増えるにつれてヒストグラムのおおまかな形に近づいていく．

EM アルゴリズムがパラメータ推定に使えることを裏付けるのは統計学である．しかし EM アルゴリズムはむしろ機械学習の一手法として発展してきた．これは E-ステップと M-ステップを繰り返すという反復計算が必要であり，計算機の利用が欠かせないからである．

6.2.2 変分下界

E-ステップと M-ステップを繰り返すだけで EM アルゴリズムは行えるが，それによってパラメータがうまく推定できる理由はまだ説明していない．これを示すため，**変分下界** (variational lower bound) と **KL** ダイバージェンス (Kullback–Leibler divergence) という概念を導入する．

変分下界は変分下限と呼ばれることも多いが，下限 (lower limit) と下界 (lower bound) は数学的には異なるものであり，本書では変分下界と表現する．EM アルゴリズムにおける変分下界は以下のように定義される．

EM アルゴリズムにおける変分下界

$$\mathcal{B}(\boldsymbol{\theta}, \hat{\boldsymbol{\theta}}) = \int p(\boldsymbol{z}|\boldsymbol{x}, \hat{\boldsymbol{\theta}}) \log \frac{p(\boldsymbol{x}, \boldsymbol{z}|\boldsymbol{\theta})}{p(\boldsymbol{z}|\boldsymbol{x}, \hat{\boldsymbol{\theta}})} d\boldsymbol{z} \qquad (6.22)$$

これは以下のように変形できる．3行目から4行目への変形では $\log p(\boldsymbol{x}|\boldsymbol{\theta})$ が $\boldsymbol{z}$ を含まないことにより，外に括り出した．4行目から5行目の変形では確率分布 $p(\boldsymbol{z}|\boldsymbol{x},\hat{\boldsymbol{\theta}})$ をすべての $\boldsymbol{z}$ について積分すると1になることを使った．

【変分下界と対数尤度の関係】

$$\begin{aligned}
\mathcal{B}(\boldsymbol{\theta},\hat{\boldsymbol{\theta}}) &= \int p(\boldsymbol{z}|\boldsymbol{x},\hat{\boldsymbol{\theta}}) \log \frac{p(\boldsymbol{x},\boldsymbol{z}|\boldsymbol{\theta})}{p(\boldsymbol{z}|\boldsymbol{x},\hat{\boldsymbol{\theta}})} d\boldsymbol{z} \\
&= \int p(\boldsymbol{z}|\boldsymbol{x},\hat{\boldsymbol{\theta}}) \log \left(p(\boldsymbol{x}|\boldsymbol{\theta}) \frac{p(\boldsymbol{z}|\boldsymbol{x},\boldsymbol{\theta})}{p(\boldsymbol{z}|\boldsymbol{x},\hat{\boldsymbol{\theta}})} \right) d\boldsymbol{z} \\
&= \int p(\boldsymbol{z}|\boldsymbol{x},\hat{\boldsymbol{\theta}}) \log p(\boldsymbol{x}|\boldsymbol{\theta}) d\boldsymbol{z} + \int p(\boldsymbol{z}|\boldsymbol{x},\hat{\boldsymbol{\theta}}) \log \frac{p(\boldsymbol{z}|\boldsymbol{x},\boldsymbol{\theta})}{p(\boldsymbol{z}|\boldsymbol{x},\hat{\boldsymbol{\theta}})} d\boldsymbol{z} \\
&= \log p(\boldsymbol{x}|\boldsymbol{\theta}) \int p(\boldsymbol{z}|\boldsymbol{x},\hat{\boldsymbol{\theta}}) d\boldsymbol{z} + \int p(\boldsymbol{z}|\boldsymbol{x},\hat{\boldsymbol{\theta}}) \log \frac{p(\boldsymbol{z}|\boldsymbol{x},\boldsymbol{\theta})}{p(\boldsymbol{z}|\boldsymbol{x},\hat{\boldsymbol{\theta}})} d\boldsymbol{z} \\
&= \log p(\boldsymbol{x}|\boldsymbol{\theta}) - \left(\int p(\boldsymbol{z}|\boldsymbol{x},\hat{\boldsymbol{\theta}}) \log \frac{p(\boldsymbol{z}|\boldsymbol{x},\hat{\boldsymbol{\theta}})}{p(\boldsymbol{z}|\boldsymbol{x},\boldsymbol{\theta})} d\boldsymbol{z} \right) \\
&= \log p(\boldsymbol{x}|\boldsymbol{\theta}) - D(p(\boldsymbol{z}|\boldsymbol{x},\hat{\boldsymbol{\theta}})||p(\boldsymbol{z}|\boldsymbol{x},\boldsymbol{\theta})) \qquad (6.23)
\end{aligned}$$

最後の行の第一項は対数尤度 $\log p(\boldsymbol{x}|\boldsymbol{\theta})$ であり，第二項 $D(p(\boldsymbol{z}|\boldsymbol{x},\hat{\boldsymbol{\theta}})||p(\boldsymbol{z}|\boldsymbol{x},\boldsymbol{\theta}))$ は KL ダイバージェンスまたは相対エントロピー (relative entropy) と呼ばれる．次項で詳しく述べるが，KL ダイバージェンスは常に 0 かそれ以上であるという性質がある．

集合 $\mathcal{S}$ の下界とは $\mathcal{S}$ のすべての要素よりも小さいか等しい数である．また，関数 f の下界とは f のすべての値よりも小さいか等しい数を指す．$\mathcal{B}(\boldsymbol{\theta},\hat{\boldsymbol{\theta}})$ が変分「下界」と呼ばれるのはそれが対数尤度より常に小さいか等しい，すなわち対数尤度の下界となっているためである．変分の意味については次章で説明する．

式 (6.23) による表現に加えて，変分下界は以下のように Q 関数とエントロピー (entropy) の和と表すこともできる．エントロピーとは $H(p) = -\int p(\boldsymbol{x}) \log p(\boldsymbol{x}) d\boldsymbol{x}$ で定義される量であり，分布 $p(\boldsymbol{z}|\boldsymbol{x},\hat{\boldsymbol{\theta}})$ のエントロピーは $-\int p(\boldsymbol{z}|\boldsymbol{x},\hat{\boldsymbol{\theta}}) \log p(\boldsymbol{z}|\boldsymbol{x},\hat{\boldsymbol{\theta}}) d\boldsymbol{z}$ になる．$-\log p(\boldsymbol{x})$ は $\boldsymbol{x}$ の p における**情報量**

(information) と呼ばれる値である．エントロピー $H(p)$ は $\mathbb{E}_{p(\boldsymbol{x})}[-\log p(\boldsymbol{x})]$ とも書けるため，情報量の期待値になっている．

【変分下界と Q 関数・エントロピーの関係】

$$\begin{aligned}
\mathcal{B}(\boldsymbol{\theta}, \hat{\boldsymbol{\theta}}) &= \int p(\boldsymbol{z}|\boldsymbol{x}, \hat{\boldsymbol{\theta}}) \log \frac{p(\boldsymbol{x}, \boldsymbol{z}|\boldsymbol{\theta})}{p(\boldsymbol{z}|\boldsymbol{x}, \hat{\boldsymbol{\theta}})} d\boldsymbol{z} \\
&= \int p(\boldsymbol{z}|\boldsymbol{x}, \hat{\boldsymbol{\theta}}) \log p(\boldsymbol{x}, \boldsymbol{z}|\boldsymbol{\theta}) d\boldsymbol{z} - \int p(\boldsymbol{z}|\boldsymbol{x}, \hat{\boldsymbol{\theta}}) \log p(\boldsymbol{z}|\boldsymbol{x}, \hat{\boldsymbol{\theta}}) d\boldsymbol{z} \\
&= Q(\boldsymbol{\theta}, \hat{\boldsymbol{\theta}}) + H(p(\boldsymbol{z}|\boldsymbol{x}, \hat{\boldsymbol{\theta}})) \quad (6.24)
\end{aligned}$$

変分下界の符号を反転したものは**変分自由エネルギー** (variational free energy) と呼ばれる．

変分自由エネルギー

$$\mathcal{F}(\boldsymbol{\theta}, \hat{\boldsymbol{\theta}}) = -\mathcal{B}(\boldsymbol{\theta}, \hat{\boldsymbol{\theta}}) = -Q(\boldsymbol{\theta}, \hat{\boldsymbol{\theta}}) - H(p(\boldsymbol{z}|\boldsymbol{x}, \hat{\boldsymbol{\theta}})) \quad (6.25)$$

この名称は物理学における自由エネルギーとの類似から来ている．統計物理や熱力学で使われるヘルムホルツ自由エネルギーは $F = U - TS$ と定義される．U は内部エネルギー，T は絶対温度，S はエントロピーである．Q 関数の符号反転を内部エネルギーとし，絶対温度を固定すれば，変分自由エネルギーはヘルムホルツ自由エネルギーに対応する[*3]．EM アルゴリズムではパラメータを繰り返し更新することで変分下界を増加させていくが，これは変分自由エネルギーを減少させていくことに等しい．一方，自然はエントロピーが増加する方向，すなわちヘルムホルツ自由エネルギーが減少する方向に変化していくことが知られている．このため変分自由エネルギーを減らしていく機械学習アルゴリズムの多くは自然現象と類似していることが指摘されている．

[*3] 内部エネルギー U の代わりにエンタルピー $\mathcal{H}$ を使って定義されるのがギブス自由エネルギー $G = \mathcal{H} - TS$ であり，等温等圧条件下での化学反応を説明するのに使用される．

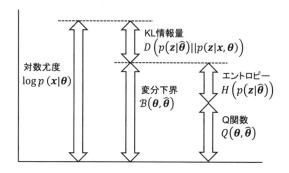

図 6.6 EM アルゴリズムにおける不完全データの対数尤度 $\log p(x|\theta)$ の分解. $Q(\theta, \hat{\theta})$ を増加させるように θ を更新するとそれが変分下界 $\mathcal{B}(\theta, \hat{\theta})$ も増加させる. それによって対数尤度を大きくするパラメータ θ が得られる.

不完全データの対数尤度, Q 関数, 変分下界の関係を図 6.6 にまとめて示した.

6.2.3 KL ダイバージェンス（KL 情報量）

KL ダイバージェンスは KL 情報量とも呼ばれる. KL ダイバージェンスという呼び名の方が一般的であるが, 名称が長いため, 本書では以下, KL 情報量と書くことにする. 分布 q と分布 p の間の KL 情報量は $D(q||p)$ で表す. q と p の間には縦棒を二つ入れるのが慣例である.

KL ダイバージェンス（KL 情報量）

$$D(q||p) = \mathbb{E}_q \left[\log \frac{q}{p} \right] = \int q(\boldsymbol{x}) \log \frac{q(\boldsymbol{x})}{p(\boldsymbol{x})} d\boldsymbol{x}$$
$$= \int q(\boldsymbol{x}) \log q(\boldsymbol{x}) d\boldsymbol{x} - \int q(\boldsymbol{x}) \log p(\boldsymbol{x}) d\boldsymbol{x} = \mathbb{E}_q[\log q] - \mathbb{E}_q[\log p]$$
(6.26)

式変形には分数の対数に関する公式 $\log(a/b) = \log a - \log b$ を使った. なお, $q(\boldsymbol{x})$ と $p(\boldsymbol{x})$ は条件付き確率でもよい. すなわち $q(\boldsymbol{x}|\theta)$ や $p(\boldsymbol{x}|\theta)$ でもよい.

KL 情報量は二つの確率分布の尤度関数 $p(\boldsymbol{x})$ と $q(\boldsymbol{x})$ の比の対数の期待値として定義されている. また, 二つの対数尤度関数 $\log p(\boldsymbol{x})$ と $\log q(\boldsymbol{x})$ の期待値

の差とも捉えられる.いずれにせよ二つの尤度関数の間の相違度を表していると解釈できる.なぜなら二つの分布が類似しているほど KL 情報量は小さくなり,両者が完全に一致するなら 0 となるからである.

すべての x について $q(x) = p(x)$ である時, $D(q||p) = 0$ となることは明らかであるが, $D(q||p) < 0$ となるような q と p は存在しないのだろうか.

何らかの変数あるいは関数の値が 0 より大きいか等しくなることを**非負性** (non-negativity) と呼ぶ. KL 情報量は非負性を持つ.これを示すには次項のように **Jensen の不等式** (Jensen's inequality) と呼ばれる不等式を使うのがよい.

6.2.4 Jensen の不等式

定義域上の任意の a と b,ならびに $0 \leq \lambda \leq 1$ について以下の性質を満たす関数 f は**凸関数** (convex function) と呼ばれる.

$$\lambda f(a) + (1-\lambda)f(b) \geq f(\lambda a + (1-\lambda)b) \tag{6.27}$$

凸関数の例を図 6.7 に示した.座標平面上の点 $A = (\lambda a + (1-\lambda)b, \lambda f(a) + (1-\lambda)f(b))$ と点 $B = (\lambda a + (1-\lambda)b, f(\lambda a + (1-\lambda)b))$ を考えると,λ が 0 から 1 に動くにつれて,点 A は点 $(a, f(a))$ と点 $(b, f(b))$ を通る直線上を動いていくが,点 B は関数 f 上を点 $(a, f(a))$ から点 $(b, f(b))$ まで動いていく.式 (6.27) の不等式は点 A の縦座標が点 B の縦座標より大きいか等しい,すなわち上に来ることを表しているため,点 $(a, f(a))$ と点 $(b, f(b))$ を結ぶ線分が区間 $[a, b]$ 上で関数 f よりも上に来ることを意味している.凸関数は下に凸な関数と呼ばれることもある.

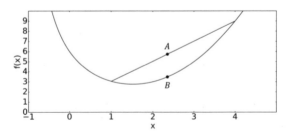

図 6.7 凸関数の例.$a = 1, b = 4$ とすると,点 $(a, f(a))$ と点 $(b, f(b))$ を結ぶ線分が区間 $[a, b]$ 上で関数 f よりも上に来る.

$w_1, ..., w_n$ を区間 $[a, b]$ 内の任意の値とすると，それらはある s を使って $sa + (1-s)b$ と表せる．任意の凸関数 f について式 (6.27) を繰り返し使うことで，$\sum_{i=1}^{n} \lambda_i = 1$ となる $\lambda_1, ..., \lambda_n$ について以下がいえる．

$$\sum_{i=1}^{n} \lambda_i f(w_i) \geq f\left(\sum_{i=1}^{n} \lambda_i w_i\right) \tag{6.28}$$

式 (6.28) を Jensen の不等式と呼ぶ．

Jensen の不等式を確率変数の値について使うと，期待値についての不等式が得られる．ある確率変数 y が n 種類の値をとりうるとし，その値を y_i で表す．y_i が生じる確率を $q(y_i)$ で表すと，$\sum_{i=1}^{n} q(y_i) = 1$ であるので，式 (6.28) で λ_i に $q(y_i)$ を代入すると以下がいえる．

$$\sum_{i=1}^{n} q(y_i) f(w_i) \geq f\left(\sum_{i=1}^{n} q(y_i) w_i\right) \tag{6.29}$$

これは以下のように期待値を使った形に書き直せる．もちろん，期待値が意味を持つためには w が y から決まる値である必要がある．

$$\mathbb{E}_{q(y)}[f(w)] \geq f(\mathbb{E}_{q(y)}[w]) \tag{6.30}$$

期待値計算を繰り返し行うことで，y の代わりに確率変数ベクトル $\boldsymbol{x}$ を使った場合にも一般化できる．

$$\mathbb{E}_{q(\boldsymbol{x})}[f(w)] \geq f(\mathbb{E}_{q(\boldsymbol{x})}[w]) \tag{6.31}$$

問 6-3 $-\log w$ は凸関数である．式 (6.31) の w に $p(\boldsymbol{x})/q(\boldsymbol{x})$ を，$f(w)$ に $-\log(p(\boldsymbol{x})/q(\boldsymbol{x}))$ を代入して得られる不等式を使い，**KL 情報量が 0 以上**となること（**KL 情報量の非負性**）を示せ．

[解答]

$$\begin{aligned} D(q||p) &= \mathbb{E}_{q(\boldsymbol{x})}\left[\log \frac{q(\boldsymbol{x})}{p(\boldsymbol{x})}\right] = \mathbb{E}_{q(\boldsymbol{x})}\left[-\log \frac{p(\boldsymbol{x})}{q(\boldsymbol{x})}\right] \\ &\geq -\log\left(\mathbb{E}_{q(\boldsymbol{x})}\left[\frac{p(\boldsymbol{x})}{q(\boldsymbol{x})}\right]\right) = -\log\left(\int q(\boldsymbol{x}) \frac{p(\boldsymbol{x})}{q(\boldsymbol{x})} d\boldsymbol{x}\right) \\ &= -\log\left(\int p(\boldsymbol{x}) d\boldsymbol{x}\right) = -\log 1 = 0 \end{aligned} \tag{6.32}$$

最後の行では $p(\boldsymbol{x})$ が確率分布であることにより，全体で積分すると 1 になる

ことを利用した．これより $D(q||p)$ が常に 0 以上（非負）になることがいえた．

二つの確率分布 p と q が完全に一致する時，$D(q||p) = 0$ である．分布 p と q が大きく異なる時，$D(q||p)$ は大きな値になる．このため KL 情報量は分布の間の距離のようなものといいたくなるが，厳密には距離ではない．それは $D(q||p) \neq D(p||q)$ となるためである．距離の場合，p から q までの距離と q から p までの距離は一致するが，KL 情報量はその性質を満たさない．代わりに KL ダイバージェンス (KL divergence) と呼ばれるのは diverge が「離れていく」という意味であることから来ている．KL 情報量すなわち KL ダイバージェンスは分布 p と q がどれだけ離れているかを表している．

なお，KL 情報量が定義できるのは同一の確率変数についての確率分布同士でなくてはならないことには注意する．変分下界は式 (6.23) で $\mathcal{B}(\boldsymbol{\theta}, \hat{\boldsymbol{\theta}}) = \int p(\boldsymbol{z}|\boldsymbol{x}, \hat{\boldsymbol{\theta}}) \log(p(\boldsymbol{x}, \boldsymbol{z}|\boldsymbol{\theta})/p(\boldsymbol{z}|\boldsymbol{x}, \hat{\boldsymbol{\theta}})) d\boldsymbol{z}$ と定義されているため，KL 情報量と形が似ているが，$\boldsymbol{z}$ についての分布 $p(\boldsymbol{z}|\boldsymbol{x}, \hat{\boldsymbol{\theta}})$ と $\boldsymbol{x}$ と $\boldsymbol{z}$ についての同時分布 $p(\boldsymbol{x}, \boldsymbol{z}|\boldsymbol{\theta})$ の間で KL 情報量を定義することはできないため，変分下界は KL 情報量ではない．

6.2.5 EM アルゴリズムによる変分下界の増加

EM アルゴリズムにおいて $\boldsymbol{\theta}$ と $\hat{\boldsymbol{\theta}}$ の更新を繰り返すことで変分下界が増加していくことは以下のように示せる．

▶ $\hat{\boldsymbol{\theta}}$ の更新における変分下界の増加　　E-ステップでは $\hat{\boldsymbol{\theta}}$ に $\boldsymbol{\theta}$ の値が代入される．変分下界 $\mathcal{B}$ は対数尤度 $\log p(\boldsymbol{x}|\boldsymbol{\theta})$ から KL 情報量を引いた値であるが，もし $p(\boldsymbol{z}|\boldsymbol{x}, \hat{\boldsymbol{\theta}})$ と $p(\boldsymbol{z}|\boldsymbol{x}, \boldsymbol{\theta})$ の分布の形が同じであれば，$\boldsymbol{\theta} = \hat{\boldsymbol{\theta}}$ の時，二つの分布は一致し，KL 情報量は 0 になる．つまり変分下界は $\boldsymbol{\theta} = \hat{\boldsymbol{\theta}}$ の時に対数尤度と一致する．一方，このステップでは $\boldsymbol{\theta}$ は変化しないので，対数尤度 $\log p(\boldsymbol{\theta})$ は変わらない．KL 情報量が非負であることより，変分下界は対数尤度より常に小さいか等しく，それが対数尤度と一致することは変分下界の増加を意味する．すなわちこのステップで変分下界は増加する（図 6.8）．

▶ $\boldsymbol{\theta}$ の更新における変分下界の増加　　変分下界 $\mathcal{B}$ は Q 関数とエントロピー $H(p(\boldsymbol{z}|\boldsymbol{x}, \hat{\boldsymbol{\theta}}))$ の和でもある．このステップでは $\hat{\boldsymbol{\theta}}$ を固定した状態で $\boldsymbol{\theta}$ を動か

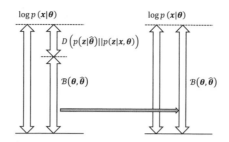

図 6.8 $\hat{\theta}$ の更新（左図から右図への変化）によって分布が一致し，KL 情報量が 0 になるため，変分下界 $\mathcal{B}$ は増加する．

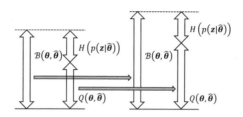

図 6.9 θ の更新（左図から右図への変化）によって Q 関数を最大化する．これによって Q 関数の値が増加した場合，変分下界 $\mathcal{B}$ も増加する．エントロピー $H(p(z|\hat{\theta}))$ は θ を含まないため，変化しない．

し，Q 関数を最大化する．これは Q 関数の値を最大にするパラメータ θ を求めることを意味する．そのための方法としては最尤法と同様，微分して 0 とおく，あるいはラグランジュ未定乗数法が使える．$\hat{\theta}$ が固定されているため，エントロピー $H(p(z|x,\hat{\theta}))$ は変化しない一方，Q 関数が増加するため，変分下界は増加する（図 6.9）．

以上により，EM アルゴリズムによって変分下界が増加していくことがいえる．変分下界と KL 情報量の和である対数尤度は常に変分下界より大きいため，対数尤度 $\log p(x|\theta)$ も増加していく．つまり EM アルゴリズムは対数尤度を増加させる．

6.2.6 大域最適解と局所最適解

注意すべきことは，EM アルゴリズムで得られる結果は必ずしも対数尤度を最大化するパラメータであるとは限らないという点である．実際，山登りで考

えると，ひたすら上がっていくという方針の場合，出発点によってどこに到達するかが異なる．たとえばブエノスアイレスから出発して標高の高い方向をひたすら目指していった場合，南米大陸最高峰のアコンカグアの頂上に到達してしまい，エベレストの頂上には到達できない．

エベレストの頂上は世界で一番高い地点であり，これは対数尤度を一番高くするパラメータの値，すなわち**大域最適解** (global optimum) に相当する．一方，アコンカグアの頂上はその周囲のどの方向にも自分より高い場所が存在しない地点である．これは対数尤度の最大化においては**局所最適解** (local optimum) と呼ばれる．大域最適解でもその周辺は自分より低くなっているため，大域最適解は特殊な局所最適解であるといえる．

図 6.10 に局所最適解と大域最適解の例を示した．両者は一般の関数の用語としては最大値と極大値に相当する．大域最適解以外の局所最適解が複数存在する場合，EM アルゴリズムのように反復によってパラメータの値を更新していくアルゴリズムは初期値をうまく選ばないと大域最適解に到達できないことが多い．

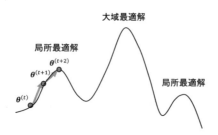

図 6.10 局所最適解は局所的に最大だが，全体の中で最大ではない．そのため現在のパラメータ値を使って最大化していくと，局所最適解に到達し，大域最適解に到達できないことがある．

どのような局所最適解に収束するかは EM アルゴリズムを始める前に定める θ の初期値に依存する．もし大域最適解でない局所最適解周辺の初期値から始めてしまうと，現在のパラメータの値，すなわち現在の位置などの局所的な情報を使って学習していくだけでは局所最適解に到達してしまい，そこから抜け出すことができない．これは EM アルゴリズムが抱えるひとつの重要な課題である．そのため実際に学習アルゴリズムを使用する際は初期値をランダムに決

めて学習を行い，対数尤度があまり変化しなくなったらその時点でのパラメータを保存しておく．次に別の初期値を使って再度学習を行い，対数尤度があまり変化しなくなるまで学習を行い，パラメータを保存する．これを繰り返し，得られた多数のパラメータのうちでもっとも対数尤度が大きいものを選ぶことが一般的である．

6.3 グラフィカルモデル

混合ガウスモデルでは観測変数 $x^{(i)}$ に対し，潜在変数 $z^{(i)}$ をひとつ考えた．本章の最初に述べたフィットネスクラブの例に当てはめると，ひとりのユーザ $x^{(i)}$ に対し，フィットネスクラブに通う目的 $z^{(i)}$ がひとつ存在している．目的は直接観測できないため，潜在的要素である．自然界や社会現象ではより多くの要素が絡み合って観測値が決まっていると考えられる．すなわち現実に観測される値は様々な要因の組合せによって決まっている．そのような多数の要因を扱うためには多数の潜在変数からなる複雑なモデルが必要である．たとえば天気予報では各地点における気温や湿度，風向や降雨量など，多くの観測変数が得られる．そしてその背後には多数の隠れた要因が存在する．それらの間に条件付き確率を考えることで，要因の間の依存関係を表現できる．このような確率的なモデルを考えることがベイズ統計ならびに統計的な機械学習の要である．

確率変数の間の依存関係を表現するのにグラフィカルモデル (graphical model) という表記法が使用できる．図 6.11 はその一例である．ひとつのノード（円）が確率変数であり，確率変数間で矢印を引く．これらの矢印に基づいて確率変

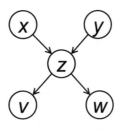

図 6.11 グラフィカルモデルの例．ノードが確率変数を表し，それらの間の関係性を矢印で表す．

数の分布がどのように条件付けされるかを決める手法をマルコフブランケット (Markov blanket) と呼ぶ．ブランケットとは毛布という意味であり，ノードを包む領域を意味する．マルコフ性は 8 章でマルコフ連鎖モンテカルロ法について述べる時にも説明するが，確率変数に影響を与える範囲が限定されていることを表す用語である．図 6.12 はマルコフブランケットの範囲を示している．

グラフィカルモデルに現れる各確率変数について，その分布はマルコフブランケットに入る確率変数のみによって決定する．言い換えれば分布の条件部に入れるのはマルコフブランケット内の変数だけでよい．図 6.12 では説明のため，ノード間の矢印を親子関係に喩えている．各矢印についてそれが出発するノードが親，それが到達するノードが子供である．

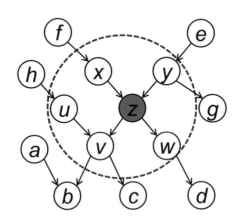

図 **6.12** ノード z のマルコフブランケットの範囲を点線で表している．これには両親 (x,y)・子供 (v,w)・配偶者 (u) は入るが，兄弟 (g) は入らない．祖父母 (f,e)，孫 (b,c,d)，婿嫁 (a)，舅姑 (h) も入らない．

図 6.11 では v のマルコフブランケットに入るのは親 z のみであるので，それによって v の分布は決定する．すなわち x,y,w は v の分布を決めるには不要であり，$p(v|x,y,z,w) = p(v|z)$ がいえる．同様に y の分布は子 z と共同親 (co-parent)（すなわち配偶者）x のみによって決定するので，$p(y|x,z,v,w) = p(y|z,x)$ もいえる．

同種のノードが多数存在する時，それらをまとめて示すのにプレート (plate) と呼ばれる表記法が便利である．プレートは長方形で表され，その中にあるノー

6.3 グラフィカルモデル

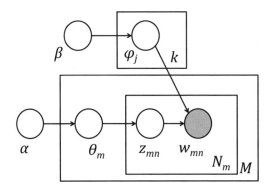

図 6.13 プレートを使ったグラフィカルモデル．プレートは同一の性質を持つ確率変数をまとめて表すのに使われる．なお，観測値を表す変数を灰色で表すこともよく行われる．この例はテキスト解析の目的で広く使われてきた LDA (latent Dirichlet allocation) という確率モデルを表している．

ドが複数存在することを表している．たとえば図 6.13 では確率変数 θ_m が M 個存在し，それらがいずれも共通の α を条件として互いに条件付き独立であることを表している．たとえば $p(\theta_1, ..., \theta_M | \alpha) = \prod_{m=1}^{M} p(\theta_m | \alpha)$ という条件付き独立性はこのグラフィカルモデルと合致している．また，プレートが入れ子になっている場合，内側のプレートの中にある確率変数は二つのプレートで指定された繰り返し回数の積の数だけ存在する．図 6.13 のように表記されている場合，N_m は m ごとに異なった値でよいため，w_{mn} や z_{mn} は $\sum_{m=1}^{M} N_m$ 個存在する．

式 (6.4) で表した混合ガウスモデルのグラフィカルモデルは図 6.14 のように表される．この図より確率変数 $\boldsymbol{x}$ の分布は $p(\boldsymbol{x}|\boldsymbol{z}, \boldsymbol{\mu}, \boldsymbol{\sigma}^2)$ と表すことができ，$\boldsymbol{z}$ の分布は $p(\boldsymbol{z}|\boldsymbol{x}, \boldsymbol{\pi})$ と表せることが分かる．

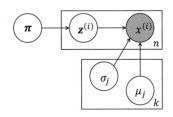

図 6.14 混合ガウスモデル（GMM）のグラフィカルモデル

6.3.1 多次元の観測値

本章ではひとつの標本が持つ観測値が年齢というひとつの値，すなわち1次元である場合を例にしてEMアルゴリズムについて述べた．機械学習では画像や音声，文章など，様々なデータが対象になるが，これらはいずれも数値の並び，すなわちベクトルとして扱われる．たとえば画像であればピクセルごとにその色や明るさを数値で表現する．文章は文字や単語の並びであるが，計算機は個々の文字や単語を数値で表現する．しかしこれらの場合であっても，EMアルゴリズムは容易に拡張できる．1次元の確率分布 $p(x|\boldsymbol{\theta})$ の代わりにベクトルの確率分布 $p(\boldsymbol{x}|\boldsymbol{\theta})$ を考えればよいためである．

もっともシンプルなアプローチは観測変数ベクトル $\boldsymbol{x}$ の各成分が互いに独立であると仮定して，以下のように1次元の分布への分解を行うことである．

$$p(\boldsymbol{x}|\boldsymbol{\theta}) = p(x_1, x_2, ..., x_m|\boldsymbol{\theta}) = \prod_{j=1}^{m} p(x_j|\boldsymbol{\theta}) \tag{6.33}$$

対数尤度は $\log p(\boldsymbol{x}|\boldsymbol{\theta}) = \sum_{j=1}^{m} \log p(x_j|\boldsymbol{\theta})$ となるため，次元 j ごとに最大化を行えばよい．確率分布がそれぞれ正規分布に従う場合，同時分布は以下のように表せる．

$$p(\boldsymbol{x}|\boldsymbol{\theta}) = \prod_{j=1}^{m} \mathcal{N}(x_j|\mu_j, \sigma_j^2) \tag{6.34}$$

観測変数ベクトルの成分が互いに独立であるという仮定を緩め，それらの間に従属性が存在すると考えた場合，その分布を表すひとつの方法は2.5.3項で述べた多変量正規分布を使うことである．多次元データであってもパラメータの学習にEMアルゴリズムを使用する場合，基本的な考え方は本章で述べたのと変わらない．たとえば画像を扱う場合，各ピクセルがひとつの確率変数になるため，100万画素の画像を扱うには100万個の観測変数が必要である．機械翻訳のように自然言語を扱う場合，単語はone-hotベクトルで表現されることが多いが，単語は数十万存在するため，ベクトルの次元が巨大になる．しかしいずれの場合もプレートを使うことでそれらは簡潔なグラフィカルモデルで表現できる．確率変数の間の条件付き独立によって分解し，EMアルゴリズムによって負担率の計算と最尤推定を繰り返すことになる．

章 末 問 題

6-1 EM アルゴリズムによる混合ガウスモデルの推定のうち，分散は固定として平均のみ推定するようにしたものを **k-means クラスタリング** (k-means clustering) と呼ぶ．この名称は k 個の平均 (mean) を推定していくことから来ている．$z_j^{(i)} = 1$ の場合に観測値が $\mathcal{N}(x^{(i)}|\mu_j, 1)$ に従うとした時，EM アルゴリズムにおいて負担率 r_{ij} に基づいて Q 関数を最大にするパラメータ $\boldsymbol{\mu}$ を求めよ．

6-2 前問の k-means クラスタリングの Q 関数に基づき，潜在変数 $\boldsymbol{z}^{(i)}$ の分布のパラメータ $\boldsymbol{\pi}$ の推定量の更新式を求めよ．

6-3 混合ガウスモデルにおける正規分布をマルチヌーイ分布に置き換えたもの，いわば混合マルチヌーイ分布は**トピックモデル** (topic model) と呼ばれることが多い．これはたとえば自然言語理解のプログラムにおいて使われる．文章に現れうるすべての単語数を m とすると，文章における i 番目の位置にどの単語が現れたかを m 次元の one-hot ベクトル $\boldsymbol{x}^{(i)}$ によって表現できる．どの単語がどれだけ現れやすいかの分布はマルチヌーイ分布で表現できる．トピックモデルでは文章の各位置 i ごとにトピック（話題）が決まっており，それに応じた単語が確率的に選ばれていると捉えられる．トピック数を k とすると，位置 i におけるトピックを表す $\boldsymbol{z}^{(i)}$ は k 次元の one-hot ベクトルであり，そのどの成分が非零であるかによって，$\boldsymbol{x}^{(i)}$ の分布としてどのパラメータを持つマルチヌーイ分布が使われるかが決まる．たとえば $\boldsymbol{z}^{(i)}$ の j 次元目が非零の場合，$\boldsymbol{x}^{(i)}$ はマルチヌーイ分布 $\mathcal{M}(\boldsymbol{x}^{(i)}|\boldsymbol{\mu}^{(j)})$ に従う．ただし $\boldsymbol{\mu}^{(j)}$ はトピック j に対応するパラメータベクトルである．このような構造を持つトピックモデルの Q 関数を求めよ．

7 　変分ベイズ

　最尤推定と比較した場合，ベイズ推定の特色はパラメータについての分布を考えることであった．前章で述べたEMアルゴリズムによる混合ガウスモデルの推定では観測変数と潜在変数の分布のみを考えたため，パラメータの分布については考慮されていなかった．EMアルゴリズムと同様に変分下界を使いつつ，パラメータの分布も考えることでベイズ的な拡張を行う方法のひとつが本章で述べる**変分ベイズ** (variational Bayes) である．変分ベイズでは平均場近似と呼ばれる手法と組み合わせることで複雑な統計モデルのパラメータを現実的な時間内で推定することを可能にし，多くの機械学習タスクにおいて欠かすことのできないテクニックとなっている．4章で紹介した確率分布はパラメータ推定が容易なものであり，それより複雑な確率モデルになるとそのパラメータを厳密に推定することは一般には困難なため，変分ベイズのような近似手法が重要となる．

7.1 　変分法と変分ベイズ

　前章ではパラメータ θ と潜在変数 z を区別したが，ベイズ統計ではパラメータも確率変数であり，潜在変数の一種となるため，本章ではすべてまとめて ω で表す．z は潜在クラスであり，それとパラメータをまとめたものが本章における潜在変数である．

　変分ベイズという名称は物理学で使われる**変分法** (calculus of variation) という手法から来ている．変分法は関数による微分を使用する数学的手法の総称

である．「関数を微分」ではなく「関数で微分」である．f を関数として，それを x で微分するのが df/dx であるが，L を別の関数として，dL/df という微分を行うのである．これが行えるためには L が「関数を引数とする関数」でなくてはならない．そのような関数は**汎関数** (functional) と呼ばれる．関数による汎関数の微分が**変分** (functional derivative) である．

EM アルゴリズムではパラメータ $\boldsymbol{\theta}$ を引数とする変分下界 $\mathcal{B}(\boldsymbol{\theta}, \hat{\boldsymbol{\theta}})$ を考えた．変分ベイズでは変分下界の引数として近似分布 q を使用する．すなわち変分下界 $\mathcal{B}$ は分布 q に対する汎関数となり，$\mathcal{B}(q)$ と表される．$\mathcal{B}(q)$ を最大化する近似分布 q を求めることが変分ベイズの目標である．そもそも EM アルゴリズムにおいて変分下界という名称が使われていたのも，変分ベイズから来ている．実際のところ，EM アルゴリズムは変分ベイズの特殊例である．

7.2 変分ベイズにおける変分下界

EM アルゴリズムにおける変分下界 $\mathcal{B}(\boldsymbol{\theta}, \hat{\boldsymbol{\theta}})$ は式 (6.23) で示したように，対数尤度から KL 情報量を引いた値として表せた．

$$\mathcal{B}(\boldsymbol{\theta}, \hat{\boldsymbol{\theta}}) = \log p(\boldsymbol{x}|\boldsymbol{\theta}) - D(p(\boldsymbol{z}|\hat{\boldsymbol{\theta}}) || p(\boldsymbol{z}|\boldsymbol{x}, \boldsymbol{\theta})) \tag{7.1}$$

変分ベイズではパラメータと潜在変数をまとめて $\boldsymbol{\omega}$ で表すため，変分下界の引数として $\boldsymbol{\theta}$ や $\hat{\boldsymbol{\theta}}$ を使うことができない．代わりに近似分布 q 自体を引数にする．

$$\mathcal{B}(q) = \log p(\boldsymbol{x}) - D(q(\boldsymbol{\omega}) || p(\boldsymbol{\omega}|\boldsymbol{x})) \tag{7.2}$$

学習の際には訓練データ $\boldsymbol{x}$ がすべて観測済みであるため，$p(\boldsymbol{x})$ は定数である．ゆえに変分下界が大きくなるように q を変えていけば，KL 情報量は小さくなる．すなわち近似分布 $q(\boldsymbol{\omega})$ を真の分布 $p(\boldsymbol{\omega}|\boldsymbol{x})$ に近づけられる．なお，本章で「真の分布」といった時，それは現実にデータがその分布に従っているという意味ではない．真の分布は人間の及び知るところではない．一方，$p(\boldsymbol{\omega}|\boldsymbol{x})$ が表しているのは「真であると仮定された分布」である．EM アルゴリズムと同様，真であると仮定された分布のパラメータを推定する計算が困難であるため，近似分布を考え，そのパラメータを推定する．

$p(\boldsymbol{x})$ は 3.3.2 項で述べた周辺尤度すなわちエビデンスであるため，変分下界

は **ELBO**(evidence lower bound) とも呼ばれる．実際，KL 情報量の非負性により，変分下界はエビデンスの対数 $\log p(\boldsymbol{x})$ の下界になっている．

変分下界は対数法則や条件付き確率の定義 $p(\boldsymbol{\omega}|\boldsymbol{x}) = p(\boldsymbol{x},\boldsymbol{\omega})/p(\boldsymbol{x})$ を使用して以下のように変形できる．1 行目から 2 行目への変形では $\int q(\boldsymbol{\omega}) d\boldsymbol{\omega} = 1$ を使った．2 行目から 3 行目への変形では $\log p(\boldsymbol{x})$ は $\boldsymbol{\omega}$ を含まないため，積分の中に入れられることを使った．

【変分ベイズにおける変分下界の変形】

$$\begin{aligned}
\mathcal{B}(q) &= \log p(\boldsymbol{x}) - D(q(\boldsymbol{\omega})||p(\boldsymbol{\omega}|\boldsymbol{x})) \\
&= \log p(\boldsymbol{x}) \int q(\boldsymbol{\omega}) d\boldsymbol{\omega} - \int q(\boldsymbol{\omega}) \log \frac{q(\boldsymbol{\omega})}{p(\boldsymbol{\omega}|\boldsymbol{x})} d\boldsymbol{\omega} \\
&= \int q(\boldsymbol{\omega}) \log p(\boldsymbol{x}) d\boldsymbol{\omega} - \int q(\boldsymbol{\omega}) \log \frac{q(\boldsymbol{\omega})}{p(\boldsymbol{\omega}|\boldsymbol{x})} d\boldsymbol{\omega} \\
&= \int q(\boldsymbol{\omega}) \log p(\boldsymbol{x}) d\boldsymbol{\omega} - \int q(\boldsymbol{\omega}) \log q(\boldsymbol{\omega}) d\boldsymbol{\omega} + \int q(\boldsymbol{\omega}) \log p(\boldsymbol{\omega}|\boldsymbol{x}) d\boldsymbol{\omega} \\
&= \int q(\boldsymbol{\omega}) \log p(\boldsymbol{x}) p(\boldsymbol{\omega}|\boldsymbol{x}) d\boldsymbol{\omega} - \int q(\boldsymbol{\omega}) \log q(\boldsymbol{\omega}) d\boldsymbol{\omega} \\
&= \int q(\boldsymbol{\omega}) \log \frac{p(\boldsymbol{x},\boldsymbol{\omega})}{q(\boldsymbol{\omega})} d\boldsymbol{\omega} \quad\quad\quad\quad\quad\quad (7.3)
\end{aligned}$$

この導出は EM アルゴリズムにおいて変分下界を変形した式 (6.23) を逆に辿るのに対応しており，変分ベイズにおける変分下界と EM アルゴリズムにおける対応関係を示している．式 (7.3) は期待値を使って以下のように表すこともできる．

$$\mathcal{B}(q) = \mathbb{E}_{q(\boldsymbol{\omega})}[\log p(\boldsymbol{x},\boldsymbol{\omega})] - \mathbb{E}_{q(\boldsymbol{\omega})}[\log q(\boldsymbol{\omega})] \quad\quad (7.4)$$

7.2.1 分布の分解

$\boldsymbol{\omega}$ は潜在変数の集まりであるが，それを複数のグループに分けた場合，それぞれを $\boldsymbol{\omega}_\tau$ で表す．すなわち各 τ について，$\boldsymbol{\omega}_\tau$ は潜在変数のグループである．また，$\boldsymbol{\omega}_\tau$ に含まれるすべての潜在変数の同時分布を $q_\tau(\boldsymbol{\omega}_\tau)$ で表す．変分ベイズでは潜在変数の分布 $q(\boldsymbol{\omega})$ を知ることが最終的な目的であるが，そのための

7.2 変分ベイズにおける変分下界

手段として各 τ について分布 $q_\tau(\boldsymbol{\omega}_\tau)$ を求める．$q_\tau(\boldsymbol{\omega}_\tau)$ は $\boldsymbol{\omega}$ のうち，$\boldsymbol{\omega}_\tau$ に含まれない潜在変数によって条件付けられているが，条件部は明示しない．

変分ベイズにおけるもっとも重要な仮定は $q(\boldsymbol{\omega})$ が $q_\tau(\boldsymbol{\omega}_\tau)$ の積に分解できるとすることである．

潜在変数の分布 $q(\boldsymbol{\omega})$
$$q(\boldsymbol{\omega}) = \prod_{\tau=1}^{m} q_\tau(\boldsymbol{\omega}_\tau) \tag{7.5}$$

注意すべきことは，この分解は $\boldsymbol{\omega}_1, \boldsymbol{\omega}_2, ..., \boldsymbol{\omega}_m$ が互いに独立あるいは条件付き独立であることを表しているわけではない．実際，$q_\tau(\boldsymbol{\omega}_\tau)$ が $\boldsymbol{\omega}_\tau$ 以外の潜在変数で条件付けられていることはありうる．条件部を明示していないだけである．

変分ベイズではほぼこの分解を仮定することだけから $q_\tau(\boldsymbol{\omega}_\tau)$ がどのような形の確率分布になるべきかが導かれるところが興味深い．もちろん，それにあたっては真の分布 p がどのような形をしているかの仮定は使われる．

近似分布 $q(\boldsymbol{\omega})$ の分解を表す式 (7.5) を変分下界を表す式 (7.3) の最右辺に代入すると，以下が得られる．簡潔のため，以後は $q_\tau(\boldsymbol{\omega}_\tau)$ を q_τ で表す．

$$\begin{aligned} \mathcal{B}(q) &= \int q(\boldsymbol{\omega}) \log \frac{p(\boldsymbol{x}, \boldsymbol{\omega})}{q(\boldsymbol{\omega})} d\boldsymbol{\omega} = \int \prod_{\tau=1}^{m} q_\tau \log \frac{p(\boldsymbol{x}, \boldsymbol{\omega})}{q(\boldsymbol{\omega})} d\boldsymbol{\omega} \\ &= \int \prod_{\tau=1}^{m} q_\tau \log p(\boldsymbol{x}, \boldsymbol{\omega}) d\boldsymbol{\omega} - \int \prod_{\tau=1}^{m} q_\tau \log \prod_{\iota=1}^{m} q_\iota d\boldsymbol{\omega} \end{aligned} \tag{7.6}$$

すべての潜在変数を同時に動かして変分下界を最大化するのは難しそうなため，潜在変数をグループごとに動かすことを考える．すなわち潜在変数のグループ $\boldsymbol{\omega}_1, \boldsymbol{\omega}_2, ..., \boldsymbol{\omega}_m$ のうち，あるグループ $\boldsymbol{\omega}_\ell$ だけに着目する．つまり $\boldsymbol{\omega}_\ell$ を含まない部分はすべて定数項 c にまとめてしまう．これは式 (7.6) において q_ℓ を括り出すことで行える．$\boldsymbol{\omega}_\ell$ 以外についての積を $\prod_{\tau \neq \ell}$ で表す．

式 (7.6) の第一項は以下のように変形できる．なお，$\int \cdots d\boldsymbol{\omega}_{\backslash \ell}$ は $\boldsymbol{\omega}$ の $\boldsymbol{\omega}_\ell$ 以外のすべての変数で積分することを意味する．

【式 (7.6) 最終行の第一項の計算】

$$\int \prod_{\tau=1}^{m} q_\tau \log p(\boldsymbol{x}, \boldsymbol{\omega}) d\boldsymbol{\omega} = \int q_\ell \left(\prod_{\tau \neq \ell}^{m} q_\tau \right) \log p(\boldsymbol{x}, \boldsymbol{\omega}) d\boldsymbol{\omega}$$

$$= \int q_\ell \left(\int \prod_{\tau \neq \ell} q_\tau \log p(\boldsymbol{x}, \boldsymbol{\omega}) d\boldsymbol{\omega}_{\setminus \ell} \right) d\boldsymbol{\omega}_\ell \tag{7.7}$$

式 (7.6) の第二項については以下のように変形できる.ただし各 τ について q_τ が確率分布であることより,$\int q_\ell d\boldsymbol{\omega}_\ell = 1$ ならびに $\int \left(\prod_{\tau \neq \iota} q_\tau \right) d\boldsymbol{\omega}_{\setminus \ell} = 1$ となることを使っている.また,$\mathfrak{c}$ は q_ℓ を含まない定数である.

【式 (7.6) 最終行の第二項の計算】

$$\int \prod_{\tau=1}^{m} q_\tau \log \prod_{\iota=1}^{m} q_\iota d\boldsymbol{\omega} = \int \prod_{\tau=1}^{m} q_\tau \sum_{\iota=1}^{m} \log q_\iota d\boldsymbol{\omega}$$

$$= \int \left(\prod_{\tau \neq \ell} q_\tau \right) q_\ell \left(\log q_\ell + \sum_{\iota \neq \ell} \log q_\iota \right) d\boldsymbol{\omega}$$

$$= \int \left(\prod_{\tau \neq \ell} q_\tau \right) q_\ell \log q_\ell d\boldsymbol{\omega} + \int \left(\prod_{\tau \neq \ell} q_\tau \right) q_\ell \sum_{\iota \neq \ell} \log q_\iota d\boldsymbol{\omega}$$

$$= \int \left(\prod_{\tau \neq \ell} q_\tau \right) d\boldsymbol{\omega}_{\setminus \ell} \int q_\ell \log q_\ell d\boldsymbol{\omega}_\ell + \int \left(\prod_{\tau \neq \ell} q_\tau \right) \left(\sum_{\iota \neq \ell} \log q_\iota \right) d\boldsymbol{\omega}_{\setminus \ell} \int q_\ell d\boldsymbol{\omega}_\ell$$

$$= \int q_\ell \log q_\ell d\boldsymbol{\omega}_\ell + \mathfrak{c} \tag{7.8}$$

式 (7.7) と式 (7.8) を式 (7.6) に代入すると以下を得る.$\mathbb{E}_{\setminus \boldsymbol{\omega}_\ell}$ は $\boldsymbol{\omega}_\ell$ 以外のすべての潜在変数について期待値を求めることを意味する.たとえば $\boldsymbol{\omega} = \{\boldsymbol{\omega}_1, \boldsymbol{\omega}_2\}$ の場合,$\ell = 1$ についての $\mathbb{E}_{\setminus \boldsymbol{\omega}_\ell}[f(\boldsymbol{\omega}_1, \boldsymbol{\omega}_2)]$ は $\int q_{\boldsymbol{\omega}_2} f(\boldsymbol{\omega}_1, \boldsymbol{\omega}_2) d\boldsymbol{\omega}_2$ である.

$$\mathcal{B}(q) = \int q_\ell \left(\int \prod_{\tau \neq \ell} q_\tau \log p(\boldsymbol{x}, \boldsymbol{\omega}) d\boldsymbol{\omega}_{\backslash \ell} \right) d\boldsymbol{\omega}_\ell - \int q_\ell \log q_\ell d\boldsymbol{\omega}_\ell + \mathfrak{e}$$

$$= \int q_\ell \mathbb{E}_{\backslash \boldsymbol{\omega}_\ell}[\log p(\boldsymbol{x}, \boldsymbol{\omega})] d\boldsymbol{\omega}_\ell - \int q_\ell \log q_\ell d\boldsymbol{\omega}_\ell + \mathfrak{e}$$

$$= -\left(\int q_\ell \log q_\ell d\boldsymbol{\omega}_\ell - \int q_\ell \mathbb{E}_{\backslash \boldsymbol{\omega}_\ell}[\log p(\boldsymbol{x}, \boldsymbol{\omega})] d\boldsymbol{\omega}_\ell \right) + \mathfrak{e}$$

$$= -\mathbb{E}_{q_\ell} \left[\log q_\ell - \mathbb{E}_{\backslash \boldsymbol{\omega}_\ell}[\log p(\boldsymbol{x}, \boldsymbol{\omega})] \right] + \mathfrak{e} \tag{7.9}$$

7.2.2 KL 情報量の最小化による変分下界の最大化

式 (7.9) の最終行の $\mathbb{E}_{\backslash \boldsymbol{\omega}_\ell}[\log p(\boldsymbol{x}, \boldsymbol{\omega})]$ では $\boldsymbol{\omega}_\ell$ 以外の潜在変数は期待値を求めることによって消えているため，$\boldsymbol{\omega}_\ell$ のみの関数になっている．ゆえに $\mathbb{E}_{q_\ell} \left[\log q_\ell - \mathbb{E}_{\backslash \boldsymbol{\omega}_\ell}[\log p(\boldsymbol{x}, \boldsymbol{\omega})] \right]$ は $\boldsymbol{\omega}_\ell$ の関数である $\log q_\ell$ と $\mathbb{E}_{\backslash \boldsymbol{\omega}_\ell}[\log p(\boldsymbol{x}, \boldsymbol{\omega})]$ の差の期待値の形をしている．EM アルゴリズムにおいて活躍した KL 情報量 $E_{q(x)}[\log(q(x)/p(x))]$ は二つの対数尤度の差の期待値 $E_{q(x)}[\log q(x) - \log p(x)]$ として表せた．KL 情報量はいくら減らしていっても 0 よりは小さくならないため，それを減らすアルゴリズムはいつか収束する．そのため最小化問題において使いやすい．

式 (7.9) の最終行の $\mathbb{E}_{q_\ell} \left[\log q_\ell - \mathbb{E}_{\backslash \boldsymbol{\omega}_\ell}[\log p(\boldsymbol{x}, \boldsymbol{\omega})] \right]$ を KL 情報量として表せると，それの最小化を変分下界の最大化と対応させられる．そこで式 (7.9) の最右辺を少し変形し，KL 情報量を使った形で表したい．

そのためには対数が $\mathbb{E}_{\backslash \boldsymbol{\omega}_\ell}[\log p(\boldsymbol{x}, \boldsymbol{\omega})]$ の形になる確率分布 $\tilde{p}_\ell(\boldsymbol{\omega}_\ell|\boldsymbol{x})$ があればよい．そこで対数と相殺するように，指数を使って $\exp \left(\mathbb{E}_{\backslash \boldsymbol{\omega}_\ell}[\log p(\boldsymbol{x}, \boldsymbol{\omega})] \right)$ と表すことが考えられるが，これは $\boldsymbol{\omega}_\ell$ について積分した時に 1 になるとは限らないため，確率分布とは限らない一般の分布である．そのため以下のように規格化によって $\boldsymbol{\omega}_\ell$ についての確率分布 $\tilde{p}_\ell(\boldsymbol{\omega}_\ell|\boldsymbol{x})$ を定義する．

$$\tilde{p}_\ell(\boldsymbol{\omega}_\ell|\boldsymbol{x}) = \frac{1}{\tilde{C}} \exp \left(\mathbb{E}_{\backslash \boldsymbol{\omega}_\ell}[\log p(\boldsymbol{x}, \boldsymbol{\omega})] \right) \tag{7.10}$$

ただし $\tilde{C}$ は規格化定数であり，$\exp \left(\mathbb{E}_{\backslash \boldsymbol{\omega}_\ell}[\log p(\boldsymbol{x}, \boldsymbol{\omega})] \right)$ を $\boldsymbol{\omega}_\ell$ がとりうるすべての値について積分することで得られる．積分の際に動かす潜在変数は $\boldsymbol{\omega}_\ell$ と区別するため，$\boldsymbol{\omega}_\ell'$ で表した．

$$\tilde{C} = \int \exp \left(\mathbb{E}_{\backslash \boldsymbol{\omega}_\ell'}[\log p(\boldsymbol{x}, \boldsymbol{\omega}')] \right) d\boldsymbol{\omega}_\ell' \tag{7.11}$$

式 (7.10) の両辺の対数として以下を得る.

$$\log \tilde{p}_\ell(\boldsymbol{\omega}_\ell|\boldsymbol{x}) = \mathbb{E}_{\setminus \boldsymbol{\omega}_\ell}[\log p(\boldsymbol{x}, \boldsymbol{\omega})] - \log \tilde{C} \quad (7.12)$$

式 (7.12) を式 (7.9) に代入すると以下が得られる. ただし $c = \mathfrak{e} + \log \tilde{C}$ と定義した.

$$\begin{aligned}
\mathcal{B}(q) &= -\mathbb{E}_{q_\ell}\left[\log q_\ell - \mathbb{E}_{\setminus \boldsymbol{\omega}_\ell}[\log p(\boldsymbol{x}, \boldsymbol{\omega})]\right] + \mathfrak{e} \\
&= -\left(\int q_\ell \log q_\ell d\boldsymbol{\omega}_\ell - \int q_\ell \mathbb{E}_{\setminus \boldsymbol{\omega}_\ell}[\log p(\boldsymbol{x}, \boldsymbol{\omega})]d\boldsymbol{\omega}_\ell\right) + \mathfrak{e} \\
&= -\left(\int q_\ell \log q_\ell d\boldsymbol{\omega}_\ell - \int q_\ell \log \tilde{p}_\ell(\boldsymbol{\omega}_\ell|\boldsymbol{x})d\boldsymbol{\omega}_\ell\right) + c \\
&= -\int q_\ell \log \frac{q_\ell}{\tilde{p}_\ell(\boldsymbol{\omega}_\ell|\boldsymbol{x})} d\boldsymbol{\omega}_\ell + c = -D(q_\ell \| \tilde{p}_\ell) + c \quad (7.13)
\end{aligned}$$

$D(q_\ell \| \tilde{p}_\ell)$ は KL 情報量であるため, 非負である. 式 (7.13) の最右辺の第一項は KL 情報量に -1 が掛かっているため, 0 より大きくならない. ゆえに定数項 c 以外の部分を動かして $\mathcal{B}(q)$ を最大化するには $\tilde{p}_\ell(\boldsymbol{\omega}_\ell|\boldsymbol{x})$ との間の KL 情報量を 0 にする q_ℓ, すなわち以下を求めればよい.

$$\begin{aligned}
q_\ell &= \tilde{p}_\ell(\boldsymbol{\omega}_\ell|\boldsymbol{x}) = \frac{1}{\tilde{C}} \exp\left(\mathbb{E}_{\setminus \boldsymbol{\omega}_\ell}[\log p(\boldsymbol{x}, \boldsymbol{\omega})]\right) \\
&= \frac{\exp\left(\mathbb{E}_{\setminus \boldsymbol{\omega}_\ell}[\log p(\boldsymbol{x}, \boldsymbol{\omega})]\right)}{\int \exp\left(\mathbb{E}_{\setminus \boldsymbol{\omega}'_\ell}[\log p(\boldsymbol{x}, \boldsymbol{\omega}')]\right) d\boldsymbol{\omega}'_\ell} \quad (7.14)
\end{aligned}$$

以上が変分ベイズに基づく近似分布 q_ℓ の導出である. あとは具体的な分布 $p(\boldsymbol{x}, \boldsymbol{\omega})$ を式 (7.14) の右辺に代入することで近似分布 q_ℓ が得られる. この結果は近似分布が指数関数の形, すなわち指数分布族の分布になることを示唆している.

各 ℓ について式 (7.14) を使って q_ℓ を求めることを繰り返し, $q(\boldsymbol{\omega})$ を更新していくアルゴリズムは**座標上昇変分推論** (coordinate ascent variational inference, CAVI) とも呼ばれる [*1]. CAVI によってパラメータの更新を行うには具体的な分布 p について式 (7.14) の右辺を求める必要がある. 7.3.2 項では混

[*1] パラメータ空間ではパラメータベクトルの値 $\boldsymbol{\theta}$ がひとつの点で表される. 座標 (coordinate) とは座標軸における値であり, パラメータベクトルの成分 θ_i がそれに相当する. 座標ごとに, すなわち各 θ_i ごとに更新を行っていくアルゴリズムは座標上昇法あるいは座標降下法と呼ばれる. これは 9 章で述べる勾配降下法において多数の i についての θ_i が一括して更新されるのと対照的である.

合ガウスモデルについて具体的に近似分布 q_ℓ を求める.

式 (7.14) の右辺の分子を q_ℓ^* で表す.これは規格化されていない分布である.

$$q_\ell^*(\boldsymbol{\omega}_\ell) = \exp\left(\mathbb{E}_{\backslash \boldsymbol{\omega}_\ell}[\log p(\boldsymbol{x}, \boldsymbol{\omega})]\right) \tag{7.15}$$

$\boldsymbol{\omega}_\ell$ がパラメータの場合,$\mathbb{E}_{\backslash \boldsymbol{\omega}_\ell}[\log p(\boldsymbol{x}, \boldsymbol{\omega})]$ はパラメータ以外の潜在変数について期待値を求めることを意味する.この時,$\log q_\ell^*(\boldsymbol{\omega}_\ell)$ は EM アルゴリズムで使用した完全データの対数尤度の期待値 $\mathbb{E}_{p(\boldsymbol{z}|\boldsymbol{x}, \hat{\boldsymbol{\theta}})}[\log p(\boldsymbol{x}, \boldsymbol{z}|\boldsymbol{\theta})]$ すなわち Q 関数 $Q(\boldsymbol{\theta}, \hat{\boldsymbol{\theta}})$ に対応する.ゆえに EM アルゴリズムにおいて Q 関数を最大化することは変分ベイズにおいて q_ℓ を最大化することに相当する.そのため $\mathbb{E}_{\backslash \boldsymbol{\omega}_\ell}[\log p(\boldsymbol{x}, \boldsymbol{\omega})]$ はいわば一般化された Q 関数ともいえる.

変分ベイズで用いられる分布や汎関数の間の関係を図 7.1 にまとめて示した.

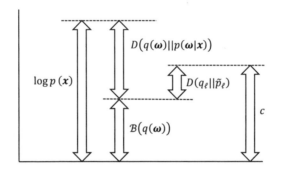

図 7.1 変分ベイズにおける対数尤度 $\log p(\boldsymbol{x})$ の分解.変分下界 $\mathcal{B}(q(\boldsymbol{\omega}))$ を増加させるように近似分布 $q(\boldsymbol{\omega})$ を更新する.それによって対数尤度を大きくする $q(\boldsymbol{\omega})$ が得られる.近似分布の部分要素 q_ℓ を変更させることで変分下界を増加させるには $D(q_\ell || \tilde{p}_\ell)$ を最小化し,q_ℓ にとっての定数 c に近づければよい.

7.2.3 平均場近似

統計物理で多数の原子から構成される物質を扱う時,個々の原子の状態を確率変数とみなすモデル化が行われる.この場合,$\boldsymbol{\omega}$ を構成する確率変数は無数に存在し,空間を埋め尽くしているため,場 (field) という表現が使われる.式 (7.15) では左辺にある $\boldsymbol{\omega}_\ell$ の値を求める際,右辺でそれ以外の確率変数について期待値計算が行われている.2.6 節で述べたように,確率変数の期待値は平均とも呼ばれる.いわばひとつの原子の状態を求めるため,周囲すなわち場からの平均的影響を計算しているといえる.このため式 (7.15) のもとになってい

る式 (7.5) の分解による $q(\boldsymbol{\omega})$ の近似を平均場近似 (mean-field approximation) と呼ぶことも多い.

7.3 変分ベイズによる推定

近似分布 q_ℓ は $\boldsymbol{\omega}_\ell$ の確率分布であるが, $\boldsymbol{\omega}$ における $\boldsymbol{\omega}_\ell$ 以外の潜在変数, すなわち $\boldsymbol{\omega}_{\backslash \ell}$ によってパラメータ付けされている. そのため変分ベイズでは $\boldsymbol{\omega}_1, \boldsymbol{\omega}_2, ..., \boldsymbol{\omega}_m$ のそれぞれの推定量を $q_1, q_2, ..., q_m$ に基づいて順番に計算することを繰り返していく.

アルゴリズム 変分ベイズ (一般形)

以下を変分下界の変化が閾値以下になるまで繰り返す.
　各 $\ell = 1, ..., m$ について以下を行う.
　　$\mathbb{E}_{\backslash \boldsymbol{\omega}_\ell}[\log p(\boldsymbol{x}, \boldsymbol{\omega})]$ を計算して $\boldsymbol{\omega}_\ell$ を求め, 近似分布 q_ℓ を更新する.

変分ベイズにおいても EM アルゴリズムと同様, 得られたパラメータは局所最適解であるという問題がある. 大域最適解を求めるには異なる初期値で繰り返し実行する必要がある.

7.3.1 変分下界の変分を用いた最大化

7.2.2 項では変分下界の一部を KL 情報量を使った形に変形することでその最大化を行った. 本項では別のアプローチを述べる.

関数で極大値を求める場合, 微分して 0 とおくのが基本である. 変分下界の最大値を求めるのにもその考え方が使えないだろうか. 変分下界は汎関数であり, その引数は確率分布 q_ℓ である. そこで乱暴ではあるが, q_ℓ がひとつの変数であるとみなして, それで微分する. 本章の冒頭で述べたように, 汎関数は関数の関数であるが, それを関数によって微分することを変分と呼ぶのであった.

変分を厳密に行うには関数解析を含む多くの数学的道具立てが必要であり, 本項における変分を用いた q_ℓ の導出はあくまでイメージと思っていただきたい.

x による関数 f の微分は df/dx で表すが, 関数 g による汎関数 L の変分は $\delta L / \delta g$ と表すことが多い. 変分下界を最大にする q_ℓ を求めたいが, q_ℓ は確率

7.3 変分ベイズによる推定

分布でなくてはならないことに注意する必要がある. 変分下界の極値を与える任意の関数を求めるのでは不十分であり, $\int q_\ell(\boldsymbol{\omega}_\ell) d\boldsymbol{\omega}_\ell = 1$ という制約を満たす関数の中で変分下界を最大化するものがほしい. そのためラグランジュ未定乗数法を使うことになる. 式 (4.18) で定義されたラグランジアン $\mathcal{L}$ に目的関数と制約条件を代入すると以下が得られる.

$$\mathcal{L} = \mathcal{B} - \lambda \left(\int q_\ell d\boldsymbol{\omega}_\ell - 1 \right) \tag{7.16}$$

変分下界 $\mathcal{B}$ に式 (7.9) を代入し, 変分を計算すると以下を得る.

$$\begin{aligned}\frac{\delta L}{\delta q_\ell} &= \frac{\delta}{\delta q_\ell} \left(-\mathbb{E}_{q_\ell}[\log q_\ell - \mathbb{E}_{\setminus \boldsymbol{\omega}_\ell}[\log p(\boldsymbol{x}, \boldsymbol{\omega})]] + \mathfrak{e} - \lambda \left(\int q_\ell d\boldsymbol{\omega}_\ell - 1 \right) \right) \\ &= -\frac{\delta}{\delta q_\ell} \left(\int q_\ell \log q_\ell d\boldsymbol{\omega}_\ell \right) + \frac{\delta}{\delta q_\ell} \left(\int q_\ell \mathbb{E}_{\setminus \boldsymbol{\omega}_\ell}[\log p(\boldsymbol{x}, \boldsymbol{\omega})] d\boldsymbol{\omega}_\ell \right) \\ &\quad - \lambda \frac{\delta}{\delta q_\ell} \left(\int q_\ell d\boldsymbol{\omega}_\ell - 1 \right) \end{aligned} \tag{7.17}$$

右辺の変分を求めるため, 関数をベクトルの一種とみなす考え方を導入する. ベクトル $\boldsymbol{v}$ では添え字の値 i ごとにひとつの数値 v_i が存在するが, 関数 f では引数の値 t ごとに数字 $f(t)$ が存在するため, 無限次元のベクトルとみなせる. ゆえに関数での微分はベクトルでの微分を無限次元に拡張したもの, すなわち 4.2.1 項で述べた勾配の無限次元版とみなせる. 変分 $\delta L / \delta f$ の第 x 成分は汎関数 L の $f(x)$ による微分と捉えられる.

$$\left(\frac{\delta L}{\delta f} \right)_x = \frac{dL(f(x))}{df(x)} \tag{7.18}$$

一方, L が積分を使って定義されている場合, 積分を総和とみなすと, $L = \int g(f(x'))dx'$ を $f(x)$ で変分したことで残るのは $f(x') = f(x)$ の項だけである. dx' は積分で g の総和を計算する際に掛けられる量であるため, g の引数が $f(x') = f(x)$ という特定の値に固定された後には残らない.

$$\left(\frac{\delta \left(\int g(f(x'))dx' \right)}{\delta f} \right)_x = \frac{dg(f(x))}{df(x)} \tag{7.19}$$

上式の x として $\boldsymbol{\omega}_\ell$, f として q_ℓ を考えると, 式 (7.17) から以下が得られる.

$$\frac{\delta L}{\delta q_\ell} = -\log q_\ell - 1 + \mathbb{E}_{\setminus \boldsymbol{\omega}_\ell}[\log p(\boldsymbol{x}, \boldsymbol{\omega})] - \lambda \tag{7.20}$$

これが 0 となるのがラグランジュ未定乗数法の解であるので, 以下を得る.

$$\log q_\ell = \mathbb{E}_{\backslash \boldsymbol{\omega}_\ell}[\log p(\boldsymbol{x}, \boldsymbol{\omega})] - \lambda - 1 \tag{7.21}$$

両辺の指数は以下になる.

$$q_\ell = \exp(-\lambda - 1) \exp(\mathbb{E}_{\backslash \boldsymbol{\omega}_\ell}[\log p(\boldsymbol{x}, \boldsymbol{\omega})]) \tag{7.22}$$

q_ℓ が $\boldsymbol{\omega}_\ell$ についての確率分布であることにより, 右辺で $\boldsymbol{\omega}_\ell$ を含まない $\exp(-\lambda - 1)$ の部分は規格化定数でなくてはならない. つまり $\exp(-\lambda - 1) = 1/\int \exp(\mathbb{E}_{\backslash \boldsymbol{\omega}_\ell}[\log p(\boldsymbol{x}, \boldsymbol{\omega})])d\boldsymbol{\omega}_\ell$ である. これによって未知数 λ が消える. 以上により式 (7.14) と同じ結果が得られる. このため式 (7.14) は**停留条件** (stationary condition) とも呼ばれる. 変分が0になることを汎関数が変化せず, 停留することと解釈できるためである.

このように変分法は変分下界の極値を求める操作とも捉えられるが, 変分下界は変分自由エネルギーの符号反転のため, 6.2.2 項で述べたヘルムホルツ自由エネルギーの変分とも関連する. この繋がりにより, 物理学の知見が統計的機械学習の発展に多大な貢献をもたらしている.

7.3.2 混合ガウスモデルに対する変分ベイズ

本項では変分ベイズの実際の計算について, 混合ガウスモデルを例に説明する. 多少長くなるが, このモデルには離散変数と連続変数が含まれており, 他の多くの統計モデルについて変分ベイズを行うための基本として使える.

混合ガウスモデルの場合, 潜在変数 $\boldsymbol{\omega}$ には潜在クラス $\boldsymbol{z}$ と各正規分布のパラメータ $\boldsymbol{\mu}, \boldsymbol{\lambda}$ が含まれる. パラメータについて共役事前分布を使いたいため, 正規分布のパラメータとして標準偏差でなく精度 $\boldsymbol{\lambda}$ を使う. これによって 5.3 節で述べた正規-ガンマ分布が共役事前分布として使える.

混合ガウスモデルをベイズ的に拡張するため, $\boldsymbol{z}$ がマルチヌーイ分布に従うとして, そのパラメータを $\boldsymbol{\pi}$ で表す. また, j 番目の混合要素である正規分布のパラメータとしては平均 μ_j と精度 λ_j を使う. 分散 σ_j^2 でなく精度を使うのは事前分布をシンプルにさせるためである. μ_j と λ_j は正規-ガンマ分布 $p(\mu_j, \lambda_j | \psi_j, \beta_j, \kappa_j, \xi_j)$ に従うとする. $\psi_j, \beta_j, \kappa_j, \xi_j$ のそれぞれを並べて作られるベクトル $\boldsymbol{\psi}, \boldsymbol{\beta}, \boldsymbol{\kappa}, \boldsymbol{\xi}$ はパラメータについてのパラメータであるので, ハイパーパラメータである. これらと $\boldsymbol{\pi}$ は固定値であるとし, 推定の対象とはしな

い．たとえば $\boldsymbol{\pi}$ は一様分布に従うと仮定した場合，$\pi_j = 1/k$ となる[*2]．

ベイズ的な混合ガウスモデル，すなわちパラメータの分布も考慮した混合ガウスモデルのグラフィカルモデルを図 7.2 に示した．このモデルでは多数のパラメータや潜在変数が存在し，観測変数 $\boldsymbol{x}$ だけから推定できることが不思議に思われるかもしれないが，通常は標本数 n が大きく，また one-hot ベクトルである $\boldsymbol{z}^{(i)}$ と違って $x^{(i)}$ は実数であるため，情報が多い．ゆえに標本が十分存在すればパラメータや潜在変数の値を推定することは可能であると考えられる．もちろん，標本数が少ない場合に多数のパラメータの値を推定することには無理がある．その場合には EM アルゴリズムのようにシンプルなモデルの方が良い結果をもたらすこともある．

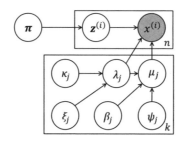

図 7.2 パラメータについての分布も考えたベイズ的な混合ガウスモデルのグラフィカルモデル．パラメータ μ_j と λ_j について，その分布を決めるハイパーパラメータが考慮されている．

パラメータの分布も考慮した混合ガウスモデルにおいて，確率変数の同時分布は以下のように分解できる．

$$p(\boldsymbol{x},\boldsymbol{z},\boldsymbol{\mu},\boldsymbol{\lambda}|\boldsymbol{\pi},\boldsymbol{\psi},\boldsymbol{\beta},\boldsymbol{\kappa},\boldsymbol{\xi}) = p(\boldsymbol{x}|\boldsymbol{z},\boldsymbol{\mu},\boldsymbol{\lambda})p(\boldsymbol{z}|\boldsymbol{\pi})p(\boldsymbol{\mu},\boldsymbol{\lambda}|\boldsymbol{\psi},\boldsymbol{\beta},\boldsymbol{\kappa},\boldsymbol{\xi}) \quad (7.23)$$

$\boldsymbol{\kappa},\boldsymbol{\psi},\boldsymbol{\xi}$ はハイパーパラメータであり，推定の対象ではないので，左辺においても条件部に入っている．これらの変数の値はデータから学習されるのではなく，最初に与えた値が最後まで使用される．ベイズ統計の考え方ではこれらの変数の値はパラメータの分布についてデータを観測する前から知っている事前

[*2] 前章で EM アルゴリズムによる混合ガウスモデルの推定を述べた際には $\boldsymbol{\pi}$ も推定の対象としたが，本章では簡潔のため $\boldsymbol{\pi}$ の推定は行わない．もちろん，変分ベイズにおいて $\boldsymbol{\pi}$ の分布を考え，それも含めて推定することは可能である．

知識を表している．モデル全体として見た時，潜在変数集合は $\boldsymbol{\omega} = \{\boldsymbol{z}, \boldsymbol{\mu}, \boldsymbol{\lambda}\}$ である．これら全体の同時分布に対する共役事前分布を見つけるのは容易でない．しかし式 (7.23) のように分解すると，各因子については事前分布と事後分布の形が同一になる．これは $\boldsymbol{\omega}$ に対して 5.3 節で述べた条件付き共役事前分布を使うということを意味する．

変分ベイズの最終的な目標は潜在変数についての近似分布 $q(\boldsymbol{\omega}) = q(\boldsymbol{z}, \boldsymbol{\mu}, \boldsymbol{\lambda})$ を求めることであるが，すべての潜在変数を同時に動かして最適化するより，細かなグループに分けてそれぞれのグループごとに最適化する方が問題として容易である．実際，グループ分けの結果として既知の分布が得られた場合，MAP 推定などで推定量が求められる．そこで混合ガウスモデルに対する近似分布 $q(\boldsymbol{\omega})$ を式 (7.5) のように分解したい．つまり潜在変数 $\boldsymbol{\omega}$ をいくつかのグループ $\boldsymbol{\omega}_1, \boldsymbol{\omega}_2, \ldots$ に分けたい．どのような分け方が考えられるだろうか．

もちろん，式 (7.23) と同じ分解を行ってしまうというのも手である．しかしそれは最適な近似分布を求めるというプロセスにおいて，探索の範囲を限定することを意味する．そもそも近似分布は計算が容易なものを選ぶという縛りがあるため，候補の範囲が狭い．その上さらに式 (7.23) のように分解できる分布しか選べないとなると，それで良い近似分布が見つけられるか心許ない．近似をより良いものにするためには分解可能性の仮定はなるたけ少なくしたい．しかし近似を良くするという目的を追求した帰結として，つまり近似分布を真の分布に近づけた結果として，式 (7.23) と同じように分解するのがよいということになったら，それは受け入れるべきである．実際にこれから見ていくように，そのような結果になる．

分解可能性は最小限に抑えたいが，何も仮定しないと先に進めないので，最低限の分解を考える．潜在変数のうち，$\boldsymbol{z}$ は離散変数であり，残りは連続変数である．また，ベクトル $\boldsymbol{z} = (\boldsymbol{z}^{(1)}, \ldots, \boldsymbol{z}^{(n)})$ は標本数 n が増えるにつれて次元が上がっていくが，残りの変数は標本数が増えても次元が変化しない．そこで $\boldsymbol{\omega}_1 = \{\boldsymbol{z}\}, \boldsymbol{\omega}_2 = \{\boldsymbol{\mu}, \boldsymbol{\lambda}\}$ という分解を考え，当面の目的は二つの分布 $q(\boldsymbol{z})$ と $q(\boldsymbol{\mu}, \boldsymbol{\lambda})$ を求めることとする．言い換えると以下の分解可能性を仮定する．

$$q(\boldsymbol{z}, \boldsymbol{\mu}, \boldsymbol{\lambda}) = q(\boldsymbol{z}) q(\boldsymbol{\mu}, \boldsymbol{\lambda}) \tag{7.24}$$

なお，上式で行っているように，今後は引数によって近似分布 $q_\ell(z_\ell)$ を区別で

きる場合，その下添え字を省略する．すなわち $q_z(z)$ を $q(z)$ と書き，$q_{\mu,\lambda}(\mu,\lambda)$ を $q(\mu,\lambda)$ と書く．

潜在クラス z のように標本ごとに存在する変数を**内包的変数** (intensive variable) または**局所変数** (local variable)，パラメータ μ, λ のように標本数が変わっても数が増えない変数（すなわちすべての標本について共通で使われる変数）を**外延的変数** (extensive variable) または**大域変数** (global variable) と呼ぶことがある．

▶**潜在クラスの分布 $q(z)$ の計算**　　$q(z)$ を求めるには式 (7.14) が使えるが，それを直接求めるのは煩雑であるので，まずは式 (7.15) で定義される規格化されていない分布 $q^*(z)$ の対数 $\log q^*(z)$ から求め，後で規格化する．$\omega = \{x, z, \mu, \lambda\}$ を式 (7.15) に代入し，式 (7.23) の分解を使用する [*3]．z を含まない項は定数項 c にまとめた．

$$\log q^*(z) = \mathbb{E}_{\omega\setminus z}[\log p(x, z, \mu, \lambda | \pi, \psi, \beta, \kappa, \xi)]$$
$$= \mathbb{E}_{\omega\setminus z}[\log(p(x|z, \mu, \lambda)p(z|\pi))] + c$$
$$= \mathbb{E}_{\omega\setminus z}\left[\sum_{i=1}^n \left(\log p(x^{(i)}|z^{(i)}, \mu, \lambda)p(z^{(i)}|\pi)\right)\right] + c \quad (7.25)$$

一方，式 (6.2)–(6.3) と同じ議論により，以下がいえる．

$$p(x^{(i)}|z^{(i)}, \mu, \lambda)p(z^{(i)}|\pi) = \prod_{j=1}^k \left(\pi_j \mathcal{N}(x^{(i)}|\mu_j, \lambda_j^{-1})\right)^{z_j^{(i)}} \quad (7.26)$$

これを式 (7.25) に代入すると以下が得られる．c は z を含まない項をまとめたもの，すなわち定数項である．また，$z_j^{(i)}$ を z_{ij} で表している．

$$\log q^*(z) = \mathbb{E}_{\omega\setminus z}\left[\sum_{i=1}^n \sum_{j=1}^k z_{ij}\left(-\frac{\lambda_j(x_i - \mu_j)^2}{2} + \log \pi_j\right)\right] + c \quad (7.27)$$

$\sum_{j=1}^k$ によって多数の項が足されているように見えるが，潜在変数ベクトル $z^{(i)}$ はいずれかひとつの成分のみが 1 であり，それ以外の成分は 0 であるため，総和 $\sum_{j=1}^k$ は実質的にはひとつの項（$z_{ij} = 1$ となる項）のみからなる．式 (7.27) から総和記号を期待値の外に括り出すことで以下が得られる．

[*3]　実際のデータにおいて確率変数の分布が混合ガウスモデルに従うことはあくまで仮定であるが，仮定が正しい場合に適切な結果を返す学習アルゴリズムを使用するのが機械学習である．

$$\log q^*(\boldsymbol{z}) = \sum_{i=1}^{n} \sum_{j=1}^{k} z_{ij} \log \eta_{ij} + c \tag{7.28}$$

$\log \eta_{ij}$ は以下のように定義される.

$$\log \eta_{ij} = -\mathbb{E}_{\mu_j, \lambda_j} \left[\frac{\lambda_j (x_i - \mu_j)^2}{2} \right] + \mathbb{E}_{\pi_k}[\log \pi_j] \tag{7.29}$$

右辺を展開すると $\mathbb{E}_{\mu_j, \lambda_j}[\lambda_j]$, $\mathbb{E}_{\mu_j, \lambda_j}[\lambda_j \mu_j]$, ならびに $\mathbb{E}_{\mu_j, \lambda_j}[\lambda_j \mu_j^2]$ が現れるが,これらはまず μ_j について積分を行い,続いて λ_j について積分することで求められる.その際,正規分布やガンマ分布を定義域全体で積分すると 1 になることを使用する.結果として $\mathbb{E}_{\mu_j, \lambda_j}[\lambda_j] = \frac{\kappa_j}{\xi_j}$, $\mathbb{E}_{\mu_j, \lambda_j}[\lambda_j \mu_j] = \frac{\psi_j \kappa_j}{\xi_j}$, $\mathbb{E}_{\mu_j, \lambda_j}[\lambda_j \mu_j^2] = \frac{1}{\beta_j} + \frac{\psi_j^2 \kappa_j}{\xi_j}$ となる.

式 (7.28) の両辺に指数関数 exp を適用することで以下が得られる.ただし $C = \exp(c)$ と定義した.

$$q^*(\boldsymbol{z}) = C \prod_{i=1}^{n} \prod_{j=1}^{k} \eta_{ij}^{z_{ij}} \tag{7.30}$$

$q^*(\boldsymbol{z})$ が積 $\prod_{i=1}^{n}$ の形で表されていることは,確率分布 $q(\boldsymbol{z})$ において各標本 i が独立であり,$\boldsymbol{z}^{(i)}$ ごとの分布 $q(\boldsymbol{z}^{(i)})$ の積で表せることを示している.そこで以下のように規格化されていない分布 $q^*(\boldsymbol{z}^{(i)})$ を定義する.

$$q^*(\boldsymbol{z}^{(i)}) = \prod_{j=1}^{k} \eta_{ij}^{z_{ij}} \tag{7.31}$$

$q^*(\boldsymbol{z}^{(i)})$ を規格化して得られる確率分布を $q(\boldsymbol{z}^{(i)})$ で表す.

$$q(\boldsymbol{z}^{(i)}) = \frac{q^*(\boldsymbol{z}^{(i)})}{\int q^*(\boldsymbol{z}'^{(i)}) d\boldsymbol{z}'^{(i)}} \tag{7.32}$$

$\boldsymbol{z}'^{(i)}$ のとりうる値が有限個のため,右辺の分母の積分は総和で置き換えられるが,特に $\boldsymbol{z}'^{(i)}$ は one-hot ベクトル,すなわちいずれかひとつの成分が 1 であり,残りが 0 であることに着目する.6.1.2 項で行ったのと同じように,$\boldsymbol{z}'^{(i)}$ において 1 である成分の位置を表す h を 1 から k まで動かして総和を求めると,$h = j$ の時だけ 1 となり,それ以外は 0 となるため,以下のように各 h について η_{ih} だけが残る.

$$\int q^*(\boldsymbol{z}'^{(i)}) d\boldsymbol{z}'^{(i)} = \sum_{h=1}^{k} \prod_{j=1}^{k} \eta_{ij}^{z_{ij}'^{(h)}} = \sum_{h=1}^{k} \eta_{ih} \tag{7.33}$$

7.3 変分ベイズによる推定

これによって式 (7.31) を規格化して確率分布 $q(\boldsymbol{z}^{(i)})$ が得られる.

$$q(\boldsymbol{z}^{(i)}) = \frac{q(\boldsymbol{z}^{(i)})}{\int q^*(\boldsymbol{z}'^{(i)})d\boldsymbol{z}'^{(i)}} = \frac{\prod_{j=1}^{k} \eta_{ij}^{z_{ij}}}{\sum_{h=1}^{k} \eta_{ih}} \tag{7.34}$$

式 (7.34) の右辺の分子において, z_{ij} はひとつの j についてのみ 1 であり, 残りは 0 であるため, $\prod_{j=1}^{k} \eta_{ij}^{z_{ij}}$ は実質的にはある特定の値 ζ についての $\eta_{i\zeta}$ である. ゆえに以下のように $r_{i\zeta}$ を定義することでより簡潔に表せるようになる.

$$r_{i\zeta} = \frac{\eta_{i\zeta}}{\sum_{h=1}^{k} \eta_{ih}} \tag{7.35}$$

これを使うと式 (7.34) は以下のように表せる.

$$q(\boldsymbol{z}^{(i)}) = \prod_{j=1}^{k} r_{ij}^{z_{ij}} \tag{7.36}$$

式 (7.35) より $\sum_{j=1}^{k} r_{ij} = 1$ のため, r_{ij} はマルチヌーイ分布のパラメータの条件を満たしており, $q(z_{ij})$ は r_{ij} をパラメータとするマルチヌーイ分布ということになる. さらに 4.2.3 項で述べたようにマルチヌーイ分布のパラメータは期待値でもあるので, z_{ij} の期待値は r_{ij} になる.

$$\mathbb{E}_{z_{ij}}[z_{ij}] = r_{ij} \tag{7.37}$$

これは r_{ij} が 6.1.3 項で述べた負担率であることを示している. 負担率 r_{ij} と観測値 x_i から得られる以下の値は近似分布 $q(\boldsymbol{\mu}, \boldsymbol{\lambda})$ を簡潔に表すのに使える. n_j は負担率の総和, $\breve{x}_j$ は負担率による観測値の重み付き平均である.

$$n_j = \sum_{i=1}^{n} r_{ij} \qquad \breve{x}_j = \frac{1}{n_j}\sum_{i=1}^{n} r_{ij} x^{(i)} \tag{7.38}$$

▶ **残りの潜在変数の分布 $q(\boldsymbol{\mu}, \boldsymbol{\lambda})$ の分解**　続いて $q(\boldsymbol{\mu}, \boldsymbol{\lambda})$ を求める. 式 (7.15) より以下がいえる.

$$\log q^*(\boldsymbol{\mu}, \boldsymbol{\lambda}) = \mathbb{E}_{\boldsymbol{\omega}\setminus\{\boldsymbol{\mu},\boldsymbol{\lambda}\}}[\log p(\boldsymbol{x}, \boldsymbol{z}, \boldsymbol{\mu}, \boldsymbol{\lambda}|\boldsymbol{\pi}, \boldsymbol{\psi}, \boldsymbol{\beta}, \boldsymbol{\kappa}, \boldsymbol{\xi})] \tag{7.39}$$

ふたたび式 (7.23) の分解を使用する. $\boldsymbol{\mu}$ と $\boldsymbol{\lambda}$ の確率分布がどのような形になるかを求めるのが目的のため, これらを含まない項は定数項 c にまとめる.

$\log q^*(\boldsymbol{\mu}, \boldsymbol{\lambda})$
$= \mathbb{E}_{\boldsymbol{\omega}\setminus\{\boldsymbol{\mu},\boldsymbol{\lambda}\}}[\log p(\boldsymbol{x}, \boldsymbol{z}, \boldsymbol{\mu}, \boldsymbol{\lambda}|\boldsymbol{\pi}, \boldsymbol{\psi}, \boldsymbol{\beta}, \boldsymbol{\kappa}, \boldsymbol{\xi})]$

$$= \mathbb{E}_{\boldsymbol{\omega}\setminus\{\boldsymbol{\mu},\boldsymbol{\lambda}\}}[\log p(\boldsymbol{x}|\boldsymbol{z},\boldsymbol{\mu}) + \log p(\boldsymbol{z}|\boldsymbol{\pi}) + \log p(\boldsymbol{\mu},\boldsymbol{\lambda}|\boldsymbol{\psi},\boldsymbol{\beta},\boldsymbol{\kappa},\boldsymbol{\xi})]$$

$$= \mathbb{E}_{\boldsymbol{\omega}\setminus\{\boldsymbol{\mu},\boldsymbol{\lambda}\}}[\log p(\boldsymbol{x}|\boldsymbol{z},\boldsymbol{\mu})] + \mathbb{E}_{\boldsymbol{\omega}\setminus\{\boldsymbol{\mu},\boldsymbol{\lambda}\}}[\log p(\boldsymbol{\mu},\boldsymbol{\lambda}|\boldsymbol{\psi},\boldsymbol{\beta},\boldsymbol{\kappa},\boldsymbol{\xi})]$$

$$= \mathbb{E}_{\boldsymbol{z}}\left[\sum_{i=1}^{n}\sum_{j=1}^{k} z_{ij} \log p(x_i|\mu_j,\lambda_j)\right] + \sum_{j=1}^{k} \log p(\mu_j,\lambda_j|\psi_j,\beta_j,\kappa_j,\xi_j) + c$$

$$= \sum_{j=1}^{k}\left(\left(\sum_{i=1}^{n} \mathbb{E}_{z_{ij}}[z_{ij}] \log p(x^{(i)}|\mu_j,\lambda_j)\right) + \log p(\mu_j,\lambda_j|\psi_j,\beta_j,\kappa_j,\xi_j)\right) + c \quad (7.40)$$

最終行では各 j ごとに μ_j と λ_j がまとめられた総和の形になっている．定数項 c は総和を構成する各項に均等に分けて取り込めばよく，また $q^*(\boldsymbol{\mu},\boldsymbol{\lambda})$ を $q(\boldsymbol{\mu},\boldsymbol{\lambda})$ に規格化するために必要な定数項についても同様に総和の各項に分配できるため，式 (7.40) は $\log q(\boldsymbol{\mu},\boldsymbol{\lambda})$ を以下のように分解できることを示している．

$$\log q(\boldsymbol{\mu},\boldsymbol{\lambda}) = \sum_{j=1}^{k} \log q(\mu_j,\lambda_j) \quad (7.41)$$

対数 $\log q(\boldsymbol{\mu},\boldsymbol{\lambda})$ が和に分けられるということは，$q(\boldsymbol{\mu},\boldsymbol{\lambda})$ については積に分けられるということである．

$$q(\boldsymbol{\mu},\boldsymbol{\lambda}) = \prod_{j=1}^{k} q(\mu_j,\lambda_j) \quad (7.42)$$

当初仮定した分解は式 (7.24) に示した $q(\boldsymbol{z},\boldsymbol{\mu},\boldsymbol{\lambda}) = q(\boldsymbol{z})q(\boldsymbol{\mu},\boldsymbol{\lambda})$ だけだったが，それと式 (7.23) に示した p の分解可能性を組み合わせることで式 (7.42) の分解も導かれたことになる．

近似分布 q の分解可能性を多く仮定することは分布の形に多くの制約を盛り込むことであり，近似に使用される分布の候補が絞り込まれてしまう．仮定される分解可能性が少ないことはそれだけ多くの分布を候補として考慮したということであり，広い選択肢の中から最適な近似分布を探しているという意味で望ましい性質である．

▶ **混合要素の分布 $q(\mu_j,\lambda_j)$ の計算** ここでは式 (7.42) に現れる $q(\mu_j,\lambda_j)$ を求める．$\log q^*(\mu_j,\lambda_j)$ は式 (7.40) における総和 $\sum_{j=1}^{k}$ で足し合わされているうちのひとつの項に対応する．これはパラメータ μ_j と λ_j は式 (5.32) で定義される正規-ガンマ分布 $\mathcal{NG}(\mu_j,\lambda_j|\psi_j,\beta_j,\kappa_j,\xi_j)$ に従うことを使って以下のよ

7.3 変分ベイズによる推定

うに変形できる.

$$
\begin{aligned}
&\log q^*(\mu_j, \lambda_j) \\
&= \sum_{i=1}^n \mathbb{E}_{z_{ij}}[z_{ij}] \log p(x^{(i)}|\mu_j, \lambda_j) + \log p(\mu_j, \lambda_j|\psi_j, \beta_j, \kappa_j, \xi_j) \\
&= \sum_{i=1}^n r_{ij} \log \mathcal{N}(x^{(i)}|\mu_j, \lambda_j) + \log \mathcal{NG}(\mu_j, \lambda_j|\psi_j, \beta_j, \kappa_j, \xi_j) \\
&= \sum_{i=1}^n r_{ij} \left(\frac{1}{2} \log \lambda_j - \frac{1}{2} \log 2\pi - \frac{\lambda_j (x^{(i)} - \mu_j)^2}{2} \right) \\
&\quad + \left(\frac{1}{2} \log \beta_j + \frac{1}{2} \log \lambda_j - \frac{1}{2} \log 2\pi - \frac{\beta_j \lambda_j (\mu_j - \psi)^2}{2} \right) \\
&\quad + \kappa_j \log \xi_j - \log \Gamma(\kappa_j) + (\kappa_j - 1) \log \lambda_j - \xi_j \lambda_j \quad (7.43)
\end{aligned}
$$

$q(\mu_j, \lambda_j)$ は条件付き確率の定義により $q(\mu_j|\lambda_j) q(\lambda_j)$ と分解できる. これの対数は $\log q(\mu_j|\lambda_j) + \log q(\lambda_j)$ であるため, $q(\mu_j|\lambda_j)$ と $q(\lambda_j)$ は式 (7.43) から μ_j を含む部分と λ_j を含む部分をそれぞれ抜き出し, 規格化することで求められるはずである. この計算は式 (5.36) で正規-ガンマ分布による事後確率 $p(\mu, \lambda|\boldsymbol{x}, \psi, \beta, \kappa, \xi)$ を求めたのと同じように行うことができ, 以下のように求まる.

$\log q^*(\mu_j, \lambda_j)$ の変形である式 (7.43) の最右辺で μ_j を含む項を括り直し (すなわち平方完成を行い), $q(\mu_j|\lambda_j)$ を求める. なお, 負担率の総和 $n_j = \sum_{i=1}^n r_{ij}$ ならびに観測値の重み付き平均 $\breve{x}_j = (1/n_j) \sum_{i=1}^n r_{ij} x^{(i)}$ を使うことで式を簡潔にする. 展開によって生じる μ_j を含まない項を $f(\lambda_j)$ や $g(\lambda_j)$ で表している.

$$
\begin{aligned}
&- \sum_{i=1}^n r_{ij} \left(\frac{\lambda_j (x^{(i)} - \mu_j)^2}{2} \right) - \frac{\beta_j \lambda_j (\mu_j - \psi_j)^2}{2} \\
&= - \sum_{i=1}^n r_{ij} \left(\frac{\lambda_j x^{(i)2} - 2\lambda_j x^{(i)} \mu_j + \lambda_j \mu_j^2}{2} \right) - \frac{\beta_j \lambda_j \mu_j^2 - 2\beta_j \lambda_j \mu_j \psi_j + \beta_j \lambda_j \psi_j^2}{2} \\
&= - \left(\frac{\sum_{i=1}^n r_{ij} + \beta_j}{2} \right) \lambda_j \mu_j^2 + \left(\sum_{i=1}^n r_{ij} x^{(i)} + \beta_j \psi_j \right) \lambda_j \mu_j + f(\lambda_j) \\
&= - \left(\frac{n_j + \beta_j}{2} \right) \lambda_j \mu_j^2 + (n_j \breve{x}_j + \beta_j \psi_j) \lambda_j \mu_j + f(\lambda_j) \\
&= - \frac{(n_j + \beta_j) \lambda_j}{2} \left(\mu_j - \frac{n_j \breve{x}_j + \beta_j \psi_j}{n_j + \beta_j} \right)^2 + f(\lambda_j) \quad (7.44)
\end{aligned}
$$

最右辺の第一項より，$\log q(\mu_j|\lambda_j)$ が μ_j についての二次式であることがいえる．

$$\log q(\mu_j|\lambda_j) = -\frac{(n_j + \beta_j)\lambda_j}{2}\left(\mu_j - \frac{n_j\breve{x}_j + \beta_j\psi_j}{n_j + \beta_j}\right)^2 + g(\lambda_j) \quad (7.45)$$

これの指数は以下である．ただし $G(\lambda_j) = \exp(g(\lambda_j))$ と定義した．

$$q(\mu_j|\lambda_j) = G(\lambda_j)\exp\left(-\frac{(n_j + \beta_j)\lambda_j}{2}\left(\mu_j - \frac{n_j\breve{x}_j + \beta_j\psi_j}{n_j + \beta_j}\right)^2\right) \quad (7.46)$$

これは $q(\mu_j|\lambda_j)$ が正規分布であることを意味する．式 (5.22) の正規分布とパラメータを対応させると，$q(\mu_j|\lambda_j)$ は以下の正規分布であることがいえる．

$$q(\mu_j|\lambda_j) = \mathcal{N}\left(\mu_j \left| \frac{n_j\breve{x}_j + \beta_j\psi_j}{n_j + \beta_j}, (n_j + \beta_j)\lambda_j\right.\right) \quad (7.47)$$

これより $\log q(\mu_j|\lambda_j)$ は以下になる．

$$\log q(\mu_j|\lambda_j) = \frac{1}{2}\log(n_j + \beta_j)\lambda_j - \frac{1}{2}\log 2\pi$$
$$- \frac{(n_j + \beta_j)\lambda_j}{2}\left(\mu_j - \frac{n_j\breve{x}_j + \beta_j\psi_j}{n_j + \beta_j}\right)^2 \quad (7.48)$$

続いて $q(\lambda_j)$ を求めたいが，上式の右辺を展開すると以下になる．

$$\log q(\mu_j|\lambda_j) = \frac{1}{2}\log(n_j + \beta_j) + \frac{1}{2}\log\lambda_j - \frac{1}{2}\log 2\pi$$
$$-\frac{(n_j + \beta_j)\lambda_j\mu_j^2}{2} + (n_j\breve{x}_j + \beta_j\psi_j)\lambda_j\mu_j - \frac{(n_j\breve{x}_j + \beta_j\psi_j)^2\lambda_j}{2(n_j + \beta_j)} \quad (7.49)$$

この式の二番目の項と最後の項は λ_j を含むが，これらは $\log q^*(\mu_j, \lambda_j)$ を表す式 (7.43) には存在していない．これらの項は式 (7.44) から式 (7.45) に変形した時に導入されたものであり，$f(\lambda_j)$ と $g(\lambda_j)$ の差に相当する．しかし $\log q(\mu_j|\lambda_j) + \log q(\lambda_j)$ は $\log q^*(\mu_j, \lambda_j)$ を表す式 (7.43) と定数項を除いて一致しなくてはならないので，$\log q(\lambda_j)$ には式 (7.49) の第二項と最後の項を相殺する項が含まれていなくてはならない．そこで $\log q^*(\mu_j, \lambda_j)$ を表す式 (7.43) から $\log q(\mu_j|\lambda_j)$ を表す式 (7.49) を引いたものから λ_j を含む項を抜き出し，規格化することで $q(\lambda_j)$ を求める．

7.3 変分ベイズによる推定

問 7-1 式 (7.44) と式 (7.49) の差から λ_j を含む項を抜き出し，式 (7.43) の λ_j を含む項を考慮した上で規格化によって $q(\lambda_j)$ を求めよ．なお，負担率の総和 $n_j = \sum_{i=1}^{n} r_{ij}$，観測値の重み付き平均 $\check{x}_j = (1/n_j) \sum_{i=1}^{n} r_{ij} x^{(i)}$，ならびに観測値の重み付き分散 $\check{s}_j = (1/n_j) \sum_{i=1}^{n} r_{ij} (x^{(i)} - \check{x}_j)^2$ を使うと式が簡潔になる．このように定義すると $\sum_{i=1}^{n} r_{ij} x^{(i)2} = n_j \check{s}_j + n_j \check{x}_j^2$ と表せる．

[解答]

$$\frac{1}{2} \sum_{i=1}^{n} r_{ij} \log \lambda_j - \frac{1}{2} \sum_{i=1}^{n} r_{ij} \lambda_j x^{(i)2} + \frac{1}{2} \log \lambda_j - \frac{1}{2} \beta \lambda_j \psi_j^2$$
$$+ (\kappa_j - 1) \log \lambda_j - \xi_j \lambda_j - \left(\frac{1}{2} \log \lambda_j - \frac{(n_j \check{x}_j + \beta_j \psi_j)^2 \lambda_j}{2(n_j + \beta_j)} \right)$$
$$= \frac{1}{2} n_j \log \lambda_j - \frac{1}{2} \sum_{i=1}^{n} r_{ij} x^{(i)2} \lambda_j - \frac{1}{2} \beta_j \lambda_j \psi_j^2 + (\kappa_j - 1) \log \lambda_j - \xi_j \lambda_j$$
$$+ \frac{(n_j \check{x}_j + \beta_j \psi_j)^2 \lambda_j}{2(n_j + \beta_j)}$$
$$= \left(\frac{n_j}{2} + \kappa_j - 1 \right) \log \lambda_j$$
$$- \left(\frac{1}{2} \left(\sum_{i=1}^{n} r_{ij} x^{(i)2} + \beta_j \psi_j^2 - \frac{(n_j \check{x}_j + \beta_j \psi_j)^2}{n_j + \beta_j} \right) + \xi_j \right) \lambda_j$$
$$= \left(\frac{n_j}{2} + \kappa_j - 1 \right) \log \lambda_j$$
$$- \left(\frac{1}{2} \left(n_j \check{s}_j + \left(n_j \check{x}_j^2 + \beta_j \psi_j^2 - \frac{(n_j \check{x}_j + \beta_j \psi_j)^2}{n_j + \beta_j} \right) \right) + \xi_j \right) \lambda_j$$
$$= \left(\frac{n_j}{2} + \kappa_j - 1 \right) \log \lambda_j - \left(\frac{1}{2} \left(n_j \check{s}_j + \frac{n_j \beta_j (\check{x}_j - \psi_j)^2}{n_j + \beta_j} \right) + \xi_j \right) \lambda_j \quad (7.50)$$

これは λ_j についてガンマ分布の対数から定数項を除いた形をしているため，$q(\lambda_j)$ はガンマ分布である．式 (5.24) で示されるガンマ分布の定義式とパラメータを対応させると，以下が得られる．

$$q(\lambda_j) = \mathcal{G}\left(\lambda_j \,\middle|\, \frac{n_j}{2} + \kappa_j, \frac{1}{2} \left(n_j \check{s}_j + \frac{n_j \beta_j (\check{x}_j - \psi_j)^2}{n_j + \beta_j} \right) + \xi_j \right) \quad (7.51)$$

問 7-2 $q(\mu_j, \lambda_j)$ を求めよ．

[解答] 式 (7.47) と式 (7.51) を式 (5.32) と対応させることにより，$q(\mu_j, \lambda_j)$

は以下の正規-ガンマ分布になっていることがいえる.

$$q(\mu_j, \lambda_j) = \mathcal{NG}\left(\mu_j, \lambda_j \middle| \frac{n_j \breve{x}_j + \beta_j \psi_j}{n_j + \beta_j}, n_j + \beta_j, \frac{n_j}{2} + \kappa_j, \right.$$
$$\left. \frac{1}{2}\left(n_j \breve{s}_j + \frac{n_j \beta_j (\breve{x}_j - \psi_j)^2}{n_j + \beta_j}\right) + \xi_j\right) \tag{7.52}$$

以上の結果をまとめると,近似分布 $q(\boldsymbol{z}^{(i)})$ はマルチヌーイ分布となり,$q(\mu_j, \lambda_j)$ は正規-ガンマ分布になった.これらはいずれも7.3.2項でパラメータの真の分布として仮定したのと一致している.つまり真の分布と同じ形の近似分布を使うことが望ましいという結果である.もちろん,近似分布の最適なハイパーパラメータを観測値 $\boldsymbol{x}$ に基づいて求める必要はあるが,それらを負担率から計算する式は得られている.

そもそもなぜ近似分布 q_ℓ の関数形が真の分布と一致するかといえば,式 (7.14) にあるよう,近似分布が同時分布 $p(\boldsymbol{x}, \boldsymbol{\omega})$ の周辺化である場合にKL情報量が最小化されるためである.近似分布において真の分布と同じ分解が行えたため,分布の関数形が同じになったのである.

アルゴリズム / 変分ベイズによる混合ガウスモデルのパラメータ推定の更新式

① $t=1$ と設定し,各 i と j について $\hat{\mu}_j^{(0)}, \hat{\lambda}_j^{(0)}$ の分布のパラメータをランダムな値で初期化する.

② パラメータの値が収束するまで(すなわちその変化があらかじめ決めておく微小量よりも小さくなるまで)以下を繰り返す.

負担率の計算:式 (7.35) に基づき,$\hat{\mu}_j^{(t)}, \hat{\lambda}_j^{(t)}$ の事後分布を使って負担率 $r_{ij}^{(t)}$ を求め,そこから統計量 $n_j^{(t)}, \breve{x}_j^{(t)}, \breve{s}_j^{(t)}$ を求める.

パラメータの推定:式 (7.52) に基づき,統計量 $n_j^{(t)}, \breve{x}_j^{(t)}, \breve{s}_j^{(t)}$ から $\hat{\mu}_j^{(t)}, \hat{\lambda}_j^{(t)}$ の事後分布を求める.t を1増やす.

章 末 問 題

7-1 確率変数 ω_1, ω_2 の同時分布が $p(\omega_1, \omega_2 | x_1, x_2)$ であるとする．近似分布が $q(\omega_1, \omega_2) = q(\omega_1) q(\omega_2)$ と分解できるとした時，変分ベイズに基づく更新式を一般的な形で求めよ．

7-2 確率変数 ω_1 と ω_2 の同時分布が多変量正規分布 $p(\omega_1, \omega_2) = (1/(\pi\sqrt{3})) \exp(-(1/2)(\omega_1^2 + \omega_1 \omega_2 + \omega_2^2))$ であるとする．近似分布が $q(\omega_1, \omega_2) = q(\omega_1) q(\omega_2)$ と分解できるとした時，変分ベイズに基づく更新式を求めよ．

8 マルコフ連鎖モンテカルロ法

　アメリカでカジノといえばラスベガス，アジアでカジノといえばマカオである．ではヨーロッパでカジノといえばどこかというと，それはモンテカルロである．夜ごと欧州の名士たちが集う地中海沿いの行楽地にちなんで名付けられたのがモンテカルロ法 (Monte-Carlo method) であり，乱数を使うアルゴリズム全般を指す．その中でも特にベイズ統計や機械学習において重視されるのがマルコフ連鎖モンテカルロ法 (Markov chain Monte-Carlo method) すなわちMCMCであり，潜在変数やパラメータの値を推定するための強力な手法となっている．MCMCは多数の標本を確率的に生成することで潜在変数の値を推定する，いわば確率的シミュレーションの技法である．

　MCMCは変分ベイズと同様に確率分布を近似する手法であるが，生成される標本数を増やしていけば原理的にはいくらでも真の値に近づける．しかし有効な近似を得るまでに大量の時間が掛かることもあるため，変分ベイズによって近似した方がよい状況も多い．機械学習では両者は互いに補い合う関係にある．変分ベイズは決定論的近似 (deterministic approximation) であり，MCMCは確率的近似 (stochastic approximation) である．

8.1 サンプリング

　与えられた確率分布に従う標本を生成するタスクをサンプリング (sampling) と呼ぶ．たとえば計算機によって多数の乱数を生成し，ランダムな数値の系列を得ることはサンプリングである．多数の標本をサンプリングによって生成さ

せることで，期待値を近似的に求められる．これを効率的に行うための方法がMCMCであるが，まずはマルコフ連鎖を使わない一般的なモンテカルロ法によってどのように期待値の近似が行えるかを見ていく．

8.1.1 モンテカルロ法による期待値の近似

3.3.8項で述べたベイズ推定をはじめとして，本書で紹介した多くの手法では積分の計算が必要であった．たとえばベイズ推定では規格化定数の計算が重要である．また式 (3.29) で定義したベイズ推定量は期待値を使って定義されており，連続変数の場合にそれを求めるには積分が必要である．

変分ベイズでは近似分布，すなわち積分が簡単な式で表せるような分布を導入する近似を行った．しかしすべての確率分布について適切な近似が存在するわけではなく，また近似による誤差が問題になることもある．そのため本章では別のアプローチを考える．たとえば以下のように確率分布 $p(\boldsymbol{x})$ に従う確率変数ベクトル $\boldsymbol{x}$ の関数 $f(\boldsymbol{x})$ の期待値を計算したいとする．

$$\mathbb{E}_{p(\boldsymbol{x})}[f(\boldsymbol{x})] = \int f(\boldsymbol{x})p(\boldsymbol{x})d\boldsymbol{x} \tag{8.1}$$

積分が総和の極限であることに基づき，$\boldsymbol{x}$ を少しずつ動かしながらそれぞれについて $f(\boldsymbol{x})p(\boldsymbol{x})$ を求め，足し合わせていくという近似も可能ではあるが，計算量が大きい．$\boldsymbol{x}$ のとりうる値の数が有限種類の場合，積分ではなく総和 $\sum$ を使った形に直せるが，値の種類が多ければ計算は大変である．また，変数の数が多い場合，それらの値のすべての組合せについて $f(\boldsymbol{x})p(\boldsymbol{x})$ を計算しなくてはならず，時間が掛かる．特に $p(\boldsymbol{x})$ や $f(\boldsymbol{x})$ の絶対値が小さい場合，それらを足すことは積分の結果に影響を与えないため，$\boldsymbol{x}$ のとりうるすべての値を使って計算することは効率が悪い．そこで確率的シミュレーションによって計算を行おうという考え方がモンテカルロ法である．

$\boldsymbol{x}^{(i)}$ の値が与えられた時，$f(\boldsymbol{x}^{(i)})$ は容易に計算できる．そこで期待値 $\mathbb{E}_{p(\boldsymbol{x})}[f(\boldsymbol{x})]$ を近似するためには確率分布 $p(\boldsymbol{x})$ に従う乱数 $\boldsymbol{x}^{(i)}$ を多数生成し，$f(\boldsymbol{x}^{(i)})$ を平均すればよい．生成する標本数を n とするなら，以下のように表せる．ただし $\approx$ は近似関係を表す．

$$\mathbb{E}_{p(\boldsymbol{x})}[f(\boldsymbol{x})] \approx \frac{1}{n}\sum_{i=1}^{n} f(\boldsymbol{x}^{(i)}) \tag{8.2}$$

たとえば 2.6 節に述べたパチンコにおける稼ぎの期待値を計算する例において，実際に何度もパチンコ店に足を運び，日々の稼ぎを記録していけば，その平均によって稼ぎの期待値が推定できる．式 (8.2) の右辺は $f(\boldsymbol{x})$ の標本平均である．標本数 n が増えるほど，標本平均は期待値の良い近似になっていくことが期待される．すなわち多数の標本をサンプリングによって生成することで期待値の良い近似が得られる．

8.1.2 サンプリングが容易な分布

確率分布 $p(\boldsymbol{x})$ がどのような式で表されるかが分かっていても，その分布に従う標本を生成することは一般的に容易ではない．たとえば標準正規分布の確率密度関数は $p(x) = (1/\sqrt{2\pi}) \exp(-x^2)$ という形をしているため，x が与えられた時に $p(x)$ を計算することは容易である．しかしこの分布に従う標本を多数作り出すにはどうしたらいいだろうか．確率密度関数の式が分かっていることと，それに従う標本を生成すること（すなわちサンプリング）は別の問題である．標準正規分布に従って値が決まるサイコロがあるわけではない．

もちろん，サンプリングが容易な分布も存在する．その一例はパラメータが $\mu = 1/2$ のベルヌーイ分布である．多くの計算機では 0 と 1 を等しい確率で選ぶ乱数生成の機能があるため，ベルヌーイ分布に従う標本は容易に生成できる．

一様分布 (uniform distribution) からのサンプリングも容易に行える．これは区間 $[a,b]$ 内の実数がいずれも等しい確率で生じる分布であり，その確率密度関数は区間 $[a,b]$ において $p(x) = 1/(b-a)$，それ以外では $p(x) = 0$ である．計算機の中では数値は 0 と 1 の並びで表されるため，多数の 0 と 1 をベルヌーイ分布からのサンプリングによってランダムに生成して並べ，2 進法での数とみなせば，一様分布に近似的に従う数値（浮動小数点数）が得られる．本書では区間 $[a,b]$ 上での一様分布を $\mathcal{U}(x|a,b)$ で表す．

サンプリングが容易でない分布からの標本を得るためには様々な工夫が必要である．本章で述べる MCMC はそのためのひとつの有効な方法であるが，その前にさらに基本的なサンプリングのテクニックである**棄却サンプリング** (rejection sampling) について述べる．

8.1.3 棄却サンプリング

サンプリングが容易な分布を利用してサンプリングが困難な分布からの標本を得る手法のひとつが棄却サンプリングである．確率分布 p に従う標本の集合がほしい場合，p に形状が比較的類似していてサンプリングが容易である確率分布 q を考える．これを**提案分布** (proposal distribution) と呼ぶ．つまり多くの $\boldsymbol{x}$ について $q(\boldsymbol{x})$ と $p(\boldsymbol{x})$ の差が小さくなるような分布が望ましい．

棄却サンプリングでは $p(\boldsymbol{x})$ となるたけ形状が近い提案分布 $q(\boldsymbol{x})$ を用意する．そしてすべての $\boldsymbol{x}$ について $cq(\boldsymbol{x}) \geq p(\boldsymbol{x})$ となるような c を考える．これにはたとえば $c = \max(p(\boldsymbol{x})/q(\boldsymbol{x}))$ と定義すればよい．これは図 8.1 に示すように，$cq(\boldsymbol{x})$ という曲線はすべての $\boldsymbol{x}$ について $p(\boldsymbol{x})$ よりも上に来ていることを意味する．言い換えればすべての $\boldsymbol{x}$ について $p(\boldsymbol{x})/cq(\boldsymbol{x}) \leq 1$ である．ゆえに $p(\boldsymbol{x})/cq(\boldsymbol{x})$ は確率として使える．

棄却サンプリングの最初のステップでは $q(\boldsymbol{x})$ に従う標本候補 $\tilde{\boldsymbol{x}}$ を生成する．そして次のステップで確率 $p(\tilde{\boldsymbol{x}})/cq(\tilde{\boldsymbol{x}})$ で標本候補を標本として採択する．言い換えれば確率 $1 - p(\tilde{\boldsymbol{x}})/cq(\tilde{\boldsymbol{x}})$ でその標本候補を棄却すなわち破棄し，次の標本候補の生成に移る．$p(\tilde{\boldsymbol{x}})/cq(\tilde{\boldsymbol{x}})$ が大きいほど $\tilde{\boldsymbol{x}}$ は採択されやすく，$p(\tilde{\boldsymbol{x}})/cq(\tilde{\boldsymbol{x}})$ が小さければ棄却されやすい．

このステップを実際に計算機上で実装する場合，区間 $[0,1]$ 上の一様分布 $\mathcal{U}(z|0,1)$ から変数 $\tilde{z}$ をサンプリングし，$\tilde{z} \leq p(\tilde{\boldsymbol{x}})/cq(\tilde{\boldsymbol{x}})$ であれば $\tilde{\boldsymbol{x}}$ を採択という形にすればよい．棄却サンプリングのポイントは p と q の関数の形が分かっているため，$\tilde{\boldsymbol{x}}$ が決まれば $p(\tilde{\boldsymbol{x}})/cq(\tilde{\boldsymbol{x}})$ は容易に計算できることである．

アルゴリズム／ 棄却サンプリング

① 提案分布 $q(\boldsymbol{x})$ から標本候補 $\tilde{\boldsymbol{x}}$ を生成する．
② 区間 $[0,1]$ 上の一様分布 $\mathcal{U}(z|0,1)$ から変数 $\tilde{z}$ をサンプリングし，$\tilde{z} \leq p(\tilde{\boldsymbol{x}})/cq(\tilde{\boldsymbol{x}})$ であれば標本候補 $\tilde{\boldsymbol{x}}$ を標本として採択する．

このようにして標本を作っていくと，その頻度分布は近似的に $p(\boldsymbol{x})$ に従う．なぜなら提案分布 $q(\boldsymbol{x})$ に従って n 個の標本候補を得たとすると，その頻度分布すなわちヒストグラムは n が増えるほど $nq(\boldsymbol{x})$ に近づいていく．各 $\boldsymbol{x}$ について採択されるのはその $p(\boldsymbol{x})/cq(\boldsymbol{x})$ 倍であるため，採択される標本の頻度分

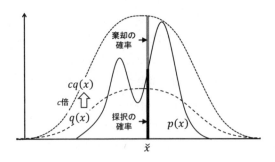

図 8.1 確率変数ベクトルが 1 次元の場合の棄却サンプリング．破線で表した分布 $q(x)$ からのサンプリングによって標本候補 $\tilde{x}$ を得て，それを確率 $p(\tilde{x})/cq(\tilde{x})$ で採択する．これを繰り返して得られる頻度分布を規格化した確率分布は $p(\boldsymbol{x})$ に近づいていく．

布は $(n/c)p(\boldsymbol{x})$ に近づく．頻度分布を規格化したものが確率分布であるため，それは $p(\boldsymbol{x})$ になる．

8.2 マルコフ性とマルコフ連鎖

時刻 t を 1, 2, 3, ... という離散的な値で表し，それぞれについてひとつの確率変数が存在する状況を考える．これは $\boldsymbol{x}^{(1)}, \boldsymbol{x}^{(2)}, \boldsymbol{x}^{(3)}, ...$ という確率変数の系列で表せる．マルコフ連鎖 (Markov chain) はこれらの確率変数の値を決めていくシステム，すなわち確率的シミュレーションの手法である．マルコフ連鎖では $\boldsymbol{x}^{(t)}$ を時刻 t におけるシステムの状態 (state) と捉える．システムの状態が確率的に，すなわちランダム性を持って変化していくが，そのランダム性を決める確率分布は決まっているというシステムである．

マルコフ連鎖という名称はマルコフ性 (Markov property) という性質から来ている．これはいわば記憶力が悪いという性質である．マルコフ性を持つシステムは遠い過去の状態を憶えていない．現在の状態は直近の状態のみによって決まる．遠い過去の状態から影響を受けないわけではないが，それは必ず直近の状態を通してのみ伝わってくる．遠い過去の状態は現在の状態に直接影響を与えることがない．

一方，マルコフ性を満たすとは限らない一般のシステムにおいては現在の確率変数の値は過去のすべての状態に依存するため，現在の時刻を t とすると，状

態 $\bm{x}^{(t)}$ の分布を決めるのは $\bm{x}^{(t-1)}, \bm{x}^{(t-2)}, ..., \bm{x}^{(1)}$ という過去のすべての変数であり，分布は $p(\bm{x}^{(t)}|\bm{x}^{(t-1)}, \bm{x}^{(t-2)}, ..., \bm{x}^{(1)})$ と表せる．たとえば直前の状態 $\bm{x}^{(t-1)}$ が同じであっても，それより前の $\bm{x}^{(t-2)}$ が異なれば現在の状態 $\bm{x}^{(t)}$ の分布は異なってくる．

1次マルコフ性の場合，過去のすべての状態の影響が現在よりひとつ前の状態に集約されるため，$\bm{x}^{(t)}$ の分布は $\bm{x}^{(t-1)}$ だけで決められる．すなわち $p(\bm{x}^{(t)}|\bm{x}^{(t-1)})$ で表せる．つまり条件部に $\bm{x}^{(t-1)}$ さえあれば，$\bm{x}^{(t-2)}$，$\bm{x}^{(t-3)}, ...$ はなくてもよいということである．一般のシステムにおける分布 $p(\bm{x}^{(t)}|\bm{x}^{(t-1)}, \bm{x}^{(t-2)}, ..., \bm{x}^{(1)})$ の条件部から $\bm{x}^{(t-2)}$ 以降を取り除けることが1次マルコフ性であるので，式では以下のように表せる．

$$p(\bm{x}^{(t)}|\bm{x}^{(t-1)}, \bm{x}^{(t-2)}, ..., \bm{x}^{(1)}) = p(\bm{x}^{(t)}|\bm{x}^{(t-1)}) \tag{8.3}$$

これを一般化した n 次マルコフ性は過去からの影響が n 件までの過去に集約されているというシステムであり，式では以下のように表せる．

$$p(\bm{x}^{(t)}|\bm{x}^{(t-1)}, \bm{x}^{(t-2)}, ..., \bm{x}^{(1)}) = p(\bm{x}^{(t)}|\bm{x}^{(t-1)}, \bm{x}^{(t-2)}, ..., \bm{x}^{(t-n)}) \tag{8.4}$$

$p(\bm{x}^{(t)}|\bm{x}^{(t-1)})$ は「時刻 $t-1$ の状態」から「時刻 t の状態」に遷移する確率であるため，**遷移確率** (transition probability) と呼ばれる．本書では時間 t に依存しない遷移確率を扱う．すなわちシステムの状態 $\bm{x}^{(t)}$ は時刻 t に依存するが，遷移確率は t を含めずに表現できる．状態がとりうる値を a と b で表すと，以下のように遷移確率の分布を表現できる．f は時刻 t に依存しない関数である．

$$p(\bm{x}^{(t)} = a|\bm{x}^{(t-1)} = b) = f(a, b) \tag{8.5}$$

状態 $\bm{x}^{(t)}$ や $\bm{x}^{(t-1)}$ がとりうる値が有限種類の場合，右辺は表で表せる．たとえば状態を天気とし，それが晴れ，曇り，雨の3種類であるとするなら，遷移確率は 3×3 の表で表せる．それぞれのマスの中に入るのはたとえば晴れから雨になる確率，曇りから晴れになる確率などである．

8.2.1 定常分布

MCMC はサンプリングの手法であるので，そこから標本を得たいという目的分布 $\pi(\bm{x})$ がまず存在する．この分布から直接サンプリングを行うのが容易で

ない時，代わりにマルコフ連鎖を使ってサンプリングしようというのが MCMC の着想である．すなわちマルコフ連鎖によって確率変数の系列 $x^{(1)}, x^{(2)}, ...,$ を作っていった時，各時刻 t について状態 $x^{(t)}$ が従う確率分布が π であることが目標である．

時刻を添え字とする確率変数 $x^{(t)}$ の従う分布が時刻 t に依存しない時，**定常分布** (stationary distribution) と呼ばれる．時刻 t に依存する確率分布は $\pi_t(x^{(t)})$ とでも表せるが，定常分布では下添え字の t を取り除く．

マルコフ連鎖では状態は遷移確率に従って変化していくので，定常分布 π は遷移確率 p と以下の関係を持つ．ただし遷移前の状態を x，遷移後の状態を y で表した．

$$\pi(y) = \sum_{x} p(y|x)\pi(x) \tag{8.6}$$

これは遷移が行われても状態分布が同じ π で表せることを意味している．確率変数の系列が定常分布に従うことを**定常性** (stationarity) と呼ぶ．マルコフ連鎖によって作られる確率変数の系列の場合，それが定常性を持つかどうかは遷移確率に依存する．そのため定常性を持つように遷移確率を設計することが MCMC の要である．

8.2.2 詳細釣合いの条件

MCMC では定常性よりもさらに強い性質である**詳細釣合いの条件** (the principle of detailed balance) を遷移確率に課し，それによってそこから得られる確率変数の系列が定常性を持つようにする．詳細釣合いの条件を満たすことは確率分布 π と遷移確率 p が以下の条件を満たすこととして定義される．

詳細釣合いの条件
状態 x と y のすべての値の組合せについて以下が成り立つ．

$$p(x|y)\pi(y) = p(y|x)\pi(x) \tag{8.7}$$

詳細釣合いの条件が満たされている状況の例を図 8.2 に示した．

8.2 マルコフ性とマルコフ連鎖

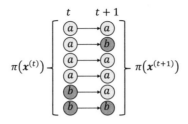

図 8.2 詳細釣合いの条件を満たす例。$a \to b$ という遷移と $b \to a$ という遷移が釣り合うため，時刻 t から $t+1$ になっても状態の分布は π で変わらない．

問 8-1 詳細釣合いの条件を満たす遷移確率から得られた確率変数の系列は定常性を持つことを示せ．これには式 (8.7) から式 (8.6) を求めればよい．

[解答] 詳細釣合いの条件の定義式 (8.7) に対し，x のすべての値についての総和を求める．

$$\sum_x p(x|y)\pi(y) = \sum_x p(y|x)\pi(x) \tag{8.8}$$

確率はすべての可能性について足し合わせると 1 になるので，$\sum_x p(x|y) = 1$ である．これを左辺に使うと以下が得られる．

$$\pi(y) = \sum_x p(y|x)\pi(x) \tag{8.9}$$

これは遷移確率 p に対して π が式 (8.6) の関係を満たしており，定常分布であることを表している．

逆が成り立たないことを示すために，反例を挙げる．図 8.3 の右側に示した

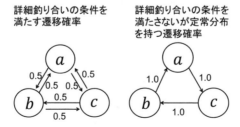

図 8.3 定常性は満たすが詳細釣合いの条件は満たさない分布の例．状態を円で，遷移確率は矢印上の数値で表している．どちらも $\pi(a) = \pi(b) = \pi(c) = 1/3$ を定常分布として持つが，詳細釣合いの条件を満たすのは左の図だけである．

分布 p は定常であるが，詳細釣合いの条件は満たしていない．詳細釣合いの条件は状態のペアについて定義されるのに対し，三つ以上の状態について釣り合うことでも定常性は満たされうるためである．

8.2.3 MCMC によるサンプリング

MCMC では遷移確率 $p(\boldsymbol{y}|\boldsymbol{x})$ を使い，標本の系列 $\boldsymbol{x}^{(1)}, \boldsymbol{x}^{(2)}, \ldots$ を作っていく．初期値は何らかの分布 $p_1(\boldsymbol{x}^{(1)})$ からサンプリングする必要があるが，これはもちろん目的とする分布と異なってよく，一様分布などでよい．あとは各 t について $\boldsymbol{x}^{(t-1)}$ の値を遷移確率 $p(\boldsymbol{x}^{(t)}|\boldsymbol{x}^{(t-1)})$ の条件部に入れ，$\boldsymbol{x}^{(t)}$ をサンプリングしていく．

MCMC で作り出された標本のうち，最初の方では初期値への依存性が強い．初期値を選ぶのに使う分布 $p_1(\boldsymbol{x}^{(1)})$ が求める分布 $p(\boldsymbol{x})$ と異なる場合，得られる標本に偏りが生じてしまう．そこで $\boldsymbol{x}^{(1)}$ から使うのではなく，t を大きな数として，$\boldsymbol{x}^{(t)}$ 以降を使用する．これによって定常分布からのサンプリングに近くなる．

MCMC の理想は系列の各要素が互いに独立になることであるが，条件付き分布 $p(\boldsymbol{x}^{(t)}|\boldsymbol{x}^{(t-1)})$ を使って定義されているため，独立ではない．そこですべての標本候補を標本として採択するのではなく，ある程度の間隔を空けて採択していくことが多い．これによって標本間の従属性を減らせる．たとえば τ を大きな数として，$\boldsymbol{x}^{(t)}$ の次には $\boldsymbol{x}^{(t+\tau)}$，その次には $\boldsymbol{x}^{(t+2\tau)}$ を使うという具合である．

8.3 メトロポリス・ヘイスティングス法

MCMC のうち，もっとも広く使われている手法のひとつがメトロポリス・ヘイスティングス法 (Metropolis–Hastings method) (略して **MH 法**) である．まず，目的とする分布 $\pi(\boldsymbol{x})$ に比例する分布 $b(\boldsymbol{x})$ を考える．B を任意の定数として，$b(\boldsymbol{x})$ は以下のように定義できる．

$$b(\boldsymbol{x}) = B\pi(\boldsymbol{x}) \tag{8.10}$$

$B \neq 1$ の時，b は規格化されていない分布であり，確率分布とは限らない．た

とえば $\pi(\boldsymbol{x})$ の規格化定数の計算に時間が掛かる場合，それを取り除いたもの（たとえば多変量正規分布における $\prod_{j=1}^{k} \exp\left(-\frac{(x_j-\mu_j)^2}{2\sigma_j^2}\right)$ の部分）を $b(\boldsymbol{x})$ として使うことが考えられる．

分布 b は確率分布ではないため，そこからサンプリングを行うことはできない．$\boldsymbol{x}$ が与えられた時に $b(\boldsymbol{x})$ の値を計算し，棄却の基準として使用するだけである．b とは別にサンプリングが容易な条件付きの提案分布 $q(\boldsymbol{y}|\boldsymbol{x})$ を考え，サンプリングはそちらから行う．現在の状態を $\boldsymbol{x}^{(t)}$ とすると，$q(\boldsymbol{y}|\boldsymbol{x}^{(t)})$ からのサンプリングで得られる標本候補 $\check{\boldsymbol{y}}$ は遷移候補でもある．

棄却の基準は $\alpha(\boldsymbol{x},\boldsymbol{y}) = \min\left(\frac{q(\boldsymbol{x}|\boldsymbol{y})b(\boldsymbol{y})}{q(\boldsymbol{y}|\boldsymbol{x})b(\boldsymbol{x})},1\right)$ と定義される．これは $\frac{q(\boldsymbol{x}|\boldsymbol{y})b(\boldsymbol{y})}{q(\boldsymbol{y}|\boldsymbol{x})b(\boldsymbol{x})}$ と 1 の小さい方の値という意味である．$\frac{q(\boldsymbol{x}|\boldsymbol{y})b(\boldsymbol{y})}{q(\boldsymbol{y}|\boldsymbol{x})b(\boldsymbol{x})}$ は 1 より大きいこともあるが，それでは確率の定義を満たさないので，その場合にも確率が 1 になるよう，min を使って定義されている．実際に使用する場合は現在の状態 $\boldsymbol{x}^{(t)}$ と標本候補 $\check{\boldsymbol{y}}$ を代入した $\alpha(\boldsymbol{x}^{(t)},\check{\boldsymbol{y}})$ が使われる．後述するように $\alpha(\boldsymbol{x},\boldsymbol{y})$ は MH 法における遷移確率が（目的とする分布 $\pi(\boldsymbol{x})$ との間で）詳細釣合いの条件を満たすように設計されている．

アルゴリズム／メトロポリス・ヘイスティングス法（MH 法）

$t=1$ と設定し，$\boldsymbol{x}^{(1)}$ を初期分布 $p_1(\boldsymbol{x})$ からサンプリング後，以下を繰り返す．
① 提案分布 $q(\check{\boldsymbol{y}}|\boldsymbol{x}^{(t)})$ に従って標本候補 $\check{\boldsymbol{y}}$ を得る．
② 以下のように定義される確率 $\alpha(\boldsymbol{x}^{(t)},\check{\boldsymbol{y}})$ で標本候補 $\check{\boldsymbol{y}}$ を $\boldsymbol{x}^{(t+1)}$ として採択する．

$$\alpha(\boldsymbol{x}^{(t)},\check{\boldsymbol{y}}) = \min\left(\frac{q(\boldsymbol{x}^{(t)}|\check{\boldsymbol{y}})b(\check{\boldsymbol{y}})}{q(\check{\boldsymbol{y}}|\boldsymbol{x}^{(t)})b(\boldsymbol{x}^{(t)})},1\right) \qquad (8.11)$$

採択された場合，代入 $t \leftarrow t+1$ を行う．

上記におけるステップ②を実装する場合，棄却サンプリングと同様，区間 $[0,1]$ 上の一様分布 $\mathcal{U}(z|0,1)$ から $\check{z}$ をサンプリングし，$\check{z} \leq \frac{q(\boldsymbol{x}^{(t)}|\check{\boldsymbol{y}})b(\check{\boldsymbol{y}})}{q(\check{\boldsymbol{y}}|\boldsymbol{x}^{(t)})b(\boldsymbol{x}^{(t)})}$ であれば $\check{\boldsymbol{y}}$ を採択，そうでなければ棄却という形にすればよい．図 8.4 に MH 法の流れを示した．

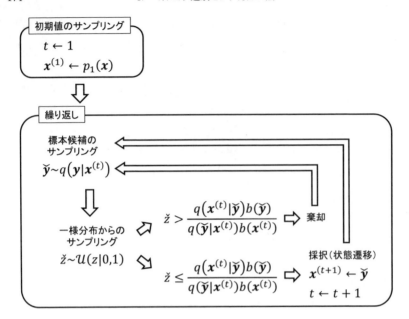

図 8.4 メトロポリス・ヘイスティングス法（MH 法）．各時点 t において，提案分布 $q(y|x^{(t)})$ から標本候補（遷移候補）$\check{y}$ をサンプリングし，一様分布 $\mathcal{U}(z|0,1)$ から $\check{z}$ をサンプリングする．もし $\frac{q(x^{(t)}|\check{y})b(\check{y})}{q(\check{y}|x^{(t)})b(x^{(t)})} \geq \check{z}$ であれば $\check{y}$ を採択し，t を 1 増やす．そうでなければ棄却してふたたび標本候補のサンプリングを行う．

8.3.1 MH 法が詳細釣合いの条件を満たすことの証明

MH 法が詳細釣合いの条件を満たすことは以下のように示せる．$\alpha(x,y) = \min\left(\frac{q(x|y)b(y)}{q(y|x)b(x)}, 1\right)$ と定義されているので，x と y の間の遷移は $\frac{q(x|y)b(y)}{q(y|x)b(x)}$ と 1 の間の大小関係によって決まる．そこで場合分けして考える．

まずは $\frac{q(x|y)b(y)}{q(y|x)b(x)} \leq 1$ の場合における $\alpha(y,x)$ について考える．$\frac{q(x|y)b(y)}{q(y|x)b(x)} \leq 1$ の両辺の逆数より，$\frac{q(y|x)b(x)}{q(x|y)b(y)} \geq 1$ がいえる．これより $\alpha(y,x) = \min\left(\frac{q(y|x)b(x)}{q(x|y)b(y)}, 1\right) = 1$ となるので，遷移候補 x は必ず採択される．すなわち提案分布における値 $q(x|y)$ がそのまま遷移確率 $p(x|y)$ となるので，$p(x|y) = q(x|y)$ がいえる．続いて $\alpha(x,y)$ について考える．$\frac{q(x|y)b(y)}{q(y|x)b(x)} \leq 1$ の場合を考えているので，$\alpha(x,y) = \min\left(\frac{q(x|y)b(y)}{q(y|x)b(x)}, 1\right) = \frac{q(x|y)b(y)}{q(y|x)b(x)}$ となる．x から y に遷移する確率は MH 法の定義より $q(y|x)$ と $\alpha(x,y)$ の積となるため，$p(y|x) = \alpha(x,y)q(y|x)$ である．これらを使って以下の式変形が行

える.

$$p(\boldsymbol{y}|\boldsymbol{x})\pi(\boldsymbol{x}) = \alpha(\boldsymbol{x},\boldsymbol{y})q(\boldsymbol{y}|\boldsymbol{x})\pi(\boldsymbol{x}) = \frac{q(\boldsymbol{x}|\boldsymbol{y})b(\boldsymbol{y})}{q(\boldsymbol{y}|\boldsymbol{x})b(\boldsymbol{x})}q(\boldsymbol{y}|\boldsymbol{x})\frac{b(\boldsymbol{x})}{B}$$
$$= \frac{q(\boldsymbol{x}|\boldsymbol{y})b(\boldsymbol{y})}{B} = q(\boldsymbol{x}|\boldsymbol{y})\left(\frac{b(\boldsymbol{y})}{B}\right) = q(\boldsymbol{x}|\boldsymbol{y})\pi(\boldsymbol{y}) = p(\boldsymbol{x}|\boldsymbol{y})\pi(\boldsymbol{y})$$
(8.12)

最左辺と最右辺が等しいため,詳細釣合いの条件を表す式 (8.7) を満たしている.$\frac{q(\boldsymbol{x}|\boldsymbol{y})b(\boldsymbol{y})}{q(\boldsymbol{y}|\boldsymbol{x})b(\boldsymbol{x})} > 1$ の場合についても同様に証明が行える.

この結果は MH 法によって構築されるマルコフ連鎖が π を定常分布として持つことを示している.MH 法で状態の系列を作り,それらを標本とすることで π からのサンプリングが可能となる.MH 法の課題として,提案分布 $q(\boldsymbol{x}|\boldsymbol{y})$ をうまく選ばないと棄却される標本候補の数が多くなり,効率が悪くなることが挙げられる.

8.4 ギブスサンプリング

MH 法の応用で多数の確率変数の同時分布からサンプリングする手法として,**ギブスサンプリング** (Gibbs sampling) がある.これが有効なのはサンプリングしたい確率変数が多数存在する場合である.すなわち $\boldsymbol{x}$ が (1 次元ではなく) 2 次元以上の確率変数ベクトルである場合にのみ意味がある.

ギブスサンプリングが活躍するのは同時分布 $p(\boldsymbol{x}^{(t)})$ からのサンプリングは容易でないが,それらの間の条件付き分布からのサンプリングは容易という状況である.たとえば図 8.5 はベイズ的な混合ガウスモデルを表す図 7.2 を単純化したものであるが,このように確率モデルがグラフィカルモデルで表される場合,それらの間の条件付き分布が与えられていることが多いため,ギブスサンプリングが有効であることが多い.たとえば図 6.14 に示した混合ガウスモデルにおいて,値が未知である確率変数 $\boldsymbol{z}^{(i)}$ と $\boldsymbol{\pi}$ の同時分布 $p(\boldsymbol{\pi},\boldsymbol{z}^{(i)})$ をどのような分布からサンプリングしたらよいかは必ずしも明白ではない.

ギブスサンプリングのアルゴリズムは以下になる.$\boldsymbol{x}_{\backslash \ell}$ は $\boldsymbol{x}$ から x_ℓ を取り除いたものである.また,m は $\boldsymbol{x}$ の次元すなわち確率変数の総数を表す (図 8.6).

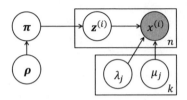

図 8.5 ギブスサンプリングが効果的となる状況の例．π の値は $z^{(i)}$ に影響を与え，$z^{(i)}$ の値が $x^{(i)}$ に影響を与える．$x^{(i)}$ は観測データのため，確率変数 $z^{(i)}$ の分布の条件部には $x^{(i)}$ が入る．さらに π も条件部に入る．一方，π は $z^{(i)}$ の分布のパラメータのため，その事後分布の条件部には $z^{(i)}$ が入る．そのため「分布 $p(\pi|\rho)$ を使って π の標本を得て，それを使って分布 $p(z^{(i)}|\pi)$ から $z^{(i)}$ の標本を得る」という順序では潜在変数の同時分布 $p(\pi, z^{(i)}|\rho, x^{(i)}, \mu, \lambda)$ からの標本は得られない．同時分布に従う標本を求めるにはギブスサンプリングのアルゴリズムに従う必要がある．

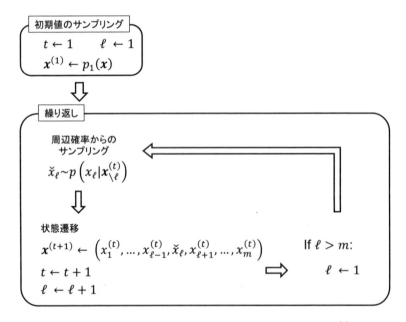

図 8.6 ギブスサンプリング．ℓ を $1, ..., m$ と変えながら周辺分布 $p(x_\ell|x_{\setminus \ell}^{(t)})$ からサンプリングを行い，$\check{x}_\ell$ を得る．それと $x_{\setminus \ell}^{(t)}$ を繋げたものを $x^{(t+1)}$ とする．

アルゴリズム / ギブスサンプリング

$t=1$ と設定し,$\boldsymbol{x}^{(1)}$ を初期分布 $p_1(\boldsymbol{x})$ からサンプリング後,ℓ を $1, ..., m$ と変えながら以下を繰り返す.

① $p(x_\ell|\boldsymbol{x}_{\backslash \ell}^{(t)})$ からのサンプリングによって $x_\ell^{(t+1)}$ を得る.

② $\boldsymbol{x}_{\backslash \ell}^{(t+1)}$ については $\boldsymbol{x}_{\backslash \ell}^{(t)}$ と同じ値に設定し,$x_\ell^{(t+1)}$ と繋げることで $\boldsymbol{x}^{(t+1)}$ を得る.

③ 代入 $t \leftarrow t+1$ を行う.

このように定義されるアルゴリズムによって定常分布からのサンプリングが行えることはどう証明したらいいだろうか.それにはギブスサンプリングが特殊な MH 法であり,標本候補の棄却が不要であることを示せばよい.

問 8-2 提案分布を $p(x_\ell|\boldsymbol{x}_{\backslash \ell})$ とした MH 法を考える.ギブスサンプリングでは目的とする定常分布はすべての確率変数を並べた $\boldsymbol{x}$ の同時分布 $p(\boldsymbol{x})$ のため,$b(\boldsymbol{x}) = B\pi(\boldsymbol{x}) = Bp(\boldsymbol{x})$ と置き換えられる.式 (8.11) の定義を使い,$\alpha(\boldsymbol{x}, \boldsymbol{y})$ を求めよ.

[解答]

$$\alpha(\boldsymbol{x}, \boldsymbol{y}) = \min\left(\frac{p(x_\ell|\boldsymbol{x}_{\backslash \ell})b(\boldsymbol{y})}{p(y_\ell|\boldsymbol{y}_{\backslash \ell})b(\boldsymbol{x})}, 1\right) = \min\left(\frac{p(x_\ell|\boldsymbol{x}_{\backslash \ell})Bp(\boldsymbol{y})}{p(y_\ell|\boldsymbol{y}_{\backslash \ell})Bp(\boldsymbol{x})}, 1\right)$$
$$= \min\left(\frac{p(x_\ell|\boldsymbol{x}_{\backslash \ell})}{p(\boldsymbol{x})} \frac{p(\boldsymbol{y})}{p(y_\ell|\boldsymbol{y}_{\backslash \ell})}, 1\right) = \min\left(\frac{1}{p(\boldsymbol{x}_{\backslash \ell})}p(\boldsymbol{y}_{\backslash \ell}), 1\right)$$
$$= \min(1, 1) = 1 \tag{8.13}$$

2 行目の変形では条件付き確率の定義より $p(x_\ell|\boldsymbol{x}_{\backslash \ell})/p(\boldsymbol{x}) = (p(\boldsymbol{x})/p(\boldsymbol{x}_{\backslash \ell}))/p(\boldsymbol{x}) = 1/p(\boldsymbol{x}_{\backslash \ell})$ となることを使った.また,第 ℓ 成分以外は変化しないため,$\boldsymbol{x}_{\backslash \ell} = \boldsymbol{y}_{\backslash \ell}$ であることを使った.

$\alpha(\boldsymbol{x}, \boldsymbol{y}) = 1$ とは確率 1 で遷移候補が採択されるという意味であるため,この場合の MH 法はギブスサンプリングになっている.すなわちギブスサンプリングは ℓ ごとに MH 法となっており,全体として詳細釣合いの条件を満たして

いる.

ギブスサンプリングには遷移候補の棄却という段階がないため，無駄なサンプリングを行うことがない．しかし求める同時分布と対応する条件付き分布からのサンプリングが容易であることが条件となる．MH 法にはそのような制約が存在しない分，利用範囲が広い.

問 8-3 図 8.5 で示した確率モデルについて，z を k 次元 one-hot ベクトルとし，$p(z^{(i)}|\pi)$ がマルチヌーイ分布，$p(\pi|\rho)$ がディリクレ分布，$z_j^{(i)} = 1$ の場合の $x^{(i)}$ の分布が正規分布 $\mathcal{N}(x^{(i)}|\mu_j, \lambda_j^{-1})$ とする時，ギブスサンプリングの更新式を求めよ．観測値 $x^{(i)}$ とハイパーパラメータ ρ，正規分布の平均 μ_j と精度 ψ_j は固定値とし，それらのサンプリングは行わないでよい.

[解答] $z^{(i)}$ が one-hot ベクトルであることにより，その第 j 成分が 1 になる確率を求める．ベイズの定理を使うことで条件付き確率 $p(z_j^{(i)} = 1|x^{(i)}, \pi)$ は以下のように求まる．ただし分母の展開には式 (6.4) を使った．

$$p(z_j^{(i)} = 1|x^{(i)}, \boldsymbol{\mu}, \boldsymbol{\lambda}, \boldsymbol{\pi}) = \frac{p(x^{(i)}|z_j^{(i)} = 1, \boldsymbol{\mu}, \boldsymbol{\lambda})p(z_j^{(i)} = 1|\boldsymbol{\pi})}{p(x^{(i)}|\boldsymbol{\mu}, \boldsymbol{\lambda}, \boldsymbol{\pi})}$$

$$= \frac{\pi_j \mathcal{N}(x^{(i)}|\mu_j, \lambda_h^{-1})}{\sum_{h=1}^{k} \pi_h \mathcal{N}(x^{(i)}|\mu_h, \lambda_h^{-1})} \quad (8.14)$$

$\boldsymbol{\mu}$ と $\boldsymbol{\lambda}$ が $z^{(i)}$ の分布の条件部に入るのは $z^{(i)}$，$\boldsymbol{\mu}$，$\boldsymbol{\lambda}$ が $x^{(i)}$ に対する共同親となっているためである．図 6.12 のマルコフブランケットに示したように，共同親は条件部に入れなくてはならない．式 (8.14) は $p(z^{(i)}|x^{(i)}, \boldsymbol{\pi})$ は $\pi_j \mathcal{N}(x^{(i)}|\mu_j, \lambda_j^{-1})/\sum_{h=1}^{k} \pi_h \mathcal{N}(x^{(i)}|\mu_h, \lambda_h^{-1})$ を第 j 成分とするパラメータベクトルを持つマルチヌーイ分布になることを示している．すなわち $z^{(i)}$ はマルチヌーイ分布からのサンプリングによって得られる．一方，$p(\pi|z, \rho)$ の対数は以下になる.

$$\log p(\boldsymbol{\pi}|\boldsymbol{z}, \boldsymbol{\rho}) = \log \frac{p(\boldsymbol{z}|\boldsymbol{\pi})p(\boldsymbol{\pi}|\boldsymbol{\rho})}{p(\boldsymbol{z})} = \log p(\boldsymbol{z}|\boldsymbol{\pi}) + \log p(\boldsymbol{\pi}|\boldsymbol{\rho}) + c$$

$$= \sum_{i=1}^{n}\sum_{j=1}^{k} z_j^{(i)} \log \pi_j + \sum_{j=1}^{k}(\rho_j - 1)\log \pi_j + c'$$

$$= \sum_{j=1}^{k}\left(\sum_{i=1}^{n} z_j^{(i)} + \rho_j - 1\right)\log \pi_j + c' \quad (8.15)$$

これは $\sum_{i=1}^{n} z_j^{(i)} + \rho_j$ をパラメータベクトルの成分とするディリクレ分布の

対数と同じ関数形である．すなわち π はディリクレ分布からサンプリングすればよい．サンプリングの対象となる確率変数以外にはステップ $t-1$ での値を代入することでステップ t における標本が得られる．

章 末 問 題

8-1 区間 $[0,1]$ 上での一様分布 $\mathcal{U}(x|0,1)$ からのサンプリングを使い，モンテカルロ法によって積分 $\int_{-1}^{1} \sqrt{1-x^2}dx$ の値を近似的に求めるアルゴリズムを考えよ．

8-2 本文中の問 8-3 では図 8.5 における μ_j を固定値としたが，それが確率変数であり，その事前分布が正規分布 $\mathcal{N}(\mu_j|\psi,1)$ であるとする．ただしハイパーパラメータ ψ は固定値であるとする．さらに $\lambda_j=1$ であるとした場合のギブスサンプリングの更新式を求めよ．

9 変分オートエンコーダ

9.1 生成モデルと認識モデル

ベイズ統計や統計的機械学習のひとつの大きな目的は生成モデルの学習である．近年，機械学習の分野では**深層学習** (deep learning) が大きな成功を収めているが，それを用いて生成モデル学習を行う**変分オートエンコーダ** (variational autoencoder)，略して **VAE** が大きな注目を集めている．VAE は EM アルゴリズムや変分ベイズとも繋がりがあり，深層学習とベイズ統計の橋渡しを行っている興味深い手法である．

EM アルゴリズムにおいて変分下界 $\mathcal{B}(\boldsymbol{\theta}, \hat{\boldsymbol{\theta}})$ と対数尤度 $\log p(\boldsymbol{x}|\boldsymbol{\theta})$，KL 情報量 $D(p(\boldsymbol{z}|\boldsymbol{x}, \hat{\boldsymbol{\theta}})||p(\boldsymbol{z}|\boldsymbol{x}, \boldsymbol{\theta}))$ の間の関係を表す式 (6.23) は対数尤度を移項することで以下のように書き直せる．

$$\log p(\boldsymbol{x}|\boldsymbol{\theta}) = D(p(\boldsymbol{z}|\boldsymbol{x}, \hat{\boldsymbol{\theta}})||p(\boldsymbol{z}|\boldsymbol{x}, \boldsymbol{\theta})) + \mathcal{B}(\boldsymbol{\theta}, \hat{\boldsymbol{\theta}}) \tag{9.1}$$

KL 情報量は非負のため，変分下界を最大化することで対数尤度を増加させられるというのが EM アルゴリズムの根拠であった．変分下界を大きくする $\boldsymbol{\theta}$ は対数尤度も大きくするため，パラメータの推定値として適切であるという考え方である．

EM アルゴリズムでは $p(\boldsymbol{z}|\boldsymbol{x}, \boldsymbol{\theta})$ と $p(\boldsymbol{z}|\boldsymbol{x}, \hat{\boldsymbol{\theta}})$ の関数形は同じであった．たとえば一方がマルチヌーイ分布であるならもう一方にもマルチヌーイ分布が使われた．それによってパラメータの数や意味が同じになるため，6.2 節で述べたよ

うに $\hat{\boldsymbol{\theta}}$ に $\boldsymbol{\theta}$ の値を代入するというステップが可能になる．しかし VAE では二つの分布の関数形が異なってもよいという一般化を行う．このためパラメータ $\hat{\boldsymbol{\theta}}$ を $\boldsymbol{\phi}$ に改め，$p(\boldsymbol{z}|\boldsymbol{x},\hat{\boldsymbol{\theta}})$ を $q_{\boldsymbol{\phi}}(\boldsymbol{z}|\boldsymbol{x})$ と書くようにする．$q_{\boldsymbol{\phi}}(\boldsymbol{z}|\boldsymbol{x})$ は $q(\boldsymbol{z}|\boldsymbol{x},\boldsymbol{\phi})$ と同じ意味である．パラメータを表すのに $\boldsymbol{\theta}$ とは異なる記号 $\boldsymbol{\phi}$ を使うのは p と q で分布の関数形が違う場合，パラメータの数や意味が異なるためである．同様に $p(\boldsymbol{z}|\boldsymbol{x},\boldsymbol{\theta})$ を $p_{\boldsymbol{\theta}}(\boldsymbol{z}|\boldsymbol{x})$ と書くようにする．

観測変数と潜在変数の同時分布 $p(\boldsymbol{x},\boldsymbol{z}|\boldsymbol{\theta})$ は確率変数の値が生成されるプロセスを表しているため，その周辺化によって得られる $p_{\boldsymbol{\theta}}(\boldsymbol{x}|\boldsymbol{z})$ は**生成モデル** (generative model) と呼ばれる．これに対し，$q_{\boldsymbol{\phi}}(\boldsymbol{z}|\boldsymbol{x})$（すなわち EM アルゴリズムにおける $p(\boldsymbol{z}|\boldsymbol{x},\hat{\boldsymbol{\theta}})$）はパラメータ推定の目的で導入されたものである．VAE の用語ではこれは**認識モデル** (recognition model) と呼ばれる．認識とは感覚器官から得られた情報を何らかの抽象的な表現に対応付ける行為である．$q_{\boldsymbol{\phi}}(\boldsymbol{z}|\boldsymbol{x})$ も同様に観測値 $\boldsymbol{x}$ を別の表現 $\boldsymbol{z}$ に変換しているとみなせるため，認識モデルという名前が付けられている．

潜在変数 $\boldsymbol{z}$ は観測値 $\boldsymbol{x}$ の持つ情報を別の形で表現しているとみなせるため，符号またはコード (code) と呼ばれる．モールス符号によって自然言語の文を表現するように，情報が別の表され方をしているという意味である．符号は通信や情報理論で使われる用語であり，それに対応して認識モデル $q_{\boldsymbol{\phi}}(\boldsymbol{z}|\boldsymbol{x})$ を符号化器またはエンコーダ (encoder)，生成モデル $p_{\boldsymbol{\theta}}(\boldsymbol{x}|\boldsymbol{z})$ を復号器またはデコーダ (decoder) と呼ぶ．これはそれぞれ観測値 $\boldsymbol{x}$ から潜在変数（符号）$\boldsymbol{z}$ への符号化 (encoding)，潜在変数（符号）$\boldsymbol{z}$ から観測値 $\boldsymbol{x}$ への復号 (decoding) を行っているとみなせるためである．

9.1.1 オートエンコーダ

VAE は変分下界を使って訓練を行うオートエンコーダ (autoencoder)（または自己符号化器）である．オートエンコーダとは入力と出力が一致するようにパラメータの学習を行う装置である．オート (auto) とは本来，「自分自身」という意味である．機械に自分で仕事をさせることがオートメーションであり，自分で走る車がオートモビルである．

入力と同じ内容を出力する装置にどんな意味があるかと疑問に思うかもしれないが，中間的な層において符号化が行われているところに意義がある．符号

化の結果は入力よりも簡潔な表現であることが多い．その場合，符号は低次元表現 (lower dimensional representation) とも呼ばれる．

観測値 x は一般に高次元データである．たとえば画像生成において 1 枚の画像が 100 万画素の場合，x は 100 万次元のベクトルになる．符号 z が 1,000 次元ベクトルとすれば，オートエンコーダは 100 万次元のベクトルをいったん 1,000 次元で表現した後，もとの 100 万次元に復元している．これは情報圧縮であり，計算機においてファイルを圧縮し，また復元することに相当する．x を低次元のベクトル z で表現できるのはそれによって x が持っていた冗長性が取り除かれ，本質が抜き出せたためであると解釈できる．すなわちオートエンコーダは情報の本質を抜き出す仕組みとも捉えられる（図 9.1）．

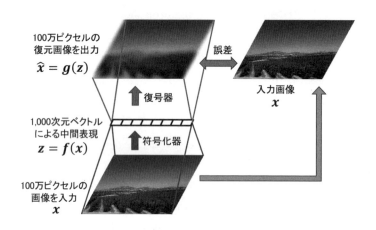

図 9.1　オートエンコーダ．復元画像 $\hat{x}$ と入力画像 x の誤差が最小化されるように符号化器 f と復号器 g のパラメータが調整される．符号化器と復号器の間で低次元のベクトルによる中間的な表現 z を経由することで，情報の本質が抜き出される．

また，復号器は任意の z から x を作り出せる．標本 $\tilde{z}$ を標準正規分布の積 $p(z) = \prod_{j=1}^{k} \mathcal{N}(z_j|0,1)$ などからサンプリングすると，それを条件部に入れた $p_\theta(x|\tilde{z})$ からのサンプリングによって新たな標本 $\tilde{x}$ が生成できる．これは本来のデータには存在しなかったが，それと統計的な性質を共有する値であり，新たなデータとみなせる．これはオートエンコーダによって計算機に創造力を与えることに相当する．

9.1.2 VAE における変分下界

新たなデータの生成を目的として VAE を訓練する場合,その目標は良い生成モデル $p_\theta(x|z)$ を作ることである.これがなるたけ $p(x)$ に近づくように,パラメータ θ を調整,すなわち最適化する.VAE では EM アルゴリズムで使用した変分下界(式 (6.23))を θ と ϕ を使って書き直し,以下のように変形する.

【VAE における変分下界の変形】

$$\mathcal{B}(\theta, \phi) = \mathbb{E}_{q_\phi(z|x)}\left[\log\left(\frac{p_\theta(x,z)}{q_\phi(z|x)}\right)\right]$$
$$= \mathbb{E}_{q_\phi(z|x)}\left[\log p_\theta(x,z) - \log q_\phi(z|x)\right]$$
$$= \mathbb{E}_{q_\phi(z|x)}\left[\log p_\theta(x|z) + \log p_\theta(z) - \log q_\phi(z|x)\right]$$
$$= \mathbb{E}_{q_\phi(z|x)}\left[\log p_\theta(x|z)\right] - \mathbb{E}_{q_\phi(z|x)}\left[\log q_\phi(z|x) - \log p_\theta(z)\right]$$
$$= \mathbb{E}_{q_\phi(z|x)}\left[\log p_\theta(x|z)\right] - D(q_\phi(z|x) \| p_\theta(z)) \tag{9.2}$$

これはひとつの観測値 x についての式であるが,多数の観測値 $x^{(1)}, x^{(2)}, \ldots$ が存在する場合は以下のように定義される総和を使うことになる.

$$\mathcal{B}(\theta, \phi) = \sum_{i=1}^{n}\left(\mathbb{E}_{q_\phi(z^{(i)}|x^{(i)})}\left[\log p_\theta(x^{(i)}|z^{(i)})\right] - D(q_\phi(z^{(i)}|x^{(i)}) \| p_\theta(z^{(i)}))\right) \tag{9.3}$$

変分下界を最大化することで対数尤度 $\log p(x|\theta)$ を最大化できるため,式 (9.2) の右辺を最大化する θ と ϕ を求めることが学習の目的となる.

なお,EM アルゴリズムによる混合ガウスモデルの学習では z は one-hot ベクトルとしたが,VAE では z の各成分はそれぞれ連続値にする.これは後述するように z が多変量正規分布に従うというモデルを使うためである.

▶ **認識モデル** VAE では式 (9.2) に現れる認識モデル $q_\phi(z|x)$ として以下のように定義される多変量正規分布を使う[*1].

[*1] 共分散が 0 でない多変量正規分布(2.5.3 項参照)を使う一般化も可能であるが,その場合,パラメータ数が k^2 や m^2 のオーダーになり,適切な推定にはより多くのデータが必要になるというデメリットがある.

$$q_\phi(z|x) = \prod_{j=1}^{k} \mathcal{N}(z_j|\mu_j(x), \sigma_j^2(x)) \tag{9.4}$$

この式は z の各成分 z_j は正規分布に従うが,その平均と標準偏差は関数の値 $\mu_j(x)$ ならびに $\sigma_j^2(x)$ によって決められることを意味している.また,μ_j と σ_j^2 がどのような関数であるかは ϕ によって決まる.

現在の VAE では関数 μ_j と σ_j^2 としてニューラルネットワーク (neural network) を使用するのが一般的である [*2].ニューラルネットワークは階層的に定義される関数であり,そのパラメータは階層間ごとに存在し,重み行列と呼ばれる [*3].そのため ϕ はニューラルネットワークの重み行列の集合になる.

ニューラルネットワークの層を増やしたものが深層学習である.詳しくはたとえば拙著『しくみがわかる深層学習』(朝倉書店)を参照されたい.VAE は符号化器と復号器に層数の多いニューラルネットワークを使うため,深層学習の一手法と捉えられることもあるが,その考え方は深層学習に限られるものではない.

▶生成モデル　　生成モデル $p_\theta(x|z)$ としてどのような確率分布が使われるかは x がどのような変数であるかに依存する.もし x が one-hot 表現であればマルチヌーイ分布が使える.x が連続値ベクトルの場合,以下のように分散を 1 とする多変量正規分布が使える.

$$p_\theta(x|z) = \prod_{h=1}^{m} \mathcal{N}(x_h|\nu_h(z), 1) \tag{9.5}$$

ν_h は θ によってその形が決まる関数である.VAE では ν_h にもニューラルネットワークを使用するのが一般的である.θ はそのニューラルネットワークの重み行列の集合になる.

▶符号の事前分布　　式 (9.2) の $p_\theta(z)$ は z についての事前分布であるが,以下のように標準正規分布の積を使用することが多い.右辺には θ がない.これは θ を事前分布のパラメータとして使わないということである.

$$p_\theta(z) = \prod_{j=1}^{k} \mathcal{N}(z_j|0, 1) \tag{9.6}$$

[*2] ニューラルネットワークに出力させる値が σ_j^2 ではなく $\log \sigma_j^2$ になるように学習させ,それを指数関数に入れた上で $q_\phi(z|x)$ の分散として使うという実装が行われることもある.

[*3] ニューラルネットワークは数学的には線形変換と非線形変換を繰り返し合成した関数と位置付けられる.

9.1 生成モデルと認識モデル

以下では $p_\theta(z) = \mathcal{N}(z|\mathbf{0}, \mathbf{1})$ という表記も使用する．$\mathbf{0}$ は 0 を並べたベクトル，$\mathbf{1}$ は 1 を並べたベクトルである．

▶ **正則化** 式 (9.6) で定義される標準正規分布の積はもっともシンプルな多変量正規分布といえる．VAE では変分下界（式 (9.2)）が最大化されるため，その第二項の符号反転 $D(q_\phi(z|x)||p_\theta(z))$ が小さくなるような $q_\phi(z|x)$ が選ばれる傾向がある．6.2.3 項で述べたように KL 情報量は分布の相違度を表しているため，$p_\theta(z)$ に似ている $q_\phi(z|x)$ が有利となる．すなわち変分下界の第二項 $-D(q_\phi(z|x)||p_\theta(z))$ は $q_\phi(z|x)$ をシンプルな分布に近づける働きをしている．

目的関数を定義する際，単純な入出力関係ほど有利になるように項を加えることがある．このような項を**正則化項** (regularization term) または**ペナルティ項** (penalty term) と呼ぶ．式 (9.2) の第二項 $-D(q_\phi(z|x)||p_\theta(z))$ は正則化項の例になっている．その目的は複雑な入出力関係と単純な入出力関係が観測値を説明する上で同じ性能を持つ時，単純な入出力関係の方が選ばれるようにすることである．なぜなら複雑な入出力関係は訓練データに対してフィットしすぎることが多く，一般性に欠けることが多い．これに対して単純な入出力関係は訓練に使われなかった新しいデータに対しても性能を発揮しやすい．新たなデータに対しても適切になるような入出力関係を学習することを機械学習の用

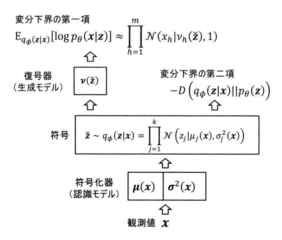

図 **9.2** VAE の訓練時に使うネットワーク構造．変分下界は二つの項から構成され，それらの勾配に基づいてパラメータが更新される．

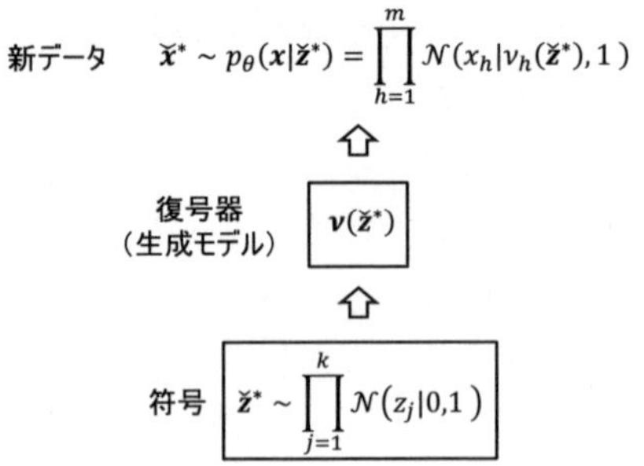

新データ　$\tilde{x}^* \sim p_\theta(x|\check{z}^*) = \prod_{h=1}^{m} \mathcal{N}(x_h|\nu_h(\check{z}^*), 1)$

復号器
（生成モデル）　$\nu(\check{z}^*)$

符号　$\check{z}^* \sim \prod_{j=1}^{k} \mathcal{N}(z_j|0,1)$

図 9.3　VAE による新たなデータの生成に使うネットワーク構造．標準正規分布からのサンプリングによって得られた $\check{z}^*$ を復号器 ν に渡し，その値をパラメータとする正規分布からのサンプリングによって新たなデータ $\tilde{x}^*$ の生成が行える．

語では汎化 (generalization) と呼び，その重要な目標となっている．

▶**VAE のネットワーク構造**　訓練時に使用する VAE の全体を図 9.2 に示した．一方，新たに生成されるデータ $\tilde{x}^*$ は復号器のみを使用して作られる．これに使われるネットワーク構造は図 9.3 に示したように，z^* のサンプリングと復号器のみが使われる．

9.2　VAE の学習

VAE の学習には他のニューラルネットワークと同様，**勾配降下法** (gradient descent) を使ってパラメータを反復的に更新していくことが一般的である．

9.2.1　勾配降下法

VAE の学習は式 (9.2) に示した変分下界が増加していくように，パラメータ θ と ϕ を変えていくことで行われる．これには $\mathcal{B}(\theta, \phi)$ の θ と ϕ での微分，すなわち勾配が求められればよい．勾配の方向にパラメータを変えていくことで変分下界が増加することが期待される．しかしパラメータを 1 回更新するだけで最適値に到達できるとは考えられないので，繰り返し更新が行われる．

勾配の方向にパラメータを少しずつ変えていく手法を勾配降下法と呼ぶ．なぜ上昇ではなく降下と呼ばれるかといえば，その値の最小化が目的である**損失関数** (loss function) を目的関数として使うことが多いためである．統計的機械学習では対数事後確率 $\log p(\theta|x)$ や変分下界 $\mathcal{B}$ の最大化が目的とされること

が多いが，それの符号反転を最小化していると捉えることもできる．すなわち $-\log p(\boldsymbol{\theta}|\boldsymbol{x})$ や $-\mathcal{B}$ が損失関数となる．

勾配降下法は**反復アルゴリズム** (iterative algorithm) の一種である．反復アルゴリズムではパラメータの初期値 $\boldsymbol{\theta}^{(0)}$ を決め，それをデータに基づいて少しずつ更新することを繰り返す．そしてパラメータの更新に伴う損失関数の変化量があらかじめ定められた目標値以下になったら学習を終了する．

反復アルゴリズムにおいて，パラメータ更新における各ステップは 0 から始まる整数 t で表す．ステップ t におけるパラメータの値を $\boldsymbol{\theta}^{(t)}$ で表すと，$\boldsymbol{\theta}^{(1)}$, $\boldsymbol{\theta}^{(2)}$, ... という系列は $\boldsymbol{\theta}^{(t+1)} = \boldsymbol{\theta}^{(t)} + \Delta\boldsymbol{\theta}^{(t)}$ と計算されていく．

$\Delta\boldsymbol{\theta}^{(t)}$ はパラメータをどのように変化させるかを決めており，勾配降下法ではこれを勾配の符号反転の定数倍，すなわち $\Delta\boldsymbol{\theta}^{(t)} = -\eta^{(t)} \nabla_{\boldsymbol{\theta}^{(t)}} L(\boldsymbol{\theta}^{(t)})$ と定める．$L(\boldsymbol{\theta}^{(t)})$ は損失関数である．$\eta^{(t)}$ は学習率と呼ばれる値であり，1 回のステップでどれだけ進むかを決めている．

9.2.2 KL 情報量の勾配

認識モデル $q_{\boldsymbol{\phi}}(\boldsymbol{z}|\boldsymbol{x})$ に式 (9.4) で定義される多変量正規分布，事前分布 $p_{\boldsymbol{\theta}}(\boldsymbol{z})$ に式 (9.6) で定義される多変量正規分布を代入すると，変分下界（式 (9.2)）の最右辺の第二項にある KL 情報量 $D(q_{\boldsymbol{\phi}}(\boldsymbol{z}|\boldsymbol{x})\|p_{\boldsymbol{\theta}}(\boldsymbol{z}))$ は以下になる [*4]．記述を簡潔にするため $\mu_j(\boldsymbol{x})$ を μ_j，$\sigma_j^2(\boldsymbol{x})$ を σ_j^2 と書いている．すなわち $\boldsymbol{x}$ への依存性は省略する．また，ベクトル $\boldsymbol{\mu}$ と $\boldsymbol{\sigma}^2$ を使い，$q_{\boldsymbol{\phi}}(\boldsymbol{z}|\boldsymbol{x})$ を $\mathcal{N}(\boldsymbol{z}|\boldsymbol{\mu}, \boldsymbol{\sigma}^2)$ とも表記する [*5]．

【式 (9.2) に含まれる KL 情報量】

$$D(q_{\boldsymbol{\phi}}(\boldsymbol{z}|\boldsymbol{x})\|p_{\boldsymbol{\theta}}(\boldsymbol{z})) = \int q_{\boldsymbol{\phi}}(\boldsymbol{z}|\boldsymbol{x}) \log\left(\frac{q_{\boldsymbol{\phi}}(\boldsymbol{z}|\boldsymbol{x})}{p_{\boldsymbol{\theta}}(\boldsymbol{z})}\right) d\boldsymbol{z}$$
$$= \mathbb{E}_{\mathcal{N}(\boldsymbol{z}|\boldsymbol{\mu},\boldsymbol{\sigma}^2)}\left[\log(\mathcal{N}(\boldsymbol{z}|\boldsymbol{\mu}(\boldsymbol{x}), \boldsymbol{\sigma}^2(\boldsymbol{x}))) - \log(\mathcal{N}(\boldsymbol{z}|\boldsymbol{0}, \boldsymbol{1}))\right]$$

[*4] これは多変量正規分布間の KL 情報量の公式を使っても求められる．
[*5] 多変量正規分布では 2 つ目のパラメータとして共分散行列を使うことが多いが，ここでは分散を並べたベクトルを使っている．

$$= \mathbb{E}_{\mathcal{N}(\boldsymbol{z}|\boldsymbol{\mu},\boldsymbol{\sigma}^2)} \left[\sum_{j=1}^{k} \left(-\frac{1}{2}\log 2\pi - \frac{1}{2}\log \sigma_j^2 - \frac{1}{2\sigma_j^2}(z_j - \mu_j)^2 \right) \right]$$

$$- \mathbb{E}_{\mathcal{N}(\boldsymbol{z}|\boldsymbol{\mu},\boldsymbol{\sigma}^2)} \left[-\frac{1}{2}\log 2\pi - \frac{1}{2}z_j^2 \right]$$

$$= \frac{1}{2}\sum_{j=1}^{k} \mathbb{E}_{\mathcal{N}(z_j|\mu_j,\sigma_j^2)} \left[\sum_{j=1}^{k} \left(-\log \sigma_j^2 - \frac{z_j^2}{\sigma_j^2} + \frac{2\mu_j z_j}{\sigma_j^2} - \frac{\mu_j^2}{\sigma_j^2} + z_j^2 \right) \right]$$

$$= \frac{1}{2}\sum_{j=1}^{k} \left(-\log \sigma_j^2 - 1 + \frac{2\mu_j^2}{\sigma_j^2} - \frac{\mu_j^2}{\sigma_j^2} + \sigma_j^2 \right)$$

$$= \frac{1}{2}\sum_{j=1}^{k} \left(-\log \sigma_j^2 + \frac{\mu_j^2}{\sigma_j^2} + \sigma_j^2 \right) + \frac{k}{2} \tag{9.7}$$

最終行への変形では $\mathbb{E}_{\mathcal{N}(z_j|\mu_j,\sigma_j^2)}[z_j] = \mu_j$ ならびに $\mathbb{E}_{\mathcal{N}(z_j|\mu_j,\sigma_j^2)}[z_j^2] = \sigma_j^2$ を使った.

式 (9.6) で事前分布 $p_{\boldsymbol{\theta}}(\boldsymbol{z})$ を定義するのに $\boldsymbol{\theta}$ を使わなかったため, $D(q_{\boldsymbol{\phi}}(\boldsymbol{z}|\boldsymbol{x})||p_{\boldsymbol{\theta}}(\boldsymbol{z}))$ は $\boldsymbol{\theta}$ を含まない. そのため $\boldsymbol{\theta}$ による勾配は不要である. $\boldsymbol{\phi}$ による勾配は合成関数の微分 (連鎖律) を使うと以下のように展開できる.

$$\nabla_{\boldsymbol{\phi}} D(q_{\boldsymbol{\phi}}(\boldsymbol{z}|\boldsymbol{x})||p_{\boldsymbol{\theta}}(\boldsymbol{z}))$$
$$= \sum_{j=1}^{k} \left(\frac{dD(q_{\boldsymbol{\phi}}(\boldsymbol{z}|\boldsymbol{x})||p_{\boldsymbol{\theta}}(\boldsymbol{z}))}{d\mu_j} \nabla_{\boldsymbol{\phi}}\mu_j + \frac{dD(q_{\boldsymbol{\phi}}(\boldsymbol{z}|\boldsymbol{x})||p_{\boldsymbol{\theta}}(\boldsymbol{z}))}{d\sigma_j^2} \nabla_{\boldsymbol{\phi}}\sigma_j^2 \right) \tag{9.8}$$

右辺のうち, $dD(q_{\boldsymbol{\phi}}(\boldsymbol{z}|\boldsymbol{x})||p_{\boldsymbol{\theta}}(\boldsymbol{z}))/d\mu_j$ と $dD(q_{\boldsymbol{\phi}}(\boldsymbol{z}|\boldsymbol{x})||p_{\boldsymbol{\theta}}(\boldsymbol{z}))/d\sigma_j^2$ は通常の微分の計算で求められる. $\nabla_{\boldsymbol{\phi}}\boldsymbol{\mu}$ と $\nabla_{\boldsymbol{\phi}}\boldsymbol{\sigma}^2$ はどう求めたらよいだろうか. 関数 μ_j と σ_j^2 としてニューラルネットワークを使うと, 勾配を誤差逆伝播法 (またはバックプロパゲーション (backpropagation)) と呼ばれる手法によって効率的に求められる. 誤差逆伝播法は動的計画法 (dynamic programming) によって勾配の各成分を効率的に計算していく仕組みであり, 深層学習が高い性能を発揮する一因となっている.

9.2.3 生成モデルについての損失

変分下界の第一項である式 (9.2) に生成モデルを表す式 (9.5) を代入すると,

以下が得られる. x_h と $\nu_h(\boldsymbol{z})$ を含まない定数項を c で表した.

$$\mathbb{E}_{q_\phi(\boldsymbol{z}|\boldsymbol{x})}[\log p_{\boldsymbol{\theta}}(\boldsymbol{z})] = \mathbb{E}_{q_\phi(\boldsymbol{z}|\boldsymbol{x})}\left[\log \prod_{h=1}^{m} \mathcal{N}(x_h|\nu_h(\boldsymbol{z}),1)\right]$$

$$= \sum_{h=1}^{m} \mathbb{E}_{q_\phi(\boldsymbol{z}|\boldsymbol{x})}\left[-\frac{1}{2}\log 2\pi - (x_h - \nu_h(\boldsymbol{z}))^2\right]$$

$$= -\sum_{h=1}^{m} \mathbb{E}_{q_\phi(\boldsymbol{z}|\boldsymbol{x})}\left[(x_h - \nu_h(\boldsymbol{z}))^2\right] + c \tag{9.9}$$

最右辺は生成モデルを表すニューラルネットワークの出力 $\nu_h(\boldsymbol{z})$ と実際の観測値 x_h の差の二乗和の符号反転となっている. すなわちニューラルネットワークの出力が観測値と近いほど変分下界が大きくなるため, 変分下界が増加するように学習を進めると, ニューラルネットワークは観測値に近い値を出力するようになる. 現実に近いデータを生成させることが VAE の目的であるため, これは直観に合致した結果である.

変分下界の符号反転が損失関数であるため, $\sum_{h=1}^{m} \mathbb{E}_{q_\phi(\boldsymbol{z}|\boldsymbol{x})}\left[(x_h - \nu_h(\boldsymbol{z}))^2\right]$ の $\boldsymbol{\theta}$ による勾配によって $\boldsymbol{\theta}$ を更新していけばよい. ゆえに勾配 $\nabla_{\boldsymbol{\theta}}\nu_h$ が必要になるが, これも誤差逆伝播法で効率的に求められる.

9.2.4 サンプリングによる勾配の近似

変分下界の第二項にある $D(q_\phi(\boldsymbol{z}|\boldsymbol{x})||p_{\boldsymbol{\theta}}(\boldsymbol{z}))$ は期待値を使って定義されたが, $q_\phi(\boldsymbol{z}|\boldsymbol{x})$ と $p_{\boldsymbol{\theta}}(\boldsymbol{z})$ が $\boldsymbol{z}$ についての分布であるため, 積分が容易な関数形を持つ分布, たとえば多変量正規分布を選ぶことで簡単な式に変形できた. すなわち解析的に積分を求められた. 一方, 変分下界の第一項 $\mathbb{E}_{q_\phi(\boldsymbol{z}|\boldsymbol{x})}[\log p_{\boldsymbol{\theta}}(\boldsymbol{z})]$ は $\boldsymbol{z}$ で条件付けされた $\boldsymbol{x}$ の分布であるため, その $\boldsymbol{z}$ についての積分を簡単な式に変形すること, すなわち解析的に求めることは容易でない. そこでサンプリングによって近似する方針を採用する. すなわち認識モデルによって生成された標本 $\check{\boldsymbol{z}}$ を使い, 式 (9.9) の $\boldsymbol{z}$ に代入する.

前章ではモンテカルロ法で期待値を近似するには多数の標本を使うと述べた. しかし VAE ではひとつの標本を使って期待値を近似する. それだけで良い近似が得られるのかと訝られるかもしれないが, 勾配降下法では各ステップごとに勾配が計算されるため, たとえひとつのステップにおける勾配の近似が粗くとも全体として良い方向に向かっていくことが期待される.

しかし符号化器と復号器にニューラルネットワークを使用する場合，このサンプリングの操作が入ることが問題になる．

9.2.5 リパラメトライゼーション・トリック

図9.2では符号化器と復号器の間で z のサンプリングを行っている．サンプリングは確率的な操作であり，それに対する微分というのは存在しない．誤差逆伝播法でニューラルネットワークのパラメータ最適化を行う場合，出力側から入力側に向かって順次勾配を求めていくが，サンプリングの操作が入るとそこで計算が途切れてしまう．具体的にはデルタと呼ばれる値を出力側から入力側に向かって伝播させていくが，途中でサンプリングのステップがあると，デルタの伝播が途絶えてしまう．すなわちニューラルネットワークは全体として決定論的な関数でなければ訓練できない．

そこでVAEではリパラメトライゼーション・トリック (reparametrization trick) と呼ばれるテクニックを使用し，サンプリングの処理をニューラルネットワークの外に出す（図9.4）．具体的には符号化器と復号器の外に標準正規分布から $\check{\epsilon}_j$ をサンプリングする操作を置く．そして符号化器が出力する $\mu_j(\boldsymbol{x})$ による平行移動，ならびに $\sigma_j(\boldsymbol{x})$ によるスケーリングを行って $\check{z}_j$ を求める．

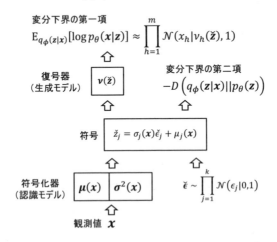

図9.4 リパラメトライゼーション・トリック．$\check{z}_j$ を $\mathcal{N}(z_j|\mu_j(\check{\boldsymbol{x}}), \sigma_j^2(\check{\boldsymbol{x}}))$ からサンプリングするのではなく，$\check{\epsilon}_j$ を $\mathcal{N}(\epsilon_j|0,1)$ からサンプリングし，それに $\sigma_j(\boldsymbol{x})$ によるスケーリングと $\mu_j(\boldsymbol{x})$ による平行移動を行うことで $\check{z}_j$ を求める．

$$\check{z}_j = \sigma_j(\boldsymbol{x})\check{\epsilon}_j + \mu_j(\check{\boldsymbol{x}}) \tag{9.10}$$

サンプリングの過程が切り離されることで誤差逆伝播法によって符号化器の部分の勾配も計算できるようになる．

問 9-1 生成モデルが式 (9.5) で表されるとした時，$\mathbb{E}_{q_\phi(\boldsymbol{z}|\boldsymbol{x})}[\log p_\theta(\boldsymbol{x}|\boldsymbol{z})]$ を近似する $\log p_\theta(\boldsymbol{x}|\check{\boldsymbol{z}})$ の $\boldsymbol{\theta}$ による勾配を求めよ．ただし $\check{\boldsymbol{z}}$ は $q_\phi(\boldsymbol{z}|\boldsymbol{x})$ から得られた標本である．

[解答] $\nu_h(\check{\boldsymbol{z}})$ が $\boldsymbol{\theta}$ の関数であることより，合成関数の微分則（連鎖律）によって以下がいえる．

$$\nabla_{\boldsymbol{\theta}} \mathbb{E}_{q_\phi(\boldsymbol{z}|\boldsymbol{x})}[\log p_\theta(\boldsymbol{x}|\boldsymbol{z})] \approx \nabla_{\boldsymbol{\theta}} \log p_\theta(\boldsymbol{x}|\check{\boldsymbol{z}})$$
$$= \nabla_{\boldsymbol{\theta}} \log \mathcal{N}(\boldsymbol{x}|\nu_h(\check{\boldsymbol{z}}), 1) = \sum_{h=1}^{m}(x_h - \nu_h(\check{\boldsymbol{z}}))\nabla_{\boldsymbol{\theta}}\nu_h(\check{\boldsymbol{z}}) \tag{9.11}$$

9.3 条件付き変分オートエンコーダ

条件付き変分オートエンコーダ (conditional variational autoencoder)（または**条件付き VAE**，**CVAE**）はデータの変換を可能にするように拡張された VAE である．

通常の VAE では入力と出力が同じになるように学習が行われるため，何らかの入力を別の形の出力に変換するルールを学習させることはできなかった．CVAE では訓練時に二種の入力を使うことで変換ルールの学習を可能にする．図 9.5 は CVAE のネットワーク構造を表している．CVAE への入力は二つあり，それらを $\boldsymbol{x}$ と $\boldsymbol{w}$ で表す．$\boldsymbol{x}$ は通常の VAE と同じ役割を果たすが，$\boldsymbol{w}$ はどのような $\boldsymbol{x}$ が生成されるべきかを決める条件である．$\boldsymbol{x}$ と $\boldsymbol{w}$ はフォーマットがまったく異なってよい．$\boldsymbol{x}$ は画像，$\boldsymbol{w}$ は文字といった組合せも可能である．

CVAE の訓練時には $\boldsymbol{x}$ と $\boldsymbol{w}$ を入力とし，$\boldsymbol{x}$ が出力されるように学習が行われる．新たなデータの生成時には $\boldsymbol{w}^*$ のみが入力とされ，これに対応する新たなデータ $\check{\boldsymbol{x}}^*$ が作られる．たとえば $\boldsymbol{x}$ が手書き数字の画像であり，$\boldsymbol{w}$ がそれに対応する数値の場合，それらのペアを使って訓練を行った後，数値の入力に対

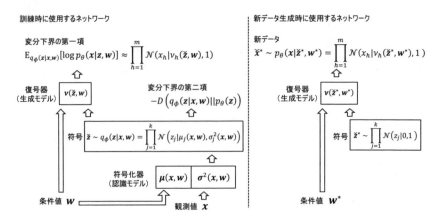

図 9.5 条件付き変分オートエンコーダ（CVAE）のネットワーク構造．訓練時（左図）には観測値 x と条件値 w を入力とし，x が出力されるように訓練が行われる．新データ生成時（右図）には復号器（生成モデル）と標準正規分布からのサンプリングのみを使うことで，新たな条件値 w^* に対応した新データ $\tilde{x}^*$ が生成される．

してそれに対応する新たな手書き数字画像が生成されるようになる．

CVAE は情報を変換する任意の用途で利用できる．また，入力と出力は同じタイプのデータでなくてもよいため，文字から画像といった媒体を越えた変換も可能である．たとえば異なる言語間での翻訳，音声から文字への書き起こし，画像のスタイル変換など，幅広い応用が存在する．VAE をはじめとする生成モデル学習には今後も様々な発展が期待され，活発に研究が進められている．

章 末 問 題

9-1 二つの正規分布 $\mathcal{N}(x|\mu_1, \sigma_1^2)$ と $\mathcal{N}(x|\mu_2, \sigma_2^2)$ の間の KL 情報量 $D(\mathcal{N}(x|\mu_1, \sigma_1^2)||\mathcal{N}(x|\mu_2, \sigma_2^2))$ を求めよ．これは音声認識では**板倉斉藤距離** (Itakura–Saito distance) と呼ばれている．

9-2 パラメータの二乗和の定数倍 $\alpha \sum_{j=1}^{k} \theta_j^2$ を正則化項とすることで，小さな値を持つパラメータが選ばれやすくすることを**重み減衰** (weight decay) と呼ぶ．α は正則化をどれだけ強く働かせるかを決めており，**正則化係数** (regularization coefficient) と呼ばれる．最尤推定は対数尤度の符号反転 $-\log(x|\theta)$ を損失関数

とした最適化と捉えられる．パラメータの事前分布として正規分布の積 $p(\boldsymbol{\theta}|\rho) = \prod_{j=1}^{k}(1/\sqrt{2\pi}\rho)\exp(-\theta_j^2/2\rho^2)$ を使って MAP 推定を行うことは最尤推定に対して重み減衰を行うことに対応していることを示せ．

9-3 パラメータ $\boldsymbol{\theta}$ の成分の絶対値の和の定数倍 $\alpha \sum_{j=1}^{k}|\theta_j|$ を正則化項として損失関数に入れることは**スパース正則化** (sparse regularization) と呼ばれる．これはラプラス分布の積をパラメータベクトル $\boldsymbol{\theta}$ の事前分布として使って MAP 推定を行うことと対応していることを示せ．

おわりに

　本書ではベイズ統計を基礎として，機械学習の代表的な手法の紹介を行った．近年広く使われるようになった深層学習（ディープラーニング）については詳しく述べられなかったが，これについては拙著『しくみがわかる深層学習』（朝倉書店）を参考にしていただきたい．深層学習を使ったプログラムの開発自体はベイズ統計の知識がなくても可能であるが，それがなぜうまくいくのかの理論的分析には確率論の考え方が使われており，ベイズ統計はその指針を与えるものとして今後重要になっていくことが予想される．また，機械学習におけるもうひとつの大きな話題であるノンパラメトリックベイズについても触れることができなかったが，これはベイズ統計の無限次元への拡張であり，本書で述べた考え方が基礎になっている．

　本書ではあえて線形代数に深入りせずに説明を行ったが，多くの式や考え方はベクトルや行列を使った形に一般化できる．機械学習では一度に得られる観測値が複数存在する場合，それらをまとめてひとつの標本とみなすことがよく行われる．たとえば天気予報のために気温，湿度，風速などを同時に計測し，それらをまとめて扱うといった具合である．この場合，多数の測定値をまとめてベクトルとして表現する．また，これらに対して一括して掛け算や総和の計算を行うため，行列が導入される．このようなアプローチは一般に線形代数と呼ばれることが多いが，ガウス過程回帰（カーネル法）などを除き，機械学習で使われるのは無限次元ベクトル空間も扱う抽象的な線形代数ではなく，具体的な行列計算のみを指すことが多い．そのため大学の授業で使うような線形代数の教科書よりも，数値計算のアルゴリズムを説明したテキストを読む方が近道かもしれない．実際，機械学習のアルゴリズムを評価する上では数値計算の考え方が有益であり，より良いアルゴリズムを作るための指針となる．行列計算のライブラリ等を使ってプログラムを書き，行列計算の概念に親しんだ上でさらに進んだ機械学習のテキストに挑まれることをお勧めしたい．

　本書が奥深い数学や情報工学の世界への理解の一助となれば幸いである．

章末問題解答

2 章

2-1 y を周辺化することにより $p(x) = \int p(x,y)dy$ が得られる．以下では $(1/\sqrt{2\pi})\exp(-y^2/2)$ が標準正規分布であることにより，その積分が 1 になることを使った．

$$\int p(x,y)dy = \int \frac{1}{2\pi}\exp\left(-\frac{x^2+y^2}{2}\right)dy$$
$$= \frac{1}{\sqrt{2\pi}}\exp\left(-\frac{x^2}{2}\right)\int \frac{1}{\sqrt{2\pi}}\exp\left(-\frac{y^2}{2}\right)dy = \frac{1}{\sqrt{2\pi}}\exp\left(-\frac{x^2}{2}\right) \quad \text{(A.1)}$$

2-2

$$\mathbb{E}_{p(x)}[x] = \int_0^\infty xp(x)dx = \int_0^\infty x\lambda\exp(-\lambda x)dx$$
$$= [-x\exp(-\lambda x)]_0^\infty + \int_0^\infty \exp(-\lambda x)dx = \left[-\frac{1}{\lambda}\exp(-\lambda x)\right]_0^\infty = \frac{1}{\lambda} \quad \text{(A.2)}$$

これは λ が x の平均 $\mathbb{E}_{p(x)}[x]$ の逆数であることを意味している．

2-3 まず，平均 $\mathbb{E}_{p(x)}[x]$ を求める．$xp(x) = (x\lambda/2)\exp(-\lambda|x|)$ が奇関数であることにより，その正の範囲での積分と負の範囲での積分が符号反転の関係にある．ゆえにそれらの和である期待値 $\mathbb{E}_{p(x)}[x] = \int_{-\infty}^\infty xp(x)dx$ は 0 になる．これより分散は $\mathbb{E}_{p(x)}[x^2]$ で求められる．$x^2p(x) = (x^2\lambda/2)\exp(-\lambda|x|)$ は偶関数であるので，その $(0,\infty)$ での積分を求めて 2 倍すればよい．

$$\int_0^\infty x^2 p(x)dx$$
$$= \int_0^\infty \frac{x^2\lambda}{2}\exp(-\lambda|x|)dx = \int_0^\infty \frac{x^2\lambda}{2}\exp(-\lambda x)dx$$
$$= \frac{1}{2}\left([-x^2\exp(-\lambda x)]_0^\infty + \int_0^\infty 2x\exp(-\lambda x)dx\right) = \int_0^\infty x\exp(-\lambda x)dx$$
$$= \left[-\frac{x}{\lambda}\exp(-\lambda x)\right]_0^\infty + \int_0^\infty \frac{1}{\lambda}\exp(-\lambda x)dx = \left[-\frac{1}{\lambda^2}\exp(-\lambda x)\right]_0^\infty = \frac{1}{\lambda^2}$$
(A.3)

ゆえに $\mathbb{E}_{p(x)}[(x - \mathbb{E}_{p(x)}[x])^2] = \mathbb{E}_{p(x)}[x^2] = 2/\lambda^2$ である.

2-4 多変量ラプラス分布では $p((1,0)|1) = \frac{1}{4}\exp(-1)$ ならびに $p((1/2,1/2)|1) = \frac{1}{4}\exp(-1)$ であるため,比は $p((1,0))/p((1/2,1/2)) = 1$. 一方,多変量正規分布では $p((1,0)|0,1) = \frac{1}{2\pi}\exp(-(1/2))$ ならびに $p((1/2,1/2)|0.1) = \frac{1}{2\pi}\exp(-1/4)$ であり,比は $p((1,0))/p((1/2,1/2)) = \exp(-1/4)$. つまり多変量ラプラス分布の方が $\boldsymbol{x} = (1,0)$(疎ベクトル)の生じる確率が $\boldsymbol{x} = (1/2,1/2)$ の生じる確率に対して相対的に高い.

3章

3-1

$$p(x = 甘い) = 0.1 \qquad p(y = 出る\,|x = 甘い) = 0.6$$
$$p(y = 出ない\,|x = 甘い) = 0.4 \qquad p(y = 出る\,|x = 辛い) = 0.1 \quad \text{(A.4)}$$
$$p(y = 出ない\,|x = 辛い) = 0.9$$

3-2 図 A.1 に示した.

	設定x 甘い	設定x 辛い
大当たりy 出る	0.06	0.09
大当たりy 出ない	0.04	0.81

図 **A.1** 問 3-2 の解答となる同時分布

3-3

$$p(x = 甘い\,|y = 出る) = \frac{p(y = 出る\,|x = 甘い)p(x = 甘い)}{p(y = 出る)} = \frac{0.6 \cdot 0.1}{0.15} = 0.4 \quad \text{(A.5)}$$

3-4

$$\log p(\boldsymbol{x}|\lambda) = \log \prod_{i=1}^{n} p(x^{(i)}|\lambda) = \log \left(\prod_{i=1}^{n} \lambda \exp(-\lambda x^{(i)})\right) = n\log \lambda - \lambda \sum_{i=1}^{n} x^{(i)} \quad \text{(A.6)}$$

これの λ による微分を 0 とおくと,$\lambda = n/\sum_{i=1}^{n} x^{(i)}$ が得られる.二階微分が負になることより,極大値であるため,$\hat{\lambda}_{ML} = n/\sum_{i=1}^{n} x^{(i)}$ がいえる.これは $\hat{\lambda}_{ML}$

が標本平均の逆数であることを意味している．章末問題 2-2 では λ が x の平均の逆数であるという結果が得られている．これは指数分布の場合，標本平均によって平均（すなわち期待値 $\mathbb{E}_{p(x)}[x]$）を推定できることを表している．

3-5

$$\begin{aligned}
\log p(\lambda|\boldsymbol{x}, \alpha) &= \log\left(\frac{p(\boldsymbol{x}|\lambda)p(\lambda|\alpha)}{p(\boldsymbol{x}|\alpha)}\right) \\
&= \log p(\boldsymbol{x}|\lambda) + \log p(\lambda|\alpha) - \log p(\boldsymbol{x}|\alpha) \\
&= n \log \lambda - \lambda \sum_{i=1}^{n} x^{(i)} + \log \alpha - \lambda \alpha - \log p(\boldsymbol{x}|\alpha) \quad (A.7)
\end{aligned}$$

これの λ による微分を 0 とおき，二階微分を確認すると，$\hat{\lambda}_{MAP} = n/\left(\sum_{i=1}^{n} x^{(i)} + \alpha\right)$ が得られる．ここでも α は疑似観測値となっている．

4章

4-1 $6!/6^6$

4-2 $s = r - 1$ ならびに $h = m - 1$ と定義すると，以下のように変形できる．$\sum_{r=1}^{m}$ を $\sum_{s=0}^{h}$ に変形できるのは $r = 1$ と $s = 0$ が条件として等しく，$r = m$ と $s = h$ が条件として等しいためである．最後の行では $\frac{h!}{s!(h-s)!}\mu^s(1-\mu)^{h-s}$ が二項分布 $p(s|h, \mu)$ であり，それを s がとりうるすべての値について足し合わせると 1 となることを使った．

$$\begin{aligned}
\mathbb{E}_{p(r|m,\mu)}[r] &= \sum_{r=0}^{m} r \frac{m!}{r!(m-r)!} \mu^r (1-\mu)^{m-r} = \sum_{r=1}^{m} r \frac{m!}{r!(m-r)!} \mu^r (1-\mu)^{m-r} \\
&= \sum_{r=1}^{m} \frac{m(m-1)!}{(r-1)!((m-1)-(r-1))!} \mu \cdot \mu^{r-1} (1-\mu)^{(m-1)-(r-1)} \\
&= m\mu \sum_{s=0}^{h} \frac{h!}{s!(h-s)!} \mu^s (1-\mu)^{h-s} = m\mu \quad (A.8)
\end{aligned}$$

m はベルヌーイ試行を行う回数であり，μ は 1 回のベルヌーイ試行で表が出る確率であるので，表が出る回数 r の期待値が $m\mu$ になるのは納得のできる結果である．

4-3 $h = k - 1$ と定義すると，以下のように変形できる．

$$\begin{aligned}
\mathbb{E}_{p(k|\lambda)}[k] &= \sum_{k=0}^{\infty} k \frac{\lambda^k \exp(-\lambda)}{k!} = \sum_{k=1}^{\infty} k \frac{\lambda^k \exp(-\lambda)}{k!} \\
&= \sum_{k=1}^{\infty} \frac{\lambda \cdot \lambda^{k-1} \exp(-\lambda)}{(k-1)!} = \lambda \sum_{h=0}^{\infty} \frac{\lambda^h \exp(-\lambda)}{h!} = \lambda \quad (A.9)
\end{aligned}$$

最後の変形では $\lambda^h \exp(-\lambda)/h!$ がポアソン分布 $p(h|\lambda)$ であり，それを h がとりうるすべての値について足し合わせると 1 になることを使った．

4-4

$$\log \prod_{i=1}^{n} p(k^{(i)}|\lambda) = \sum_{i=1}^{n} \log \frac{\lambda^{k^{(i)}} \exp(-\lambda)}{k^{(i)}!} = \sum_{i=1}^{n} \left(k^{(i)} \log \lambda - \lambda - \log k^{(i)}! \right) \tag{A.10}$$

これを λ で微分して 0 とおくと $\hat{\lambda}_{ML} = (1/n)\sum_{i=1}^{n} k^{(i)}$ が得られる.すなわち λ の最尤推定量は標本平均である.

5 章
5-1

$$\log p(\boldsymbol{x}|\mu, v) = \log \prod_{i=1}^{n} \mathcal{N}(x^{(i)}|\mu, v) = \sum_{i=1}^{n} \log \mathcal{N}(x^{(i)}|\mu, v)$$
$$= \sum_{i=1}^{n} \left(-\frac{1}{2}\log v - \frac{1}{2}\log 2\pi - \frac{(x^{(i)}-\mu)^2}{2v} \right) \tag{A.11}$$

$$\log p(v|\alpha, \beta) = -\log \Gamma(\alpha) + \alpha \log(\beta) - (\alpha+1)\log v - \frac{\beta}{v} \tag{A.12}$$

両者の和は以下になる.ただし定数項を c で表した.

$$\log p(\boldsymbol{x}|\mu, v) + \log p(v|\alpha, \beta) = -\left(\alpha+1+\frac{n}{2}\right)\log v - \frac{1}{v}\left(\frac{1}{2}\sum_{i=1}^{n}(x^{(i)}-\mu)^2 + \beta\right) + c \tag{A.13}$$

これが逆ガンマ分布の対数の形であることは式 (A.12) の v を含む項と比較することで分かる.

5-2

$$p(\boldsymbol{x}|\boldsymbol{\alpha})B(\boldsymbol{\alpha}) = \int p(\boldsymbol{x}|\boldsymbol{\mu})p(\boldsymbol{\mu}|\boldsymbol{\alpha})B(\boldsymbol{\alpha})d\boldsymbol{\mu}_{\setminus k}$$
$$= \int \prod_{j=1}^{k} \mu_j^{x_j} \frac{1}{B(\boldsymbol{\alpha})} \prod_{j=1}^{k} \mu_j^{\alpha_j - 1} B(\boldsymbol{\alpha})d\boldsymbol{\mu}_{\setminus k} = \int \prod_{j=1}^{k} \mu_j^{x_j + \alpha_j - 1} d\boldsymbol{\mu}_{\setminus k} = B(\boldsymbol{x}+\boldsymbol{\alpha}) \tag{A.14}$$

5-3

$\mu = t/(1+t)$ という変数変換を行うと以下のように示せる.

$$M[(1+t)^{-n}](x) = \int_{0}^{\infty} t^{x-1}(1+t)^{-n} dt = \int_{0}^{1} \mu^{x-1}(1-\mu)^{n-x-1} d\mu = B(x, n-x) \tag{A.15}$$

6 章
6-1
式 (6.20) に $\sigma_j = 1$ を代入して展開する.ただし c は定数である.

$$Q(\boldsymbol{\theta}, \hat{\boldsymbol{\theta}}) = \sum_{i=1}^{n} \sum_{j=1}^{k} r_{ij} \left(\log \pi_j + \log \mathcal{N}(x^{(i)} | \mu_j, 1) \right)$$

$$= \sum_{i=1}^{n} \sum_{j=1}^{k} r_{ij} \left(\log \pi_j - \frac{1}{2}(x^{(i)} - \mu_j)^2 \right) + c \quad \text{(A.16)}$$

これを μ_h で微分して 0 とおく.

$$\sum_{i=1}^{n} r_{ih}(x^{(i)} - \mu_h) = 0 \quad \text{(A.17)}$$

これを解くと以下が得られる.

$$\mu_h = \frac{\sum_{i=1}^{n} r_{ih} x^{(i)}}{\sum_{i=1}^{n} r_{ih}} \quad \text{(A.18)}$$

これは $x^{(i)}$ の重み付き平均になっている.

6-2 式 (A.16) で定義された Q 関数を最大にする $\boldsymbol{\pi}$ を $\sum_{j=1}^{k} \pi_j = 1$ という制約のもとで求めるため, ラグランジュ未定乗数法を使う. $\sum_{i=1}^{n} \sum_{j=1}^{k} r_{ij} \log \pi_j + \lambda (\sum_{j=1}^{k} \pi_j - 1)$ を π_h で微分して 0 とおくと以下が得られる.

$$\left(\sum_{i=1}^{n} \frac{r_{ih}}{\pi_h} \right) - \lambda = 0 \quad \text{(A.19)}$$

これを 4.2.2 項で多項分布の最尤推定を行ったのと同様の手順で解くと以下が得られる.

$$\pi_h = \frac{\sum_{i=1}^{n} r_{ih}}{\sum_{j=1}^{k} \sum_{i=1}^{n} r_{ij}} \quad \text{(A.20)}$$

なお, 負担率 $r_{ij} = \mathbb{E}_{p(\boldsymbol{z}^{(i)}|x^{(i)}, \hat{\boldsymbol{\mu}})}[z_{ij}]$ は標本 i がクラスタ j に属している度合いを表しているとみなせる. これは標本をクラスタにソフトに分割するという意味で, ソフトクラスタリング (soft clustering) と呼ばれる. 一方, ハードクラスタリング (hard clustering) では r_{ij} が最大となるクラスタ j に標本 i が属しているとみなすことで, 個々の標本がそれぞれひとつのクラスタに属すようにする.

6-3 式 (6.20) と同様に以下のように表せる.

$$Q(\boldsymbol{\theta}, \hat{\boldsymbol{\theta}}) = \sum_{i=1}^{n} \sum_{j=1}^{k} r_{ij} \left(\log \pi_j + \log \mathcal{M}(\boldsymbol{x}^{(i)} | \boldsymbol{\mu}^{(j)}) \right) \quad \text{(A.21)}$$

7 章

7-1

$$q(\omega_1) = \frac{\exp\left(\mathbb{E}_{\omega_2}[p(\omega_1, \omega_2 | x_1, x_2)] \right)}{\int \exp\left(\mathbb{E}_{\omega_2}[p(\omega_1, \omega_2 | x_1, x_2)] \right) d\omega_1}$$

$$= \frac{\exp\left(\int q(\omega_2)p(\omega_1,\omega_2|x_1,x_2)d\omega_2\right)}{\int \exp\left(\int q(\omega_2)p(\omega_1,\omega_2|x_1,x_2)d\omega_2\right)d\omega_1} \quad (A.22)$$

$$q(\omega_2) = \frac{\exp\left(\mathbb{E}_{\omega_1}[p(\omega_1,\omega_2|x_1,x_2)]\right)}{\int \exp\left(\mathbb{E}_{\omega_1}[p(\omega_1,\omega_2|x_1,x_2)]\right)d\omega_2}$$

$$= \frac{\exp\left(\int q(\omega_1)p(\omega_1,\omega_2|x_1,x_2)d\omega_1\right)}{\int \exp\left(\int q(\omega_1)p(\omega_1,\omega_2|x_1,x_2)d\omega_1\right)d\omega_2} \quad (A.23)$$

7-2 規格化されていない分布は以下のように表せる.ただし c は ω_1 を含まない定数項である.

$$\log q^*(\omega_1) = \mathbb{E}_{\omega_2}\left[-\frac{1}{2}\left(\omega_1^2 + \omega_1\omega_2 + \omega_2^2\right)\right] = -\frac{1}{2}\left(\omega_1 + \frac{1}{2}\mathbb{E}_{\omega_2}[\omega_2]\right)^2 + c \quad (A.24)$$

これは正規分布の対数の形をしているため,式 (2.41) の対数とパラメータを比較することで規格化された分布 $q(\omega_1)$ が以下になることがいえる.

$$q(\omega_1) = \mathcal{N}\left(\omega_1 \bigg| \frac{\mathbb{E}_{\omega_2}[\omega_2]}{2}, 1\right) \quad (A.25)$$

$q(\omega_2)$ も同様に求められる.

8 章

8-1 関数 $f(x) = \sqrt{1-x^2}$ の $x \in [-1,1]$ における最小値は 0,最大値は 1 であるので,x 軸の範囲が $[-1,1]$,y 軸の範囲が $[0,1]$ である矩形領域を考え,その中で点 $(\tilde{x}, \tilde{y})$ のサンプリングを繰り返し行う.点の位置が曲線 $y = f(x)$ の下に来た標本がすべての標本に対して占める割合を求めると,それは矩形領域に対する曲線の下の部分の面積の割合に対応している.これによって面積すなわち積分の値が近似的に求められる.具体的なアルゴリズムは以下になる.

アルゴリズム

① $c = 0$ と設定する.
② 以下を n 回繰り返す.
   1. $\tilde{z}$ を区間 $[0,1]$ 上の一様分布からサンプリングし,$\tilde{x} = 2\tilde{z} - 1$ とする.
   2. $\tilde{y}$ を区間 $[0,1]$ 上の一様分布からサンプリングする.
   3. もし $\tilde{y} \leq \sqrt{1-\tilde{x}^2}$ ならその標本を採用し,c の値をひとつ増加させる.
③ 採用された標本の割合 c/n を矩形領域 $[-1,1] \times [0,1]$ の面積である 2 に掛けると曲線の下の面積すなわち積分の近似値が求まる.

なお,曲線 $y = \sqrt{1-x^2}$ と x 軸に挟まれた領域は半径 1 の円の上半分であるため,

その面積は $\pi/2$ である．すなわち上記のアルゴリズムの結果に 2 を掛けると円周率 π の近似値が得られる．

8-2 z と π のサンプリングについては本文中の問 8-3 の解答と同じである．μ_j の事後分布はベイズの定理により以下になる．ただし $\bm{x} = (x^{(1)}, ..., x^{(n)})$ ならびに $\bm{z} = (\bm{z}^{(1)}, ..., \bm{z}^{(n)})$ と表した．μ_j の分布の条件部に入るのは μ_j のマルコフブランケットに含まれる変数，すなわち親である ψ，子である $\bm{x}$，ならびに共同親である $\bm{z}$ と $\bm{\mu}_{\backslash j}$ である．

$$p(\mu_j|\bm{x}, \bm{z}, \bm{\mu}_{\backslash j}, \psi, 1) = \frac{p(\bm{x}|\bm{z}, \mu)p(\mu_j|\psi, 1)}{p(\bm{x}|\bm{z}, \bm{\mu}_{\backslash j}, \psi, 1)} = \frac{\left(\prod_{i=1}^n \mathcal{N}(x^{(i)}|\bm{z}^{(i)}, \mu)\right)\mathcal{N}(\mu_j|\psi, 1)}{p(\bm{x}|\bm{z}, \bm{\mu}_{\backslash j}, \psi, 1)} \tag{A.26}$$

右辺の対数を展開して平方完成を行うことで以下が得られる．ただし $\sum_{z_j^{(i)}=1}$ は $z_j^{(i)} = 1$ を満たす i についてのみの和を意味する．また，c は μ_j を含まない定数項である．

$$\log p(\mu_j|\bm{x}, \bm{z}, \bm{\mu}_{\backslash j}, \psi, 1) = -\frac{1}{2}\left(\mu_j - \left(\sum_{z_j^{(i)}=1} x^{(i)} + \psi\right)\right)^2 + c \tag{A.27}$$

正規分布の対数におけるパラメータの位置と比較することで事後分布は正規分布 $\mathcal{N}\left(\mu_j \mid \sum_{z_j^{(i)}=1} x^{(i)} + \psi, 1\right)$ になることがいえるので，それに従ってサンプリングを行えばよい．

9 章

9-1

$$\begin{aligned}
&D(\mathcal{N}(x|\mu_1, \sigma_1^2)||\mathcal{N}(x|\mu_2, \sigma_2^2)) \\
&= \mathbb{E}_{\mathcal{N}(x|\mu_1, \sigma_1^2)}\left[\log(\mathcal{N}(x|\mu_1, \sigma_1^2)) - \log(\mathcal{N}(x|\mu_2, \sigma_2^2))\right] \\
&= \mathbb{E}_{\mathcal{N}(x|\mu_1, \sigma_1^2)}\left[\left(-\log\sigma_1 - \frac{1}{2\sigma_1^2}(x-\mu_1)^2\right) - \left(-\log\sigma_2 - \frac{1}{2\sigma_2^2}(x-\mu_2)^2\right)\right] \\
&= \left(-\log\sigma_1 - \frac{\mathbb{E}_{\mathcal{N}(x|\mu_1, \sigma_1^2)}[(x-\mu_1)^2]}{2\sigma_1^2}\right) - \left(-\log\sigma_2 - \frac{\mathbb{E}_{\mathcal{N}(x|\mu_1, \sigma_1^2)}[(x-\mu_2)^2]}{2\sigma_2^2}\right) \\
&= \left(-\log\sigma_1 - \frac{\sigma_1^2}{2\sigma_1^2}\right) - \left(-\log\sigma_2 - \frac{\mathbb{E}_{\mathcal{N}(x|\mu_1, \sigma_1^2)}[x^2] - 2\mathbb{E}_{\mathcal{N}(x|\mu_1, \sigma_1^2)}[x]\mu_2 + \mu_2^2}{2\sigma_2^2}\right) \\
&= -\log\sigma_1 - \frac{1}{2} + \log\sigma_2 + \frac{(\sigma_1^2 + \mu_1^2) - 2\mu_1\mu_2 + \mu_2^2}{2\sigma_2^2} \\
&= -\log\sigma_1 + \log\sigma_2 + \frac{\sigma_1^2 + (\mu_1 - \mu_2)^2}{2\sigma_2^2} - \frac{1}{2} \tag{A.28}
\end{aligned}$$

$\mu_1 = \mu_2$ かつ $\sigma_1 = \sigma_2$ の時，二つの正規分布は一致するが，その場合は KL 情報量 $D(\mathcal{N}(x|\mu_1, \sigma_1^2) || \mathcal{N}(x|\mu_2, \sigma_2^2))$ も 0 になることが確認できる.

9-2 ハイパーパラメータによって条件付けされたベイズの定理（式 (3.15)）を対数に入れることで，対数事後分布の符号反転 $-\log p(\boldsymbol{\theta}|\boldsymbol{x}, \rho)$ は以下のように表せる.

$$-\log p(\boldsymbol{\theta}|\boldsymbol{x}, \rho) = -\log p(\boldsymbol{x}|\boldsymbol{\theta}) - \log p(\boldsymbol{\theta}|\rho) + \log p(\boldsymbol{x}|\rho) \tag{A.29}$$

最尤推定では $\log p(\boldsymbol{x}|\boldsymbol{\theta})$ を，MAP 推定では $\log p(\boldsymbol{\theta}|\boldsymbol{x}, \rho)$ を最大化するので，両者の間で異なるのは $-\log p(\boldsymbol{\theta}|\rho)$ である．事前分布 $p(\boldsymbol{\theta}|\rho)$ として正規分布の積 $\prod_{j=1}^{k} \frac{1}{\sqrt{2\pi}\rho} \exp(-\theta_j^2/2\rho^2)$ を使った場合，$-\log p(\boldsymbol{\theta}|\rho) = \frac{1}{2\rho^2} \sum_{j=1}^{k} \theta_j^2 + c$ となる．ただし c は $\boldsymbol{\theta}$ を含まない定数項である．これより $\frac{1}{2\rho^2}$ が正規化係数 α に対応していることが分かる.

9-3 $\boldsymbol{\theta}$ の事前分布としてラプラス分布の積を使った場合，$-\log p(\boldsymbol{\theta}|\lambda) = \lambda \sum_{j=1}^{k} |\theta_j| - k\log(\lambda/2)$ となる．章末問題 2-4 で述べたように多変量ラプラス分布では多変量正規分布よりも確率変数の値が 0 になりやすい．絶対値の和を正則化項として使うことはラプラス分布を事前分布として使うことに相当するため，パラメータベクトルを疎に（つまりスパースに）できる.

文 献 案 内

Christopher M. Bishop, *Pattern Recognition and Machine Learning*, Springer, 2006.（邦訳：元田　浩他 監訳, パターン認識と機械学習 上・下, 丸善出版, 2012.）
機械学習の多様な手法をベイズ統計に基づいて体系立てて説明し，爆発的に読まれた名著．この書籍を読むための手助けをすることは本書の目標のひとつである．通称「PRML」または「ぷるむる」．

Mehryar Mohri, Afshin Rostamizadeh, and Ameet Talwalkar, *Foundations of Machine Learning*, MIT Press, 2012.
機械学習の手法を評価するための理論的な枠組みである**学習理論** (learning theory) を基礎から解説し，それに基づき具体的な手法を分析している良い入門書．

Trevor Hastie, Robert Tibshirani, and Jerome Friedman, *The Elements of Statistical Learning*, Springer, 2001.（第 2 版の邦訳：杉山　将他 監訳, 統計的学習の基礎—データマイニング・推論・予測, 共立出版, 2014.）
確率モデルに基づかないものも含め，機械学習の様々なアプローチをバランスよく紹介している．

David J. C. MacKay, *Information Theory, Inference, and Learning Algorithms*, Cambridge University Press, 2003.
情報の伝達と変換についての一般的な理論である**情報理論** (information theory) を基礎から説明し，その視点から機械学習について統一的に述べている．

Thomas M. Cover and Joy A. Thomas, *Elements of Information Theory (2nd Edition)*, Wiley-Interscience, 2006.（邦訳：山本博資他 訳, 情報理論—基礎と広がり, 共立出版, 2012.）
機械学習を基礎付ける枠組みとして注目されている情報理論について，その基礎から応用までを広範に述べた代表的な名著．

Sheldon M. Ross, *Introduction to Probability Models (10th Edition)*, Academic Press, 2010.
実用的な確率モデルをこれでもかというほど網羅している．無限次元のベクトル

等に分布を与える**確率過程** (stochastic process) についても具体例が豊富に紹介されている．

東京大学教養学部統計学教室 編, 統計学入門（基礎統計学 I），東京大学出版会, 1991.
　統計学を基本的な事項から説明した最良の入門書．

石井健一郎・上田修功, 続・わかりやすいパターン認識—教師なし学習入門, オーム社, 2014.
　教師なし学習で使用される確率モデルが多数紹介され，特に本書で述べられなかった隠れマルコフモデル (hidden Markov models, HMM) について詳しい．また，パラメータベクトルを無限次元に拡張したノンパラメトリックベイズ (nonparametric Bayes) について初学者向けに分かりやすく説明している．通称「続わかパタ」．

渡辺澄夫, 村田　昇, 確率と統計—情報学への架橋, コロナ社, 2005.
　統計学や機械学習で使用される基本的な概念について厳密かつ明快に示している．実際に使用する場合の注意点にも触れられ，実践的でもある．

須山敦志 著, 杉山　将 監修, ベイズ推論による機械学習入門（機械学習スタートアップシリーズ），講談社, 2017.
　様々な確率モデルとその推論方法が説明されている．具体的な実装によって得られた計算結果が多数の図やグラフによって示され，理解の助けになる．

杉山　将, 統計的機械学習—生成モデルに基づくパターン認識, オーム社, 2009.
　フリーの数値計算ソフト Octave を使い，実際に簡単なプログラムを書いて確認しながら機械学習の基本が学べる．

竹村彰通, 谷口正信, 統計学の基礎 I—線形モデルからの出発, 岩波書店, 2003.
　本書では扱わなかった線形代数に基づく統計解析，すなわち**多変量解析** (multivariate analysis) を基礎から説明している．

中島伸一, 変分ベイズ学習（機械学習プロフェッショナルシリーズ），講談社, 2016.
　変分ベイズが体系的に扱われ，特に本書では述べられなかった**行列分解** (matrix decomposition) への応用の説明が充実している．

豊田秀樹, 基礎からのベイズ統計学—ハミルトニアンモンテカルロ法による実践的入門, 朝倉書店, 2015.
　マルコフ連鎖モンテカルロ法について理論と実践を詳しく説明している．

伊庭幸人, ベイズ統計と統計物理, 岩波書店, 2003.
　ベイズ統計に基づく推定やギブスサンプリングが統計物理とどのように関係しているか，**マルコフ確率場** (Markov random field) の一例であるイジング模型

(Ising model) 等を例に示している.

Diederik P. Kingma and Max Welling, *Auto-Encoding Variational Bayes*, Proceedings of the International Conference on Learning Representations 2014, 2014.

VAE（変分オートエンコーダ）が提案された論文. ニューラルネットワークに限らず，一般的な符号化器と復号器を使う形で説明されている.

Carl Doersch, *Tutorial on Variational Autoencoders*, https://arxiv.org/abs/1606.05908

VAE の大変分かりやすい解説. サンプルコードも提供されている.

Marek Capiński and Ekkehard Kopp, *Measure, Integral and Probability*, Springer, 2004.

機械学習の進んだ話題，特に確率過程やノンパラメトリックベイズを理解する上で必要となる測度論 (measure theory) について，最小限の前提知識でも読めるように説明している.

E. アルティン 著, 上野健爾 訳, ガンマ関数入門, 日本評論社, 2002.

本書で頻出したガンマ関数は一般には「特殊関数」と呼ばれるが，階乗との一致や対数凸性などの少数の条件によって特徴付けることができ，いわば三角関数や指数関数に次いで自然な存在であることを示している.

索　引

欧　文

CAVI　148
CVAE　191

E-ステップ　120, 126, 127
ELBO　144
EM アルゴリズム　118, 125
　——における変分下界　128

GMM　113

Jensen の不等式　132

KL 情報量　131, 147
KL ダイバージェンス　128, 131
k-means クラスタリング　124, 141

M-ステップ　120, 126, 127
MAP 推定　57, 62
MAP 推定量　57, 94
MCMC　164
MH 法　172

one-hot ベクトル　81

Q 関数　118, 123, 149

t 検定　106
t 分布　106

VAE　180

ア　行

板倉斉藤距離　192
一様分布　166

エビデンス　53
エンコーダ　181
エントロピー　129

オートエンコーダ　181
重み減衰　192
オンラインアルゴリズム　66

カ　行

外延的変数　155
回帰　5
階層ベイズモデル　112
カイ二乗分布　100
ガウス分布　28
学習　4
学習率　187
確率質量関数　70
確率的近似　164

確率分布　9, 53
確率変数　9
確率密度関数　21, 22, 70
確率モデル　68
過剰適合　102
頑健　108
完全データ　118
観測値　1
観測変数　111
ガンマ関数　91
ガンマ分布　98

機械学習　3
規格化　30, 38
規格化定数　38, 53, 55, 59
棄却サンプリング　166
疑似観測値　60
期待値　34
ギブスサンプリング　175
逆ガンマ分布　109
球形正規分布　34
教師あり学習　4
教師信号　5
教師なし学習　4, 5
共同親　138
共分散　34
共役事前分布　59, 62, 89, 104
局所最適解　136
局所変数　155

クラス　5, 82

クラスタリング 6, 124
グラフィカルモデル 137, 153
訓練 4

経験分布 51
経験ベイズ 65
形状パラメータ 98
結合確率 11
決定論的近似 164
検定 2

勾配 84, 186
勾配降下法 186
誤差逆伝播法 188
コーシー分布 106
コード 181
混合ガウスモデル 113, 123, 139, 152, 162
混合モデル 111
混合要素 115

サ 行

最大化 43
最大事後確率推定 57
最適化 43
最尤推定 42, 44, 50, 52
最尤推定量 43, 57, 70
最尤法 94
座標上昇変分推論 148
サンプリング 164
サンプル 1

識別モデル 4
次元 20
次元削減 6
自己符号化器 181
事後分布 53, 54, 59, 61
事後平均 63
事象 9

指数分布 25
指数分布族 48
事前知識 51
事前分布 51, 53, 59, 61
従属 18
自由度 100
周辺化 14
周辺確率 15
周辺尤度 53
主観確率 53, 68
条件付き VAE 191
条件付き確率 15, 16, 42
条件付き共役事前分布 104
条件付き独立性 19
条件付き変分オートエンコーダ 191
詳細釣合いの条件 170
状態 168
情報量 129
深層学習 3, 180
信念 52

推定 2
推定量 42
スケーリング 32
スパース性 40
スパース正則化 193
スムージング 96

正規-ウィシャート分布 101
正規化 38
正規化定数 38
正規-ガンマ分布 101, 158
正規分布 28, 33, 59, 61, 97, 111
生成過程 112
生成モデル 4, 181, 184
正則化 185
正則化係数 192

正則化項 185
精度 97
成分 20
制約付き最適化 82
積分消去 14
遷移確率 169
潜在クラス 113, 142
潜在変数 112
　　——の分布 145
相対エントロピー 129
疎性 40
ソフトクラスタリング 199
損失関数 186

タ 行

大域最適解 136
大域変数 155
対数尤度 46
対数尤度関数 46
多項係数 80
多項分布 79, 80, 86, 89
多項ベータ関数 90
多変量正規分布 34

置換積分 24

提案分布 167
定義域 20
低次元表現 182
定常性 170
定常分布 170
定積分 23
ディリクレ分布 89, 93
停留条件 152
統計的機械学習 3
同時確率 11
動的計画法 188

等方的正規分布　34
独立　18
凸関数　132
トピックモデル　141

ナ 行

内包的変数　155

二項係数　73
二項展開　74
二項分布　76
　——の別表現　79
ニューラルネットワーク　184
認識モデル　181, 183

ハ 行

場　149
ハイパーパラメータ　56, 65
パスカルの三角形　72, 73
バックプロパゲーション　188
ハードクラスタリング　199
パラメータ　2
汎化　186
汎関数　143
反復アルゴリズム　187

非負性　132
微分の公式　23
標準正規分布　29, 37
標準偏差パラメータ　33, 37
標本　1
標本分散　50
標本平均　49
頻度主義　10, 52, 68

不完全データ　118
符号　181
符号化器　181
負担率　119, 123
部分積分　24
プレート　138
分散パラメータ　33, 37
分布　10
分類　5

平均場近似　150
平均パラメータ　33, 36
平行移動　31
ベイズ更新　65
ベイズ主義　10, 58, 68
ベイズ推定　41, 52, 54, 63, 64, 89, 165
ベイズ推定量　63
ベイズの定理　53, 55, 56
冪乗則　108
ベクトル　20
ベータ関数　96
ベータ分布　96
ペナルティ項　185
ベルヌーイ試行　71
ベルヌーイ分布　70, 111
　——の別表現　79
変数変換　24
変分　143
変分オートエンコーダ　180
変分下界　128, 134
変分自由エネルギー　130
変分ベイズ　142, 150, 162, 165
変分法　142

ポアソン分布　88

マ 行

マルコフ性　138, 168
マルコフブランケット　138
マルコフ連鎖　168
マルコフ連鎖モンテカルロ法　164
マルチヌーイ分布　81, 82, 87, 111, 162
マルチノミアル変数　81

命題　7
メトロポリス・ヘイスティングス法　172
メリン変換　109

目的関数　44, 83
モデル　2, 113
モデルエビデンス　53, 55
モデル選択　55
モンテカルロ法　164

ヤ 行

尤度　42, 43
尤度関数　42, 43

予測　2, 62

ラ 行

ラグランジアン　85
ラグランジュ関数　85
ラグランジュの未定乗数法　83, 85, 94, 127, 151
ラグランジュ未定乗数　85
ラプラス分布　27
ランダムウォーク　72

離散値　45
離散変数　20
リパラメトライゼーション・トリック　190

累積確率関数　21

レートパラメータ　98
連続変数　20

ロバスト　108
ロングテール　108

著者略歴

手塚 太郎
てづか たろう

1978年 東京都に生まれる
2005年 京都大学大学院情報学研究科博士後期課程修了
現　在 筑波大学図書館情報メディア系准教授,
　　　　　　人工知能科学センター研究員（機械学習分野）
　　　　博士（情報学）
　　　　情報処理学会, 電子情報通信学会, ACM 等会員

しくみがわかるベイズ統計と機械学習　　定価はカバーに表示

2019年11月 1 日　初版第 1 刷
2022年10月10日　　　第 4 刷

　　　　　　　　　　　　著　者　手　塚　太　郎
　　　　　　　　　　　　発行者　朝　倉　誠　造
　　　　　　　　　　　　発行所　株式会社　朝　倉　書　店
　　　　　　　　　　　　　　　東京都新宿区新小川町6-29
　　　　　　　　　　　　　　　郵便番号　162-8707
　　　　　　　　　　　　　　　電　話　03(3260)0141
〈検印省略〉　　　　　　　　　ＦＡＸ　03(3260)0180
　　　　　　　　　　　　　　　http://www.asakura.co.jp

Ⓒ 2019〈無断複写・転載を禁ず〉　　　　Printed in Korea

ISBN 978-4-254-12239-8　　C 3004

JCOPY〈出版者著作権管理機構　委託出版物〉

本書の無断複写は著作権法上での例外を除き禁じられています．複写される場合は，そのつど事前に，出版者著作権管理機構（電話 03-5244-5088, FAX 03-5244-5089, e-mail: info@jcopy.or.jp）の許諾を得てください．

筑波大 手塚太郎著
しくみがわかる深層学習
12238-1 C3004　　　　　A5判 184頁 本体2700円

深層学習（ディープラーニング）の仕組みを，ベクトル，微分などの基礎数学から丁寧に解説。〔内容〕深層学習とは／深層学習のための数学入門／ニューラルネットワークの構造を知る／ニューラルネットワークをどう学習させるか／他

滋賀大 竹村彰通監訳
機　械　学　習
――データを読み解くアルゴリズムの技法――
12218-3 C3034　　　　　A5判 392頁 本体6200円

機械学習の主要なアルゴリズムを取り上げ，特徴量・タスク・モデルに着目して論理的基礎から実装までを平易に紹介。〔内容〕二値分類／教師なし学習／木モデル／ルールモデル／線形モデル／距離ベースモデル／確率モデル／特徴量／他

J. Pearl他著　USCマーシャル校 落海 浩訳
入門 統 計 的 因 果 推 論
12241-1 C3041　　　　　A5判 200頁 本体3300円

大家Pearlによる入門書。図と言葉で丁寧に解説。相関関係は必ずしも因果関係を意味しないことを前提に，統計的に原因を推定する。〔内容〕統計モデルと因果モデル／グラフィカルモデルとその応用／介入効果／反事実とその応用

大隅 昇・鳰真紀子・井田潤治・小野裕亮訳
ウェブ調査の科学
――調査計画から分析まで――
12228-2 C3041　　　　　A5判 372頁 本体8000円

"The Science of Web Surveys" (Oxford University Press) 全訳。実験調査と実証分析にもとづいてウェブ調査の考え方，注意点，技法などを詳説。〔内容〕標本抽出とカバレッジ／無回答／測定・設計／誤差／用語集・和文文献情報

Theodore Petrou著　黒川利明訳
pandas クックブック
――Pythonによるデータ処理のレシピ――
12242-8 C3004　　　　　A5判 384頁 本体4200円

データサイエンスや科学計算に必須のツールを詳説。〔内容〕基礎／必須演算／データ分析開始／部分抽出／booleanインデックス法／インデックスアライメント／集約，フィルタ，変換／整然形式／オブジェクトの結合／時系列分析／可視化

統計科学研 牛澤賢二著
やってみよう テキストマイニング
――自由回答アンケートの分析に挑戦！――
12235-0 C3041　　　　　A5判 180頁 本体2700円

アンケート調査の自由回答文を題材に，フリーソフトとExcelを使ってテキストデータの定量分析に挑戦。テキストマイニングの勘所や流れがわかる入門書。〔内容〕分析の手順／データの事前編集／形態素解析／抽出語の分析／文書の分析／他

慶大 中妻照雄著
実践Pythonライブラリー
Pythonによる ベイズ統計学入門
12898-7 C3341　　　　　A5判 224頁 本体3400円

ベイズ統計学を基礎から解説，Pythonで実装。マルコフ連鎖モンテカルロ法にはPyMC3を活用。〔内容〕「データの時代」におけるベイズ統計学／ベイズ統計学の基本原理／様々な確率分布／PyMC／時系列データ／マルコフ連鎖モンテカルロ法

早大 豊田秀樹著
はじめての 統計データ分析
――ベイズ的〈ポストp値時代〉の統計学――
12214-5 C3041　　　　　A5判 212頁 本体2600円

統計学への入門の最初からベイズ流で講義する画期的な初級テキスト。有意性検定によらない統計的推測法を高校文系程度の数学で理解。〔内容〕データの記述／MCMCと正規分布／2群の差（独立・対応あり）／実験計画／比率とクロス表／他

早大 豊田秀樹編著
基礎からのベイズ統計学
――ハミルトニアンモンテカルロ法による実践的入門――
12212-1 C3041　　　　　A5判 248頁 本体3200円

高次積分にハミルトニアンモンテカルロ法（HMC）を利用した画期的初級向けテキスト。ギブズサンプリング等を用いる従来の方法より非専門家に扱いやすく，かつ従来は求められなかった確率計算も可能とする方法論による実践的入門。

前首都大 朝野煕彦編著
ビジネスマンが一歩先をめざす ベイズ統計学
――ExcelからRStanへステップアップ――
12232-9 C3041　　　　　A5判 176頁 本体2800円

文系出身ビジネスマンに贈る好評書第二弾。丁寧な解説とビジネス素材の分析例で着実にステップアップ。〔内容〕基礎／MCMCをExcelで／階層ベイズ／ベイズ流仮説検証／予測分布と不確実性の計算／状態空間モデル／Rによる行列計算／他

上記価格（税別）は2022年9月現在